清·段長基 著
晁會元 喬真真 點校

歷代一統表之二

歷代沿革表

上

全國高校古籍整理研究委員會資助項目
河南古都文化研究中心學術文庫成果
白河書齋河洛文獻系列叢書之三

文物出版社

歷代沿革表序

今夫地之有九州，猶天之有九野也。然九野星躔有度，尚可推算。九州境土屢分，究難檢校。或沿其地而易其名，或襲其名而遷其地。或亦遷其地而革其名。河東，一名也，有兗州之河東，有并州之河東。○注：黄河舊道，三代以前，自宋、衛之黎陽縣境，折而北流。故北京及宋河北東路諸州，在河之東，即古兗州之域。故《周禮·職方》：河東曰兗州。自周定王時，黄河舊道漸以湮塞。秦漢以還，河堤屢壞，乘上游之勢，決而東下。故兗州之域隔在河北，而河東之名乃移在并州。河西，一名也，有雍州之河西，有涼州之河西。○注：戰國之際，所稱河西地，即指鄜、坊、丹、延之間而言，在雍州之域也。西漢以來所稱河西地，指河湟而言，古涼州之域也。河南、河北亦各一名也，有中土之河南、河北，有邊境之河南、河北。○注：三代以前，河南之稱，止在中土。秦漢而下，得匈奴南牧，列爲郡縣，亦名之曰河南。陳、隋以前，河北之稱，止在中國。李唐之初，夷狄突奔之地，悉爲郡縣，亦名之曰河北。加之百王疆理，代有不同。有指一郡而言者，有指一州而言者，有指一道而言者。○注：如中土河南之地，今古一名。而兩漢河南之稱，惟指一郡而言。即宋西京屬縣，兼鄭、孟二州之境而已。姬周河南之稱，則指一州而言，惟宋東、西二京及京西南北路之地。李唐河南之稱，則指一道而言，包古青、徐、兗、豫四州之境，奄黄河以南皆是也。故周之河内，異乎漢之河内。○注：周之《職方》，河内曰冀州。即宋河北東西路地。漢之河内，乃古郡宋懷、衛二州是也。漢之河東，異乎唐之河東。○注：漢河東郡即宋河中府，乃慈、隰、晉、絳、解五州。唐河東道，乃宋河東路也。古之淮北，乃今之淮南。○注：宋宿、亳二州，自開國以來，至于李唐，皆在淮北，宋乃移屬淮南。而今之河北，乃古之河東。○注：宋朝河北東路之地，三代以前屬河東。以至淮北之地，間名江西；江北之地，間名淮西。江南一地，有稱江左，有稱江右。○注：金陵居長江下流，前朝有江南，皆都之。據金陵而言，則江南居左。四瀆之流，皆自西而東，天下形勢亦然。以中原而言，則江南之地居右，故前史兩稱之。山東一名，有指河南，有指河北。○注：前史山東之稱，皆據華山而言，函谷關以東，總謂之山東，其地正當河南，而稍及河北之近河南者。唐人以太行山之東爲山東，杜牧之謂：『山東之地，禹畫九土，曰冀州。』是專指河北而言也。陝西亦一地也。虞夏曰雍州，商周曰西土，春秋爲秦國，戰國稱關中，楚漢之際謂之三秦。此皆易其名，而猶有所取于其地也。乃有已非其地而空存其名者。如秦師入滑，近于今之滑縣，而非也。○注：古滑在今河南府偃師縣緱氏鎮，去滑餘四百里。楚人滅黃，近于今之黃州而非也。○注：古黃國，今光州西十二里有黃城，去黃州百里。楚人伐徐，近于今之徐州，而非也。○注：古徐國今在泗州臨淮縣之徐城鎮，去徐州垂五百里。宋有楚州，皆非東楚、西楚、南楚也。○注：東楚今蘇州，西楚今徐州，南楚今荆州。唐有虢州，皆非東虢、西虢、南虢也。○注：東虢今鄭州滎陽縣，西虢鳳翔府，南虢陝州治之上陽。今有亳州，皆非西亳、南亳、北亳也。○注：西亳今偃師縣，南亳穀熟縣，北亳在考城縣。其餘或名同于古，而地改于今。古之酒泉在河南，而今之酒泉在河西。○注：《左傳》王與虢公酒泉之地，實在河南。西漢而下有酒泉郡，乃闢匈奴之地，實在河西。古之丹陽在荆南，而今之丹陽在江東。○注：《左傳》稱：『楚子邑于丹陽』，在今荆州府枝江縣内。今丹陽在潤州。古之潯陽在江北，今之潯陽在江南。○注：漢潯陽本在江北黃梅縣界，晉移治柴桑，隋又移置湓口，在江南。而皆楚境也。古之南陽在河北，今之南陽在河南，○注：《左傳》：晉于是始啟南陽，即今之孟縣也。今之南陽，乃西南路之鄧州也。而皆晉地也，觀者于此幾何而不悞哉。今乃考之于《禹貢·職方》，徵之于圖經、地志，參之于班、馬、賈、鄭，驗之於山川關隘。其有不合者，折衷于《皇清一統志》，正其訛謬，辨其疑似。以今之州縣，求于漢則爲郡，以漢之郡國，求于三代則爲州。三代之九州，散而爲漢之十三部，晉之十九州、唐之十五道，宋之二十三路，又分而爲今之十八省。或沿或革，或沿而復革，革而復故，按代區分，無不了然。至我朝之開疆拓土，古昔之所未及，輿圖之所未載者，如外藩蒙古、西域新疆諸部，亦皆考其建置，察其由來，合爲一書，以徵疆域之廣，德化之盛。則行者攜爲行幐，居者藉以臥遊，未始不可以備考地理者之一助云。

大清嘉慶十九年歲次甲戌孟春，緱山段長基識于粵東會同署之益清堂。

歷代沿革表上卷

偃師段長基編輯

男　搢書　參注

孫　鼎鑰　鼎鈞　校梓

目録

盛京

直隸

江蘇

安徽

江西

浙江

福建

盛京

○注：盛京至京師一千四百七十餘里。東西距五千一百餘里，南北距六千八百三十餘里。東至海四千三百餘里，西至山海關直隸永平府界八百餘里，南至海七百三十餘里，北踰蒙古科爾沁地至黑龍江外興安嶺俄羅斯界五千一百餘里，東南至錫赫特山二千九百餘里，西南至海八百餘里，東北至海四千餘里，西北至蒙古土默特界六百九十餘里。

形勢崇高，水土深厚。長白峙其東，醫閭①拱其西，滄溟鴨綠繞其前，混同黑水縈其後。古冀、青二州之域，舜分冀州東北爲幽州，○注：即今廣寧以西地。青州東北爲營州。○注：即今廣寧以東地。夏省幽營，并爲冀州之域。商改冀州總名營州，周復名幽州。時肅慎國在其東北，朝鮮國在其東南。實兼冀、營二州地同爲幽州境。戰國時，遼河左右屬燕，秦置遼東遼西二郡。漢初因之屬幽州。武帝元封四年拓朝鮮地，增置真番、臨屯、元菟、樂浪四郡。昭帝始元五年，省真番、臨屯入元菟、樂浪郡。其東爲高句麗，北爲夫餘、挹婁諸國地。後漢建武十三年，以遼東屬青州，二十四年，還屬幽州。安帝時增置遼東屬國郡尉，漢末爲公孫度所據，魏克之，置東夷校尉，治襄平。而分遼東、元菟、樂浪、昌黎、帶方五郡爲平州，後還合爲幽州。晉世爲高句麗所略，尋復之，改爲遼東國。復分元菟、樂浪、昌黎、帶方郡仍隸平州，以慕容廆爲刺史。太興二年，慕容廆據之，太和五年屬于苻堅。太元中屬後燕，後没于高句麗。後魏及隋，遼河以東屬高句麗，遼河以西爲營州東界。又東北爲靺鞨國。唐貞觀十九年征高麗，置蓋、遼、巖三州。總章初，平高麗，置都督府九。又置安東都護以統之。先天中，封大氏爲渤海郡王，後置五京、十五府、六十一州於黑水靺鞨之南及高麗舊境。遼神册初，于遼陽故城建東平郡，

①醫閭（lǘ），古稱於微閭、醫巫閭山。傳分十二州，每州各封一山作祭祖之地，閭山封爲幽州鎮山。周爲五嶽五鎮之一。《周禮·職方》：『東北曰幽州，其山鎮曰醫無閭』，即此。

天顯三年，升爲南京。十三年，改爲東京，又於東京之西北置上、中二京。金仍建東京而以混同江以東爲上京，江以西爲咸平路。改遼中京爲北京，領大定、興中、臨潢、廣寧四府。元至元六年置東京總管府。二十四年改遼陽等處行中書省，統路七，遼河以東曰遼陽路、東寧路、瀋陽路、開元路。開元以東爲海蘭府碩達、勒達等路。遼河以西曰廣寧路、大寧路。明洪武四年，置定遼都尉，八年改爲遼東都指揮使司。革所屬州縣置衛二十五、所十一。永樂七年復置安樂、自在二州外，衛一百八十四、所二十，以山海關内隸之燕京，而全遼之地郡縣皆廢。我朝肇祖原皇帝締造興京，肇基王跡。太祖高皇帝創建鴻業，奄有哈達、輝發、烏拉、葉赫、寧古塔諸地。天命五年遷滸，六年取潘陽、遼陽。七年建東京于遼陽，十年自東京遷潘陽，定都于此，天聰五年尊爲盛京。太宗文皇帝底定全遼，宮闕始備。世祖章皇帝統御六合，定鼎京師。以盛京爲留都。順治元年悉裁諸衛，設内大臣副都統，及每旗駐防。十年以遼陽爲府，置遼陽、海城二縣。十四年省遼陽府爲縣，于盛京設奉天府，置府尹。康熙三年，于故廣寧衛設府，領廣寧、錦縣、寧遠州。四年，改廣寧府爲錦州府，移治錦縣，仍屬奉天府尹。是年，奉天府又增置承德、蓋平、開原、鐵嶺四縣，改遼陽縣爲州。雍正十二年，于故復州衛地設復州，故金州衛地置寧海縣，又于錦州府增置義州。乾隆間，設奉天、吉林、黑龍江將軍。西抵山海關，東抵海濱，南至圖門江接朝鮮界，北至外興安嶺俄羅斯界，皆爲所屬，而副都統復分鎮于將軍所轄之地，至編户之民，則隸于州縣，而以府統之。其錦州一府，仍屬于奉天府尹。

府二：奉天府，錦州府。○注：屬奉天府尹。

將軍所轄之地三：奉天、吉林、黑龍江。

盛京城周九里三百三十二步。門八，南之左曰德盛，南之右曰天佑。北之東曰福勝，北之西曰地載。東之南曰撫近，東之北曰内治。西之南曰懷遠，西之北曰外攘。門樓八，角樓四。城濠周十里二百四步，廣十四丈五尺。外繚牆，周三十二里四十八步。本明瀋陽衛舊址，我太祖高皇帝天命十年，自東京遷都于此。天聰五年，因舊城增拓之，八年始名曰盛京。康熙十九年增築繚牆，二十一年重修諸城門樓，三十二年重修城垣，五十四年復修城樓及内外城垣。乾隆十八、三十七、三十八、四十一、四十三、四十四、四十五等年，疊次發帑，重修城堞、明樓、甕圈、炮房，規制益爲宏備。

天文箕尾分野，析木之次。

	瀋陽	樂郊
	奉天府 國朝順治十五年設。領州二、縣六。	承德縣 國朝康熙三年設。
初置	《禹貢》：青州之域。虞舜時爲營州。	附郭。
春秋戰國	周爲幽州北境，今府治。東南界古朝鮮，而府治則挹婁也。	
秦		以前爲肅慎氏地。
漢	置遼東、樂浪、元菟三郡及朝鮮地。	屬挹婁國。
晋		屬挹婁國。
南北朝		
隋		
唐	建瀋、定二州，屬定理府。	屬挹婁國，睿宗時屬渤海大氏，置瀋州屬定理府。
五代		
宋遼	遼初置瀋州興遼軍。後改名瀋州昭德軍，屬東京道。	置興遼軍，後改昭德軍，更置三河縣。又改樂郊。
金	仍爲瀋州，爲東京路。	爲瀋州治。
元	省州縣置瀋陽路。	初于瀋州地，置安撫高麗軍民總管，尋改瀋陽路。
明	洪武二十年，置瀋陽中衛，爲遼東都指揮使司。	洪武中置瀋陽中衛，隸遼東都都指揮使司。

襄平	臨溟	蓋牟
遼陽州	海城縣	蓋平縣
	周秦屬朝鮮。	周屬朝鮮。
置遼東郡。		時爲燕人衛滿所據。
置襄平縣，爲遼東郡治，後漢因之。	屬元菟，後改爲樂浪。東漢置都尉以封沃沮，魏屬牟州。	屬元菟郡，魏屬平州。
爲遼東國治，大興初爲慕容廆所據，後燕時地入高句麗。	晉及隋屬高句麗。	晉及隋屬高句麗，爲蓋牟城。
後魏至隋俱爲高句麗，爲遼東城。		
貞觀十九年征高麗克遼東城，以其地爲遼州。上元初移置安東都護府于此，後徙廢。	平高麗屬蓋州，入渤海爲南京南海府，統沃晴椒三州六縣。	征高麗取其地置蓋州，後入渤海，仍置蓋州，又改辰州。
神册四年建東平郡，天顯三年升爲南京，後改曰東京，置遼陽府，復置遼陽縣，爲府治。	遼置海州南海軍，尋置臨溟縣，爲州治。	遼以通辰韓，陞辰州爲奉國軍。
因之。	改澄州。	章宗時改爲辰州遼海軍。六年，改爲蓋州奉國軍。
初置東京總管府，至元間立遼陽等處行中書省，又改東京爲遼陽路，以遼陽縣爲路治。	省州縣屬遼陽路。	初爲蓋州路，至元六年，并爲東京支郡，後爲遼陽路。
洪武四年置定遼都衛。八年改遼東都指揮使司。	洪武中于故海州臨溟地置海州衛，隸遼東都指揮使司。	洪武九年改置蓋州衛，屬遼東都指揮使司。

	龍泉	新興
	開原縣	鐵嶺縣
初置	唐虞息愼氏地，商肅愼氏地。	唐虞息愼氏地。
春秋戰國	周及秦爲肅愼氏地。	周秦肅愼氏地。
秦		
漢	屬扶餘界，至隋因之。	屬挹婁。
晉		屬挹婁。
南北朝		
隋		屬越喜。
唐		渤海取越喜地，改富州，屬懷遠府。
五代	置黑水州都督府，後渤海取扶餘地爲扶餘府，尋改爲龍泉府。	
宋遼	遼屬龍州。	遼改銀州富國軍，領延津、新興、永平三縣。
金	爲會寧府地。	改新興縣屬咸平府。
元	初設開元萬户府，至元中改開元路。	省縣仍隸咸平。
明	洪武間，改元爲原，後廢開原路，置三萬衛。永樂中，置安樂、自在二州，屬遼東都指揮使司。	洪武中，改鐵嶺衛屬遼東都指揮使司。

永康	成化	大寧
復州	寧海縣	岫巖城
周、秦爲朝鮮地。	周、秦爲朝鮮地。	周本朝鮮地。
		屬濊。
屬元菟郡，魏屬平州。	屬元菟郡。	屬元菟。
晉至隋屬高句麗。	晉至隋屬高句麗。	屬平州。
		屬高麗、蓋州地。
	平高麗置金州，後入渤海，屬杉盧郡。	平高麗，屬安東都護，後渤海大氏據之，爲東京龍泉府地。
遼置復州懷德軍，領永寧、德勝二縣，隸東京。	遼爲蘇州安復軍，興宗置領來蘇、懷化二縣。	遼屬東京道。
領永康、化成二縣。	皇統三年降爲化成縣，屬復州，貞祐初升爲金州，與定初升爲防禦。	明昌初置秀岩①縣，屬東京。
屬蓋州，後入遼陽路。	初屬蓋州路，後并遼陽。	屬遼陽路。
洪武中設復州衛，隸遼東都指揮使司。	改金州衛，領中左千户所。	爲鳳凰城界内地。

①秀岩，即岫巖。金明昌四年(1119)升大寧鎮爲秀岩縣，屬東京路辰州。明代改『秀岩』爲『岫巖』，設岫巖堡。

石城

鳳凰城

時代	鳳凰城
初置	
春秋戰國	周本濊貊地。
秦	屬朝鮮。
漢	屬元菟。
晉	屬平州。
南北朝	
隋	屬高麗慶州地。
唐	平高麗屬安東都護，後渤海大氏據之，爲東京龍泉府地。
五代	
宋遼	遼初廢。聖宗開泰三年改爲開封府開遠軍，尋改開州鎮國軍，屬東京。
金	爲石城縣。
元	屬東寧路。
明	爲鳳凰城堡，設兵鎮守。

直隸省　○注：保定府爲省會，東西距一千二百二十八里，南北距一千六百二十八里。東界盛京寧遠州，西界山西廣靈縣，南界河南蘭陽縣，北界邊城。東南界海岸，西南界河南彰德府，東北界承德州邊界，西北界山西天鎮縣。領府十、直隸州六、州十八、縣一百十九。

北直：雄峙東北，規範九有。滄海環其左，太行擁其右。以漳衛爲襟帶，以居庸爲管籥。《禹貢》冀州地。顓頊時曰幽陵，堯時曰幽都。舜時分爲十二州，此爲幽州。夏商皆爲冀州，周武王封召公奭于燕，此爲燕地。秦分天下爲三十六郡，置漁陽、上谷、鉅鹿、右北平等郡。漢置十三州，此爲幽州及并、冀二州地。晉亦爲幽、冀諸州，後爲石勒、慕容儁等所據，苻堅、慕容垂又代有其地。魏末高齊據之，後周亦置燕郡。隋分十三部，此亦爲冀州而，不詳所統。唐分十道，此爲河北道，天寶以後，强藩往往竊據焉。五代石晉割燕平諸州入于契丹。宋仍爲河北路。金主亮定都于燕，因改爲中都等路。蒙古至元四年定都于此，改大都路，置中書省，統山東西及河北地。明洪武九年置北平等處承宣佈政使司，永樂九年建北京，稱爲行在，十八年始定都焉，正統六年定爲京師。

天文尾箕分野。

	燕山	析津	幽都
	順天府 領州五，縣十九。	大興縣	宛平縣
初置	《禹貢》冀州地。顓頊時曰幽陵，堯曰幽都，舜曰幽州。夏、商皆爲冀州，周亦置幽州。	古北燕國地。	
春秋戰國	燕地。	北燕地。	
秦	上谷、漁陽二郡地。	置薊縣。	本薊州地。
漢	初爲燕國，又分置涿郡。元鳳初改燕國爲廣陽郡。東漢省廣陽入上谷。永平八年復置廣陽郡。	初爲燕國都，元鳳中爲廣陽郡治，魏爲燕國治。	置薊縣。
晉	爲燕國，慕容儁嘗都此。後苻堅、慕容垂代有其地。	因之。	
南北朝	俱爲燕郡，亦曰幽州。	後魏爲燕幽州郡治，齊、周因之。	
隋	郡廢仍曰幽州，大業初改爲涿郡。	爲涿郡治。	
唐	初復改爲幽州，天寶初曰范陽軍。史朝義僞改郡爲燕京。乾元初復爲幽州，盧龍節度使治此，唐末爲劉仁恭所據。	爲幽州治。	建中二年析置幽都。
五代	唐亦曰幽州，石晉初歸于契丹，改爲南京。幽都府又改爲燕京析津。		
宋遼	宣和四年得其地，改爲燕山府。	遼曰薊北，又改析津府治。宋宣和爲燕山府治。	開泰改宛平，爲析津府治，宋爲燕山府治。
金	仍爲燕京析津府，廢主亮改曰中都大興府。	金改曰大興。	爲大興府治。
元	爲燕京路，又建中都，改爲大都，而大興府仍舊。至元二十一年始改爲大都路。	至元初建中都，九年改爲大都，而大興府如舊。	爲大都路治。
明	初曰北平府，永樂初建北平，七年改北平爲順天府。	洪武初爲北平府治，永樂中爲順天府治。	爲順天府治。

中都 良鄉縣	方城 固安縣	安次 東安縣	益昌 永清縣
	燕舊邑。		
燕中都地。	燕舊邑。		
置良鄉縣，屬涿郡，後漢因之。	置方城縣，屬廣陽國。後漢屬涿郡。	安次縣地屬渤海郡，後漢屬廣陽郡。	置益昌縣，屬涿郡，後漢省。
屬范陽國。	屬范陽國。	屬燕國。	以後爲安次、方城二縣地。
後魏屬燕郡，北齊省入薊縣。	後魏屬范陽郡，北齊廢。	後魏曰安城縣，屬燕郡。	
屬幽州。	開皇八年改置固安縣于此。	屬涿郡，復曰安江縣。	
因之，舊治在涿郡北四十里。	屬幽州，復屬涿州。	屬幽州。	分安次縣置武隆縣，後改爲會昌縣，①天寶又改爲永清縣。
唐長興四年移治于此，屬幽州。			石晉没于契丹，周世宗復取之。
遼屬析津府，宋屬燕山府。	因之。	遼屬析津府，宋屬燕山府。	宋爲霸州治，後并入文安縣。
屬大興府。	因之。	屬大興府。	金復置。
屬大都路。	屬霸州，又改屬大興府，升爲州。	初屬霸州，後升爲州。	因之。
屬順天府。	復爲縣。	復爲縣。	因之。

①段記有誤，應爲惠昌。會昌縣在贛州，北宋太平興國七年（982）置；而惠昌縣在幽州，《永清縣誌》記載：漢永光三年（前41），元帝封劉嬰爲益昌侯，置益昌侯國。東漢建武十三年（西元37），廢國置安次縣，唐景雲元年（710），改名惠昌縣。天寶元年（742），改惠昌縣爲永清縣。

	武清	潞縣
	香河縣	通州
初置		州城相傳秦蒙恬舊址，周九里十三步。
春秋戰國		燕地。
秦		屬漁陽郡。
漢		兩漢因之，又置潞縣。
晉		屬燕國。
南北朝		後魏仍屬漁陽郡，北齊時分置潞郡。
隋		廢入涿郡。
唐	武清縣地。	置元州，尋復爲潞縣。
五代		因之。
宋遼	遼置權監院，遂置香河縣，宋改清化。	遼因之，宋屬燕山府。
金	仍曰香河。	改置通州，取漕運通濟之義。以州治潞縣，屬大興府。
元	屬漷州。	因之。
明	改屬順天府。	洪武初以潞縣省州城。相傳秦蒙恬舊址。五代時修築，元初壞。洪武元年又修，甃以磚石，東南漕運貯于其中。

臨朐	雍邱	泉州
三河州	武清縣	寶坻縣
本潞縣地		以境内產鹽故名。
潞縣地	置雍奴縣，隸漁陽郡。	置泉州縣。
	隸燕國。	
	後魏爲漁陽郡治。	
	隸涿州。	
開元分潞縣地置，以地近七渡、鮑邱、臨朐三水而名。後屬冀州。	隸幽州，天寶初改爲武清縣。	爲武清縣地。
初廢。後唐長興三年復置。	因之。	後唐于此置鹽倉。
遼屬薊州，宋屬燕山府。	因之。	宋爲香河縣地。
改隸通州。	因之。	初爲新倉鎮，大定置寶坻縣。
因之。	因之。	隸大都路。
因之。	舊無城，正德築土垣，嘉靖築城。	隸通州。

	梁城	燕平	范陽	檀州
	寧河縣	昌平州	順義縣	密雲縣
初置	本梁城。		本秦上穀郡及漢狐奴縣地。	本漢白檀縣地。
春秋戰國		春秋燕地。		
秦		屬上谷郡。	上谷郡地。	漁陽郡地。
漢	雍奴縣地。	軍都縣仍屬上谷，東漢屬廣陽郡軍都縣，在州東軍都山南。	狐奴在縣東北，屬漁陽郡。	白檀縣在縣南川白檀山而名。
晉		屬燕國。		
南北朝		後魏屬燕郡，又改爲昌平縣，屬平昌郡，後周州郡俱廢。	北齊始置歸德縣，屬燕郡。	後魏始置密雲郡，又置密雲縣，北齊廢郡入縣。
隋		以其地屬涿郡。	改爲順州。	置檀州，又改爲安樂郡，密雲縣屬焉。
唐	爲玉田、武清二縣地。	復置昌平縣。	初爲燕州，後改歸德郡，尋改順州。	初仍曰密雲縣地爲檀州治。
五代		後唐改爲燕平縣，石晉復爲昌平縣，入于契丹。		晉天福初入遼，曰檀州，號武威軍。
宋遼		遼因之，屬析津府。	遼初爲順州，後改爲歸化軍。宋曰順興軍。	宋亦曰檀州，號橫山軍，遼曰武威軍。
金	爲寶坻縣地。	屬大興府。	復爲順州。	復爲檀州。
元		因之，屬大都。	仍爲順州。	仍舊以密雲縣并入。
明	建文二年，燕王于故梁城置千户所。	因之，屬順天府，升爲州城，周十里有奇。明十二陵衛署皆在城中。	洪武初改爲順義縣。	洪武初改爲密雲縣。

温陽	涿鹿	奉先
懷柔縣	**涿州**	**房山縣**
本密雲、昌平二縣地。	古涿鹿之野。	本良鄉、宛平、范陽三縣地。
	燕之涿邑。	
	爲上谷郡地。	
	置涿郡，後漢因之。曹魏改爲范陽郡。	良鄉縣屬涿郡。
	改爲范陽國。	范陽國地。
	後魏復爲范陽郡。	後魏屬燕郡。
	改爲涿郡。	屬涿州。
分治懷柔縣，治五柳城，開元置松漠府彈汗州以處契丹部落。天寶改歸化郡。	初廢郡爲范陽縣，又于縣置涿州。	屬幽州。聖曆元年改曰固節縣，神龍復曰良鄉。
		石晉以其地遺遼，未有縣。
遼屬順州。	遼置永泰軍，宋改涿水郡。	
改爲温陽。	復爲涿州。	析置萬寧縣以奉山陵，後改奉先縣。
廢。	升涿州路，尋爲涿州。	改房山縣屬涿州。
洪武復置懷柔縣，屬順天府。	初因之，以州治范陽縣省入。	因之。

	益津 霸州	豐利 文安縣	平舒 大城縣
初置		本漢舊縣。	
春秋戰國	春秋燕地。		
秦	屬上谷郡。		
漢	屬渤海郡,後漢屬廣陽郡。	屬渤海郡,後漢屬河間國。	漢東平舒縣屬渤海郡,後漢屬河間國。
晉	屬章武國。	屬章武國。	爲章武國治。
南北朝	後魏屬章武郡。	後魏屬章武郡。	後魏爲章武郡治,北齊廢郡置平舒縣。
隋	初屬瀛州,大業屬河間郡。	屬瀛州。	屬景州。
唐	初屬幽州,天寶屬范陽郡。	初因之,又改屬莫州。	屬瀛州。
五代	石晉時入于契丹,周收復,始置霸州,爲重鎮。		後唐改爲大城縣,周改屬霸州。
宋遼	宋亦曰霸州,治文安縣,郡名永清。	宋爲霸州治。	宋仍舊。
金	仍舊改治益津,益津今州治。	徙(州治)益津縣屬焉。	仍舊。
元	仍爲霸州。	仍舊。	仍舊。
明	以益津縣省入。	仍舊。	仍舊。

新鎮	尚武	漁陽	北平
保定縣	薊州	平谷縣	遵化州 國朝康熙十五年升爲州,領縣二。
本涿州新鎮地。	古薊國。	本漢舊縣。	本無終國地。
	戰國時燕地。		無終國。
	置漁陽郡。		
涿郡易縣。	兩漢因之。	屬漁陽郡。	
	爲燕國及北平郡地。	廢。	
	後魏仍置漁陽郡。		
爲涿州歸義縣地。	開皇徙元州于此,煬帝復置漁陽郡。		
	置薊州,取臨薊門關以名。	爲漁陽縣之太王鎮。	爲玉田縣地,置馬監及鐵冶。
宋太平興國置平戎軍,景德初改保定軍,宣和降爲縣。隸莫州。	遼置尚武軍,宋改廣川郡。		遼于縣置景州清安軍,宋賜名灤州郡。
屬雄州。	屬中都路。	升鎮爲平谷縣,仍漢名。	以縣隸薊州。
初省入益津縣,後復置,屬霸州。	仍爲薊州,隸大都路。	初并入漁陽縣,後復置,隸薊州。	仍舊。
仍舊。	因之,以漁陽縣省入,漁陽縣今州治。	因之。	仍舊。

	經州	復陽
	玉田縣	豐潤縣
初置	本無終國地,唐置玉田縣,因漢陽雍伯種石得玉故名。	
春秋戰國	春秋無終國地,無終國在今縣治西,曰山戎。	
秦	置無終縣。	
漢	臧荼亦置無終縣①,屬北平郡,後漢因之。	土垠縣地,屬右北平郡,後漢移郡來治。
晋	屬北平郡。	移郡治徐無,以土垠屬之。
南北朝	後魏屬漁陽郡。	後魏都廢二縣,改屬漁陽郡。北齊廢土垠,後周又省徐無。
隋	初屬玄州,大業初爲漁陽郡治,隋末廢。	
唐	復置無終縣屬幽州,萬歲通天改爲玉田縣。	爲玉田縣地。
五代	仍舊。	
宋遼	爲經州。	
金	復爲玉田縣。	分置豐潤縣,隸廣州軍。
元	仍舊。	省入玉田縣,尋復置隸薊州。
明	仍舊。	因之。

①臧荼,刻字之誤,應爲臧荼(zāng tú)。《史記》載:臧荼初爲燕王韓廣部將,項羽把燕地分二,封韓廣、臧荼。臧荼驅逐韓廣,在無終殺之,兼并封地置無終縣。

莫州	樊輿
保定府 領州二，縣十五。	清苑縣
《禹貢》冀州地。	本漢樊輿縣①，隋改以縣，有清苑河故名。
戰國時屬趙燕。	
上谷、鉅鹿二郡地。	
涿郡及中山國地，後漢因之。	樊輿縣屬涿郡，後漢廢。
隸范陽、高陽、博陵、中山等郡國。	
後魏亦爲中山、范陽等郡地。	後魏復置樊輿縣，尋析置永寧縣。北齊省入永寧軍，後置樂鄉縣。
隸上谷、博陵、河間三郡，始于此置清苑縣。	開皇十八年改爲清苑，屬瀛州。
屬易、定、瀛、莫等州。	景雲三年改屬莫州。
後晉割屬契丹，于此置泰州。後移州治滿城，而舊州仍爲清苑縣。	唐置奉化軍，尋改爲泰州治。
宋即縣置保塞軍，後升爲保州。政和號爲清苑郡。	宋改爲保塞縣，保州治焉。
仍曰保州，改順天軍。初屬河間路，後改屬中都路。	大定復曰清苑縣。
改州爲順天路，又改爲保定路。	因之。
洪武改爲保定府，初屬北平布政司，直隸京師。	因之。

①年代考據有誤，西晉泰始元年（265）置樊輿縣。《漢書》載：元朔五年（前124），漢武帝封中山靖王之子劉修樊輿侯，國建樊輿城。因樊輿王妻死於此城之隅，又稱祭隅城、禦城。西晉以漢國名置縣。

	永樂	遂城
	滿城縣	安肅縣
初置	本漢北平縣地。	本易州遂城縣地。遂城，燕之武遂也，在縣西二十五里。
春秋戰國		戰國燕武遂邑②。
秦		
漢	北平縣地，屬中山國。	置北新城縣，屬中山國。後漢屬涿郡。
晉		屬高陽國。
南北朝	後魏主詡析置永樂縣，又僑置①樂浪郡治焉。北齊爲昌黎郡治。	後魏曰新城屬高陽郡，永熙二年僑置南營州五郡十一縣。北齊惟留昌黎郡，領新昌縣。
隋	初罷郡以縣，屬易州。	開皇元年州移，三年郡廢，十八年改新昌縣曰遂城，屬上谷郡。
唐	仍爲永樂縣，天寶初改爲滿城縣。	屬易州。
五代	晉徙泰州治此，周泰州廢，縣屬易州，後廢入清苑縣。	唐置宥戎鎮，周爲梁門口塞。
宋遼		宋太平興國置静戎軍，兼置静戎縣隸焉。景德初改安肅軍，縣亦曰安肅。
金	復析置滿城縣。	置徐州軍，縣如故，後又改爲安肅州徐郡軍。
元	仍舊。	縣廢州存。
明	因之。	洪武二年改州爲縣，縣有二城。五代晉將李存審夾河築二城，後南城圮，時增修皆北城也。

①晉永嘉以後，及十六國，以示正統僑置州郡亦多。前燕、後燕、北燕均僑置有高麗樂浪郡，北魏孝明帝元詡亦析僑置樂浪郡於永樂縣。唐天寶元年（742）改名爲滿城縣。

②武遂爲燕南軍事重鎮。《資治通鑒·秦始皇上》載：『李牧爲將，伐燕，取武遂』即此。景德元年（1004）宋將楊延昭守此，有『鐵遂城』之譽。

范陽	新泰	鮮虞
定興縣	**新城縣**	**唐縣**
本秦范陽縣地。	古督亢地[①]。	本堯故封唐侯國。[②]
		春秋爲鮮虞邑。[③]
范陽縣。		
屬涿郡，後漢因之。	新昌侯國，置新昌縣，屬涿郡，後漢省。	置唐縣，屬中山國。
屬范陽國。		因之。
後魏屬范陽郡。		北齊省入安喜縣。
開皇初改曰遒縣，屬上谷郡。		開皇復置唐縣，屬定州。
初廢入易縣。	以古督亢地置新城縣，屬涿州。	因之。
	亦曰新城縣。	梁爲中山縣，唐復故，晉又改爲博陵縣，漢復爲唐縣。
	宋遼分界于此，宣和初歸宋，賜名威城，尋入金。	宋乃屬定州。
大定六年始析范陽之黄村，置定興縣，屬涿州。	仍爲新城縣。	因之。
屬易州。	升爲新泰州，尋復爲新城縣。	改屬保定路。
洪武年改屬保定府。	因之。	因之。

①督亢古稱戰國燕膏腴之地，《史記·燕召公世家》:『使荊軻獻督亢地圖於秦，因襲刺秦王。』即此。②古唐侯國，堯帝時建，封放勳爲唐侯，治所陽邑。虞舜時封堯子丹朱爲唐侯，治鴻郎城。③春秋狄邑。《朝鮮史略》載：『周武王克商，箕子率中國人五千入朝鮮』。建立朝鮮國，史稱『箕子朝鮮』。箕子子仲封地虞邑，今朝鮮忠清北道清州郡，遂以鮮虞復姓，稱鮮虞氏，《左傳·昭公十三年(前529)》：晉荀吴『以上軍侵鮮虞，及中人』，即此。

	漢縣	武定	博陵
	容城縣	望都縣	博野縣
初置	漢舊縣。		本漢涿郡蠡吾縣地。
春秋戰國		戰國趙慶都邑②	
秦			
漢	置容城縣屬涿郡，後漢省入遒縣。	望都縣屬中山國，後漢因之。	蠡吾縣地屬涿郡，後漢分置博陵縣，爲高陽郡治。
晉	復置屬范陽國。	因之。	改縣曰博陸，仍爲高陽國治。①
南北朝	後魏置范陽郡，北齊省入范陽。	後魏仍屬中山郡，北齊省入北平縣。	後魏改曰博野縣，屬高陽郡。
隋	改置遒縣于此。	開皇復置望都縣，大業初廢。	屬瀛州。
唐	初屬北義州，又改屬易州。聖曆改全忠縣，復爲容城。③	復置望都縣，屬定州。	武德五年置蠡吾州，後改屬不一。
五代	晉入于契丹。	因之。	周屬定州。
宋遼	復置縣于距馬河南，屬雄州。	宋屬武定軍。	置寧邊軍，又改永定軍，又改永寧軍。
金	改屬安肅州。	改爲慶都縣。	改置寧州，亦曰博野郡，又改蠡州。
元	因之。	初屬真定府，改屬保定。	至元三年，省尋復置博野縣，屬保定路。
明	初省入雄州，洪武十四年復置，改屬保定府。	因之。	洪武初屬初州，六年改屬保定。

①《晉書·地理志》載：晉武帝泰始元年置高陽國，封司馬珪爲高陽王。 ②夏、商、週三代慶都邑屬冀州，傳唐堯幼年隨母居慶都。 ③西漢中元三年（前154），封匈奴降王徐盧容置容城侯國。三國黄初五年（224），廢容城入范陽國。

燕平	蠡州	歸義	安國
完縣	蠡縣	雄縣	祁州
	漢蠡吾縣。②	本漢易縣地。	本漢安國地。③
戰國燕曲逆邑。			晉地、越地。
曲逆縣在縣東南二十里。			屬鉅鹿郡。
北平縣地，屬中山國，後漢因之。	蠡吾縣屬涿郡，後漢屬中山國。	易縣地屬涿郡，後漢屬河間國。	兩漢屬中山國。
因之。	泰始元年改縣曰博陸，并置高陽國治焉。	改爲易城縣。	屬博陵郡。
後魏分置北平郡治北平縣，北齊省。	後魏屬高陽郡，北齊省入博野縣。	後魏復爲易縣，屬高陽郡。北齊省人鄚縣。	後魏因之。
屬定州。	屬高陽郡。	屬河間縣。	屬定州，大業初屬博陵郡。
改爲徇忠縣①，復爲北平縣。	初屬瀛州，武德中置蠡州。	置歸義縣，兼置北義州治焉。	仍屬定州，景福二年始置祁州，治無極縣。
唐改曰燕平，尋復曰北平，屬易州，石晉改屬定州。	周顯德二年改屬定州。	晉初没于契丹，周收復，置雄州。	因之。
因之，屬定州。	宋置永寧軍。	宋置歸信縣，政和中號州爲易陽郡，置廣德軍。	宋仍爲祁州，移治爲蒲陰縣，後以州爲蒲陰郡。
永平縣，屬中山府，後升爲完州。	改爲寧州，後仍改蠡州。	仍爲雄州，又爲永定軍。	復爲祁州。
改曰永平縣，尋復完州。	仍舊。	復爲雄州地。	以蒲陰縣爲附郭。
洪武二年改州爲縣。	洪武八年改州爲縣。	省歸信縣，改州爲雄縣。	省蒲陰入州。

①唐先萬歲通天初年，契丹寇平州，城孤援寡。刺史鄒保英妻奚氏率城内女丁相助，賊退，封爲誠節夫人；唐延載元年(694)突厥攻飛狐，縣令古玄應妻高能固守。詔封徇忠縣君，據此改北平爲徇忠縣。　②東漢永建五年(130)，漢順帝封劉翼爲蠡(lǐ)吾侯。子劉志繼爵，後登王位，爲爲漢桓帝。　③秦末王陵歸順劉邦，取『安國寧幫』之意，封其爲安國武侯，漢武帝時取其封號，置安國縣。

	東鹿縣	安州	高陽縣	新安縣
	鹿城		高平	安全
初置	本漢鄡①縣地。		古顓頊地③。	
春秋戰國		春秋晉地,戰國屬趙。	戰國時燕高陽邑。	
秦		上谷郡地。		
漢	鄡縣地,屬鉅鹿郡,後漢以鄡爲鄡。	涿郡地,後漢因之。	涿郡高陽縣地,後漢屬河間國。	漢容城縣地曰渾渥城。
晉	省。	屬高陽國地。	屬高陽國。	
南北朝	後魏曰鄡,仍屬鉅鹿郡,北齊改爲安國縣。	後魏爲高陽郡地。	後魏屬高陰郡。	
隋	開皇改曰安定縣,十八年改曰鹿城縣。	屬瀛州。	郡廢,以其縣置滿州,又廢。	
唐	初屬深州,又改爲束鹿縣②。	置武興縣屬易州,後改唐興縣。	州廢,以縣屬瀛州。	
五代	因之。	晉改曰宜州,尋復故,周顯德中省入鄚縣。	改屬順安軍,又廢爲鎮。	
宋遼	宋仍舊。	宋升爲順安軍。	宋尋復故。	屬雄州。
金	仍舊。	改爲安州,又改高陽軍,移治渥城縣。	屬安州。	琻璟析置渥城縣,移安州治焉。
元	省入深澤縣,尋復置屬祁州。	省入高陽縣,尋復置安州,屬保定路,移治葛城。	仍舊。	改爲新安鎮,廢州,尋復爲新安縣。
明	因之。	洪武七年以州治葛城縣,省入。	洪武中廢,尋復置。	洪武七年省入安州。

①鄡(qiāo)縣,漢初置。古『鄡』與『鄡』通,東漢稱鄡縣,縣治自漢至北魏間。②唐天寶十四年(755)安禄山反唐於此。十五年破安禄山,改鹿城爲束鹿縣。

③顓頊(zhuān xū)中國上古『五帝』之一,《史記·五帝本紀》載:顓頊『静淵以有謀,疏通而知事』。顓頊子虞幕是其後夏國、楚國之祖。

易水	永陽	飛狐
易州 今領縣二	涞水縣	廣昌縣
	本漢道縣地，一名巨馬河。	古爲飛狐口。②
燕地，易燕桓侯下都，又燕文公遷易。	《寰宇記》：燕始封。即今縣，後徙于薊州。	
置上谷郡。		
故安縣屬涿郡，後漢因之。	遒縣屬涿郡，後漢因之。①	置廣昌縣，屬代郡，東漢屬中山國。
屬范陽國。	屬范陽國。	屬代郡。
後魏亦爲上谷郡。	後魏屬范陽郡，後周省入涿郡，尋置永陽縣，後改曰涞水縣。	後周置五龍城。
置易縣，旋改易州，又罷州置昌黎軍，尋改爲上谷郡。	開皇改范陽爲遒縣，又改爲固安縣，尋復爲永陽縣，仍改爲涞水縣。	改爲飛狐縣，屬易州。
復爲易州，置高陽軍于郭内。	因之。	初僑治易州之遂城遥，屬蔚州。
晉没于契丹，周收復仍曰易州。		
復爲契丹所陷，兼置高陽軍，亦曰遂武軍。	并入易縣，遼復置。	升爲飛狐軍，遼復爲飛狐縣。
屬中都路。	仍舊。	仍舊。
復爲易州，屬大都路，至元改屬保定府。	仍舊。	仍舊。
初仍曰易州，以州治易縣，省入。	仍舊。	改爲廣昌縣，屬山西蔚州。

①遒（qiú）縣，《漢書·地理志》遒縣顔師古〇注：『逎古遒字。』西漢景帝中元三年（前147），封匈奴降王陸强爲遒侯於此，後改爲遒縣。東漢亦爲遒侯國，晉屬範陽國，北魏改名遒縣。《晉書·地理志》稱：『幽州範陽國作遒縣』。　②《遼史·地理志》載：傳有狐於嶺，食五粒松子，成飛狐，故此名飛狐口。飛狐口又稱四十里黑風洞，位於蔚縣，其軍事戰略位置重要，是歷史古戰場。

	承德府　即雍正元年熱河廳舊境，乾隆四十三年改設承德府。
初置	古爲山戎東胡地。①
春秋戰國	戰國屬燕。
秦	爲漁陽右北平遼西郡，邊外接東胡地。
漢	匈奴左地，武帝時爲塞地，後入烏桓，在漁陽郡邊外。後漢烏桓地，後入鮮卑中部。三國魏鮮卑軻北能地。後素利、彌加、其機②諸郡雜居。
晋	鮮卑段氏地，北境爲宇文氏地，後并入慕容氏，爲前燕地。苻堅時爲秦地，屬幽州慕容垂復國，後爲後燕地，屬幽州，馮跋時爲北燕地。
南北朝	北魏安州廣陽郡，燕樂縣地，後并入庫莫奚。北齊庫莫奚地，周庫莫奚地。③
隋	奚地。
唐	奚地。
五代	
宋遼	遼中京北道安州地，澤州灤河縣。
金	北京路興州興化縣、宜興縣地，大定府神山縣地。
元	上都路興州興安縣地，大寧路惠州地。
明	興州衛，後廢，入朵顔衛。

①《史記·匈奴列傳》載:「唐虞以上有戎、獫狁、葷粥，居山戎巨手圖騰於北蠻。」知在上古時代，就已有山戎一族。《逸周書·王會篇》:「東胡黄羆山戎戎菽」，即此。

②《魏書·烏丸鮮卑東夷傳》載爲「厥機」，建安十二年(207)魏曹操征烏桓勝利，鮮卑部落首領軻比能、素利、彌加、厥機等納貢稱臣，曹操分封爲王。厥機死，又立其子沙末汗爲親漢王。

③庫莫奚，鮮卑語音譯，爲蒙古語沙漠之意。與契丹同類而異種，屬宇文部，被慕容皝敗後徙居松漠之間。

灤平縣	平泉州
以喀喇河屯鹽廳地置。	以八溝廳南境地置。
匈奴左地，武帝時爲塞地，後入烏桓在漁陽郡邊外，後漢烏桓地入，屬鮮卑中部。三國爲北燕魏鮮卑地。	匈奴左地，武帝時爲塞地①，後入烏桓，在右北平郡邊外。後漢烏桓地，後屬鮮卑東郡，三國魏鮮卑地。
鮮卑段氏地，後并入慕容氏，爲前燕地。苻堅時爲秦地，屬幽州。後燕屬幽州，後爲北燕地。	鮮卑段氏地，後并入慕容氏，爲前燕地。苻堅時爲秦地屬幽州。後屬平州，後燕屬平州，尋改營州，後爲北燕郡。
北魏安州廣陽郡廣興縣地，西境爲禦夷鎮地。後入庫莫奚。北齊庫莫奚地。周庫莫奚地。	北魏營州建德、陽武縣，冀陽郡平剛縣地。北齊營州建德郡、冀陽郡，周高保寧地。
奚地。	遼西郡地，西境奚地。
奚地。	奚地。
遼中京道北安州地，西境夷王府地。	遼中京大定府，大定、長興諸縣地，州神山縣地。
北京路興州興化縣、宜興縣地。	北京大定府，大定、長興諸縣地。
上都路興州興安縣、宜興縣地。	初爲北京，後改大寧路大定縣。後改大寧縣。
興州衛後廢，入朵顔衛。	大寧衛、新城衛、富峪衛、會州衛，後俱廢入朵顔衛。

①匈奴『各有分地』，左賢王區域在左地。《史記·匈奴列傳》載：『諸左方王將居東方，直上穀以往者，東接穢貉、朝鮮；右方王將居西方，直上郡以西，接月氏、氐、羌。』

建昌縣	以塔子溝廳西境地置。
初置	
春秋戰國	
秦	
漢	匈奴左地，武帝時爲塞地，後入烏桓接連西郡界。後漢烏桓地，後屬鮮卑東部，三國魏鮮卑地。
晉	鮮卑宇文氏地，後并入慕容氏，爲前燕地，苻堅時爲秦地。初屬幽州，後屬平州，後燕改營州，後爲北燕地。
南北朝	北魏營州建德郡石城諸縣地，北境契丹地。周、北齊高保寧地，北境契丹地。
隋	遼西郡地，北境契丹地，西境奚地。
唐	營州柳城郡柳城縣地，後與契丹雜居，北境契丹地，西境奚地。
五代	
宋遼	遼中京道利州阜俗縣、澤州龍山縣、榆州和眾縣、永和縣地。東南境兼得隰州海濱縣地，北境惠州惠和縣，兼得高州三韓縣地[1]。
金	北京路利州阜俗縣、龍山縣，大定府和眾縣。東南境兼得瑞州海濱縣。北境惠州惠和縣，兼得三韓縣地。
元	大寧路和眾縣、龍山縣，利州地。東南境兼得瑞州地。南境惠州地，北境惠和縣地。
明	營州衛地廢入泰寧衛。

①三韓縣，遼、金代治縣。三韓爲辰韓、弁韓、馬韓。辰韓爲扶餘，弁韓爲新羅，馬韓爲高麗。開泰年間，遼聖宗攻打高麗，將俘虜安置於此，設立三韓縣加以統治，隸屬於中京道。

赤峯縣	朝陽縣
以八溝廳①北境地置。	以塔子溝廳東境地置。
匈奴左地，武帝時爲塞地，後入烏桓，後漢烏桓地，後屬鮮卑東郡，三國魏鮮卑地。	匈奴左地，武帝時爲塞地，後入烏桓接遼西郡界。後漢烏桓地，後屬鮮卑東部三國魏鮮卑地。
鮮卑段氏地，北境爲宇文氏地，後并入慕容氏，爲前燕地，苻堅時爲秦地。初屬幽州，後屬平州，後燕改爲營州，後爲北燕地。	鮮卑宇文氏地，後并入慕容氏，爲前燕地。苻堅時爲秦地，初屬幽州，後屬平州，後燕改營州。後爲北燕地。
北魏庫莫奚地，北齊庫莫奚地，周庫莫奚地。	北魏營州昌黎郡龍城縣、廣興縣、定荒縣地，北境契丹地。北齊營州龍城縣、廣興縣，北境契丹地。
契丹地。	初爲營州建德郡，後廢州置總管府，改置遼西郡龍山縣，後改爲柳城縣，北境契丹地。
契丹地。	營州柳城郡，後與契丹雜居，北境契丹地。
遼中京道高州三韓縣，上京道松山州松山縣，上京臨潢府臨潢縣諸縣地。	遼中京路興中府興中縣，建州永霸縣、安德縣，川州咸康縣，武安州武安縣，成州同昌縣諸縣地。
北京路大定府三韓縣，上京道松山縣、靜封縣，金州安豐縣，臨潢府臨潢縣地。	北京路興中府興中縣，建州永霸縣，大定府武平縣地。東境兼得義州宏政縣、同昌縣地。
大寧路高州上都路，松山州全寧，兼得魯王分地。	大寧路興中縣，建州、川州諸境地。東境兼得義州、懿州地。西北境兼得魯王分地。
大寧衛、全寧衛地，後廢入朶顔衛。	營州衛地，後廢入泰寧衛。

①承德避暑山莊到平泉，橫穿八條山谷，依次設頭溝至八溝。爲八個駐軍兵站，明、清軍事要塞。明設大寧衛，清雍正七年（1729年）設八溝廳，屬直隸省。

	孤竹	
	豐寧縣	永平府 今領州一，縣六。
初置		虞營州，商孤竹，周幽州。
春秋戰國		春秋爲山戎、肥子二國城。
秦		遼西、右北平二郡地。
漢	匈奴左地，武帝時爲塞地。後入爲烏桓地，後屬鮮卑中部鮮卑地。	
晋	宇文氏地，後入慕容氏，爲前燕地。苻堅爲秦地，屬幽州。後燕州屬幽州，爲北燕地。	義熙三年，後燕慕容懿以令支國降魏，令支在府東北即今遷安縣地。
南北朝	安州廣陽郡燕樂縣、古城縣地。西南境禦夷鎮地，後入庫莫奚地。	魏以慕容懿爲平州牧，自是始移平州于今府界。
隋	奚地。	改爲平州，後爲郡。
唐	奚地。	爲北平郡，尋復爲平州。
五代		唐以爲遼興郡。
宋遼	遼中京道北安州利民縣西境，奚王府地。	
金	北京路六州興化縣、宜興縣地。西北境兼得西京道桓州地。	升爲南京，復爲平州，升興平軍。
元	上都路興州興安縣地，西北境兼得開平府開平縣地。	改爲興平府，升爲平灤路，又改爲永平路。
明	興州衛地，西北境爲開平衛地，後俱廢入朶顔衛。	洪武改爲永平府，屬北平布政司，直隸京師。

新昌	安昌	新安	遼西
盧龍縣	遷安縣	撫寧縣	昌黎縣
古肥子國。		本漢驪城縣地。	本古營州地，在平、遼二郡間。
爲肥如縣，屬遼西郡，以肥如河而名。	爲令支縣，屬遼西郡。東漢以後廢。	陽樂縣地，屬遼西郡，東漢爲郡治。	絫縣①，屬遼西郡，後漢省入臨榆縣。
	初没于鮮卑，爲遼西郡治。	因之。	以後爲海陽縣地。
後魏爲北平郡，北齊因之，又析置新昌縣。	後魏真君八年省入陽樂，後爲肥如縣地。	後魏仍屬遼西郡，北齊省。	後魏爲遼西郡地，屬平州。
省肥如，入新昌，後爲盧龍治，復改盧龍爲肥如。		爲盧龍縣地。	開皇置營州，後罷州置遼西郡。
移平州治，此改爲盧龍縣。		武德二年分置撫寧縣，七年仍省入盧龍縣。	初復爲營州。
	時入于遼。		時入于遼。
遼仍舊，宋宣和改曰盧城。	遼始于令支故城，遷定州安喜民于此，置安喜縣。	遼初置新安鎮，屬平州。	爲營州鄰海軍，改縣曰廣寧。
仍舊。	改爲遷安縣。	升撫寧縣，屬平州。	初爲廣寧縣，大定改爲昌黎縣，屬平州。
仍舊。	至元初省入盧龍縣，尋復置，屬永平路。	初省入昌黎縣，尋復置，後復析置昌黎縣。	省入海山縣，未幾復置昌黎縣，并海山入焉。
仍舊。	因之。	因之。	因之。

①絫(lěi)縣，西漢置，屬幽州遼西郡。

	海陽	大定	平州
	灤州	樂亭縣	臨榆縣
初置	古孤竹國①；以灤河而名。		本平州地。
春秋戰國			
秦			
漢	爲石城縣地，東漢爲海陽縣地。	置驪城縣屬右北平郡，後漢省。	陽樂、海陽二縣地。
晋	屬遼西郡。		
南北朝	後魏因之。		
隋	爲北平地		爲盧龍縣地，開皇三年城渝關②。
唐	爲北平地。	開元析置馬城縣。	
五代			
宋遼	契丹始，析置灤州永安軍。世宗又置義豐縣爲州治。	契丹屬灤州。	遼聖宗平大延琳，置遷民縣，爲遷州治。
金	仍爲州，領義豐、樂亭二縣。	大定末又析置樂亭縣。	州、縣俱廢，爲遷民鎮。
元	因之。	初當于縣置溟州，尋復廢爲樂亭縣。	
明	洪武以義豐省入領樂亭縣。	因之。	洪武十四年置山海衛。

①灤州，爲古孤竹國地。孤竹亦作觚竹，商朝初年，封墨姓爲君，於商北境立孤竹國。至遼太祖以俘户置灤州。州、縣均因灤河得名。　②渝關，又稱榆關、臨閭關，依渝水湍急立關隘而名，隋開皇三年(583)築。明將此關東遷至石河，曾用渝水關名，因其依山襟海，故名山海關。清學者多以爲山海關即渝關、臨閭關，爲誤傳而記。

瀛海	武垣	樂城
河間府 今領州一，縣十。	河間縣	獻縣
《禹貢》冀州地。		本漢樂城縣地。
春秋時爲晉東陽地。戰國爲燕、趙、齊三國境。		
上谷、鉅鹿二郡地。		
置河間國，東漢并入信都。	爲州鄉侯國①屬涿郡。後漢改爲武垣縣，屬河間國。	爲樂城縣，後爲河間國。東漢改樂陵縣。
因之。	因之。	因之，仍屬河間國治。
後魏于漢樂成縣分冀、定二州地，立瀛州兼置河間郡。	後魏置河間縣，高齊始置河間縣爲河間郡。	後魏屬河間郡。
罷郡存州，尋復爲河間郡。	以武垣省入。	改廣城縣，又改樂壽縣，屬瀛州。
仍爲瀛州，天寶初仍爲河間郡，乾元復爲瀛州。	初以河間置瀛州，武德中復置武垣縣，貞觀省入河間。	屬深州。
晉時契丹據其地，周收復之。	因之。	
宋仍曰瀛州，大觀升爲河間府，賜名瀛海軍。		宋屬河間府。
置河北路于此。		置壽州，又改獻州。
改爲河間路。	因之。	因之。
洪武改河間府，屬北平布政司，直隸京師。	因之。	改爲獻縣。

①西漢元朔三年，武帝封獻王劉德之子劉禁爲州鄉侯，國傳六世，至王莽國廢。

	阜城縣	肅寧縣	任邱縣	交河縣
	漢阜	庚州	鄚州	中水
初置	本漢舊縣地。	本河間縣地。	本漢鄚縣地。①	本漢中水縣地,以滹沱、高河二水交流故名。
春秋戰國				
秦				
漢	屬渤海郡,後漢屬安平國。	本武垣縣地。	鄚縣地,平帝使中郎將任邱城此,因名。	中水縣地。
晉	仍屬渤海郡。			
南北朝	後魏屬武邑郡。		高齐始置任邱縣。	
隋	初屬觀州,後屬冀州。	爲河間縣地。	省入高陽縣。	
唐	末朱全忠改爲漢阜縣。	爲河間縣地。	復置屬瀛州,後改屬莫州。	樂壽縣地。
五代	唐復故。			
宋遼	宋省入東光縣,熙寧末復置。	宋置平盧寨,又改肅寧城。	宋爲莫州治。	宋爲交河鎮。
金	屬景州。	升爲縣,屬河間府。	貞祐降州爲鄚亭縣,以任邱縣省入。	爲石家圈,大定七年置交河縣,屬獻州。
元	因之。	廢爲鎮,尋復爲縣。	省入河間縣,尋復置,屬莫州。	省入樂壽縣,尋復置,仍屬獻州。
明	洪武改屬河間府。	因之。	洪武七年以莫州省入,改屬河間府。	初因之,後改屬河間府。

①古稱鄚邑(mò),漢置鄚(mào)縣。西漢元延元年(前12),成帝封劉異眾爲鄚侯。城南遷建鄚侯國。

保安	廣川	安陵
寧津縣	景州	吳橋縣
	本漢景成侯國。	本隋將陵縣地。
	春秋爲齊、晉二國之境。戰國爲齊趙二國。	
	屬鉅鹿郡。	
本東光、臨樂二縣地，屬渤海郡。後漢省臨樂。	屬渤海郡，後漢因之。	置安縣屬平原郡，後漢省。
置新樂縣，屬樂陵國。	因之。	置東安陵縣。
後魏省。	後魏亦屬渤海郡。	後魏去東字。
開皇置胡蘇縣，屬平原郡。	初郡廢，後置觀州治東光縣。大業州廢。	將陵縣地屬平原郡，大業初并入東光。
改曰臨津，屬景州。	復置觀州治弓高縣，貞觀中州廢。貞元始置景州，後廢置不一。	武德復置安陵，屬觀州，貞觀改屬德州。
周屬滄州。	後周改定遠軍。	
宋省入南皮縣。	宋仍爲景州，景德初改永静軍。	宋省入將陵縣，爲吳川鎮。
改置寧津縣，屬景州。	亦曰景州，後改爲觀州。	始于吳川鎮置吳橋縣，屬景州。
初屬濟南路，後改屬河間府。	復爲景州，徙置蓨縣①即今所。	仍舊。
因之。	以蓨縣省入。	仍舊。

①蓨(tiáo)縣，《史記》《漢書·周亞夫傳》作『條』。西漢後元二年(前162)文帝封周亞夫爲條侯於此。《漢書·地理志》《三國志》《晉書》作『脩』。治今河北景縣南。

	清河	永寧	津門
	故城縣	東光縣	天津府 今領州一，縣六。
初置	本隋清河郡歷亭縣地。	本漢舊地。	《禹貢》冀、兖二州之域。
春秋戰國			春秋爲幽、兖二州域。戰國爲燕、齊二國境。
秦			爲漁陽、上谷二郡地。
漢	置廣川、歷二縣，皆屬信都國。後漢省歷，爲廣川縣。	屬渤海郡。	爲漁陽、渤海二郡地，後漢因之。
晋		亦曰東光縣，屬渤海郡。	爲燕國、章武國①及渤海郡地。
南北朝	北齊爲棗强縣地。	後魏因之，東魏改置渤海郡于此。	後魏爲浮陽、章武、渤海三郡地，分屬滄、瀛、冀三州。
隋	爲長河縣地。	初郡廢，置觀州，尋州廢，屬平原郡。	屬河間、渤海二郡地。
唐	元和四年移長河縣治此，十年又徙廢。	屬滄州，後改屬景州。	爲瀛、滄二州地。
五代		周爲定遠軍治。	
宋遼	宋爲歷亭縣，屬恩州。	宋爲永静軍治。	宋爲清、滄二州地。
金	爲故城鎮。	爲觀州治。	因之。
元	初升爲故城縣，屬河間路。至元初仍省爲鎮，尋復置縣。	屬景州。	因之。
明	因之。	因之。	永樂初置天津左右三衛。

①晋初司馬炎即位，封清惠亭侯司馬京燕王。泰始元年（265年），徙封河間王司馬威爲章武王。

天津縣 章武	青縣 永安	静海縣 會川	滄州 長蘆
	本唐幽州蘆台軍地。		
			爲燕、齊二國境。
			屬鉅鹿郡。
本渤海郡章武縣，及漁陽郡泉州縣。	置參户縣，屬渤海郡，後漢省入章武縣。	本章武、東平舒二縣地。	置渤海郡，後漢因之。
			仍爲渤海郡。
			後魏初曰滄水郡，尋復故，又分置浮陽郡，尋又兼置滄州。
	爲長蘆、魯城二縣地。		初郡廢州存，大業初改置渤海郡治陽信，後徙清池。
以後爲滄州地。	蘆台軍地，乾寧中改置乾寧軍。		初置滄州，天寶初曰景城郡，乾元復故。
	晉入于契丹，置寧州，周克復之，置永安縣。		梁改順化軍，唐復曰横海(軍)。
	太平興國復置乾寧軍及乾寧縣，大觀升爲清州。	宋爲清州窩口塞。	宋亦曰滄州，亦曰景州軍、横海軍。
	改乾寧縣曰會川，而州如故。	始置靖海縣，屬清州。	升爲臨海軍，屬河北東路。
爲静海縣地，置海濱鎮。	初改爲清寧府，尋復爲清州。	初省，尋復置。	改隸河間路，亦曰滄州。
永樂初築城置戍，後又調天津左右三衛治焉。	以州治會川縣省入，又改清州爲青縣，屬河間府。	改靖爲静，屬河間府。	仍曰滄州，以州治清池縣省入，領縣三。

	渤海 南皮縣	尚城 鹽山縣	樂陵 慶雲縣
初置	本漢舊縣，因章武有北皮亭①，故此曰南皮。		
春秋戰國		春秋無棣邑。②	
秦			
漢	前漢屬渤海郡，後漢爲渤海郡治。	置高城縣，屬渤海郡。	漢陽信地，屬渤海郡。
晉	因之。	因之。	屬樂陵國。③
南北朝	後魏渤海郡亦治焉。	後魏屬浮陽縣。	後魏屬樂陵郡。
隋	初屬滄州，尋屬北海郡。	改爲鹽山縣，屬棣州。	析置無棣縣屬隶州。
唐	初屬景州，貞觀初屬滄州。	武德間于縣置東鹽州，後廢屬滄州。	屬滄州，貞觀初省入陽信縣，後復置。
五代			
宋遼	宋因之。	宋因之。	宋徙治保順軍。
金	因之。	因之。	因之。
元	因之。	因之。	省入樂陵縣，屬濟南路。
明	因之，屬河間府。	因之，屬河間府。	以隶州無棣縣改置海豐縣，而置無棣縣于此。永樂初避諱，改名屬河間。④

①春秋齊桓公救燕北伐山戎至此，爲繕修皮革而築城，有北皮亭，古北皮城故址在南皮縣城北。②因境内有無棣山、無棣水而得名。無棣邑春秋爲齊國北疆、漁鹽之區。③東漢建安二十五年(220年)曹操子曲陽王曹茂徙封樂陵，改置樂陵國。④元棣州無棣縣稱東無棣，滄州無棣縣稱西無棣。明永樂元年(1403)避朱棣名諱，西無棣改慶雲縣，東無棣改名海豐縣。

恒山	東垣
正定府（今領州一、縣十三，避諱改曰正。）	正定縣
《禹貢》冀州地。	
春秋屬鮮虞國，戰國屬趙。	戰國趙之東垣邑。
爲鉅鹿郡地。	
初置恒山郡，後避諱改曰常山。武帝置真定國，常山屬焉。東漢并真定，屬常山國，治元氏縣。	改爲真定縣，後改真定國治焉，後漢屬常山國。
因之，改治真定縣。	爲常山郡治。
後魏亦曰常山郡，徙治九門縣。後周于郡置恒州。	後魏因之。後周恒州亦治焉。
廢郡存州，煬帝州復曰恒山郡。	大業中爲恒山郡治。
復置恒州，天寶初亦曰恒山郡。元和改爲鎮州，後升成德軍節度。	改爲中山縣，神龍復曰真定，自是州郡常治。
梁以朱温父名誠改武順軍，唐復爲成德軍。晉改順德軍。漢復爲成德軍，周復爲鎮州。	
宋改曰真定府，亦曰常山郡，成德節度。	宋曰真定府。
因之，屬河北西路。	曰真定府。
改真定路。	曰真定路。
改爲真定府，直隸京師。	因之。

	鹿泉	威州	泜州
	獲鹿縣	井陘縣	皐平縣
初置	本漢石邑縣地。[1]	本漢縣。	
春秋戰國	戰國趙之石邑。		
秦			
漢	石邑縣，屬常山郡。	屬常山郡，後漢因之。	本靈壽及南行唐縣地。
晋		因之。	
南北朝	後魏因之，北齊廢。	仍屬常山郡。	
隋	復置，尋分置鹿泉縣。	置并州，義寧初置井陘郡。	行唐縣。
唐	改名獲鹿，隸恒州。	改井州，尋省。	
五代			
宋遼	宋開寶六年，以石邑省入，屬真定府。	宋于縣置天威軍。	宋爲北塞地。
金	升爲鎮寧州。	改爲威州。	改爲北鎮，明昌中升皐平縣。
元	改西寧州，尋復曰獲鹿縣，隸真定路。	移威州治洺水，以井陘隸廣平路。	仍舊。
明	因之。	改隸真定府。	因之。

①石邑，春秋初屬鮮虞國，西漢置石邑縣，高後元年（前187）封惠帝子劉疑恒山侯，侯國轄石邑縣。後因避諱漢文帝劉恒之名，改爲常山國，恒山郡改常山郡。

關縣	玉亭	燕州
樂城縣	行唐縣	靈壽縣
春秋晋藁邑①，樂武子封地。	戰國屬趙邑。	戰國中山國地。
	割真定地，置南行唐縣。	
關縣屬常山郡，東漢置樂城縣，漢末廢。	屬常山國。	置靈壽縣，屬常山郡，後漢因之。
	屬中山國。	因之。
後魏復置樂城縣。北齊廢。	後魏去南字爲行唐縣，太和置唐郡于此，後廢。	後魏仍屬常山郡，後周置蒲吾郡。
復置屬樂州，後屬趙郡。	屬恒州。	初郡廢以縣隸恒州郡，後置燕州于此。
初屬趙州，後改屬鎮州，天祐初更名樂氏，尋復舊。	置五城縣，長壽改彰武，神龍初復名行唐。	初州廢，以縣屬并州，後屬鎮州。
	梁改彰武，尋復故。晋改永昌。漢復爲行唐。	
宋仍舊。	宋因之。	宋省入行唐，尋復置，屬真定府。
仍舊。	屬保定路。	仍舊。
仍舊。	改屬真定府。	仍舊。
仍舊。	改屬真定府。	因之。

①藁（gǎo）邑，春秋時晋正卿欒書封於此，爲置欒城之肇始。

	平山縣（蒲吾）	元氏縣（槐渠）	贊皇縣（房子）
初置			
春秋戰國	春秋晉之蒲邑。	趙國趙公子元之封邑。	
秦			
漢	置蒲吾縣①，屬常山郡，後漢因之。	置元氏縣，爲常山郡治。	東漢高邑縣地，屬常山國。
晋	仍曰蒲吾，亦屬常山郡。	改屬趙國。	
南北朝	後魏因之。	北齊省。	
隋	置房山縣，屬恒州，又置房山郡。	復置，屬趙州。	開皇析高邑縣地置贊皇縣，取山爲名。初屬欒州，後屬趙郡。
唐	武德初改郡爲嶽州，尋廢州以縣屬恒州，天寶中改爲平山縣。	仍屬趙州。	因之。
五代		改屬真定府。	
宋遼	宋仍舊。	宋仍舊。	宋省爲鎮，元祐初復故。
金	仍舊。	仍舊。	隸沃州。
元	仍舊。	仍舊。	初并入高邑，復置。
明	因之。	因之。	因之。

①蒲吾，古稱番吾。《史記·蘇秦傳》：『秦甲渡河逾漳，據番吾』即此。

鼓城	魏昌	廉州
晉州	無極縣	藁城縣
本春秋晉地。		
春秋白狄別種鼓子國①也。戰國屬趙。		春秋肥子國，後并于晉。
屬鉅鹿郡置下曲陽縣，後漢因之。	毋極縣，隸中山國，後漢因之。	置藁城縣，屬真定國，後漢廢。
屬國爲趙。	省。	
後魏亦屬鉅鹿郡。	後魏太和十二年復置，屬中山郡。北齊屬恒山郡。	後魏復置，屬鉅鹿郡，北齊改爲高城縣，鉅鹿郡治焉。
屬定州，改屬趙州。	屬定州。	初郡廢，縣屬趙州。開皇置廉州，後復置藁城縣。
仍屬定州，大歷改屬恒州。	初屬廉州，後改屬定州，武后改毋極縣爲無極縣。	置廉州，省柏肆、新豐、宜安三縣入藁城。貞觀州罷，縣屬恒州，後更名藁平。
宋屬祁州。	宋屬中山府。	宋屬真定府。
因之。	屬中山府。	因之。
置晉州，屬真定路。	屬中山府。	初，改爲永安州，尋復爲藁城縣。
仍曰晉州，以州鼓城縣省入。	改屬真定府。	因之。

①鼓城古爲白狄地，《續漢書·郡國志》載：「下曲陽縣有鼓聚，故翟鼓子國。」

	新市	信都	東陽
	新樂縣	冀州 今領縣五。	南宮縣
初置		古冀、兖二州地。	
春秋戰國	春秋鮮虞國。	春秋晉之東陽地，戰國屬趙。	
秦		屬鉅鹿郡。	
漢	新市縣，屬中山國。①	爲信都國，景帝曰廣川國，宣帝復爲信都國。後漢明帝更爲樂成國，安帝改爲安平國。	舊縣屬信都國，後漢屬安平國。
晉		亦曰安平國，石趙、慕容燕皆置冀州于此，其後苻堅亦置焉。	省，後復置。
南北朝		後魏曰長樂郡，兼置冀州，北齊後周因之。	北魏屬長樂郡，高齊廢。
隋	改爲新樂縣，屬定州。	初郡廢，仍曰冀州。煬帝亦曰信都郡。	開皇復置，屬冀州。
唐	因之。	仍爲冀州，龍朔改曰魏州。咸亨復故。天寶亦曰信都郡。乾元仍爲冀州。	因之。
五代	因之。		因之。
宋遼	宋因之。	宋因之。	宋因之。
金	因之。	仍爲冀州，屬河間路。	
元	因之。	屬真定路。	
明	因之。	仍曰冀州，以州治信都縣省入。	成化十六年大水，縣城圮，移治飛鳳岡。

①西漢中元二年（前148），景帝封王康爲新市侯，置新市侯國。東漢建安十年（205）置新市縣，屬中山國樂陵郡。

堂陽	廣川	觀津	桃縣
新河縣	棗强縣	武邑縣	衡水縣
本漢堂陽縣。	漢舊縣，以地多棗而名。	漢舊縣。	本漢下博縣地。
		戰國趙邑。	
堂陽縣屬鉅鹿郡，東漢屬安平國。	棗强縣屬清河郡，後漢省，魏復置。	武邑縣，屬信都，後漢屬安平國。	下博縣地，屬信都國。
	析置廣川縣屬渤海郡。	武邑郡，復爲武邑縣，屬安平國。	
北齊省。	後魏省，太和中復置，屬長樂郡。	北齊郡縣俱廢。	
復置屬冀州。	屬冀州。	開皇復置，屬冀州。	分信都、武邑、下博三縣地，置衡水縣屬冀州，以近衡、漳而名。
因之。	屬冀州。	因之。	屬冀州。
時爲南宮縣之新河鎮。		因之。	屬冀州。
宋皇祐四年升爲新河縣，六年廢。	宋省爲鎮，復置，仍屬冀州。	宋因之。	屬冀州。
	仍舊。	仍舊。	屬冀州。
復置新河縣，隸冀州。	仍舊。	仍舊。	割屬深州。
因之。	因之。	因之。	屬深州。

	鄗邑	慶陽
	柏鄉縣	趙州 今領縣五。
初置	春秋晉鄗邑②地。	
春秋戰國		春秋屬晉，戰國屬趙。
秦		爲邯鄲、鉅鹿二郡地。
漢	爲鄗縣，屬常山郡，後漢更名鄗邑。	初立趙國治邯鄲縣，後漢兼置冀州治鄗。
晉		趙國治房子縣。
南北朝		後魏爲趙郡，兼置殷州。北齊改郡曰南趙郡，州曰趙州。
隋	分高邑置縣，遙取漢柏鄉③之名，屬欒州，後改屬趙州。	初廢郡，而州如故，開皇十六年兼置欒州。後廢趙州，改欒州爲趙州，尋曰趙郡，治平棘。①
唐		復爲趙州治柏鄉，尋復治平棘。天寶初亦曰趙郡，後復爲趙州。
五代		
宋遼	省柏鄉爲鎮，後復置縣。	宋置慶源軍，宣和初升慶源府。
金	隸沃州。	復改爲趙州，後改爲沃州。
元	隸趙州。	復曰趙州，屬真定路。
明	因之。	以州治平棘縣省入。

①高祖七年（前200），封功臣林摯爲平棘懿侯，前元六年（前174）除國改置平棘縣。　②鄗邑位於古槐水北岸，前491年，爲中山所有。《史記·趙世家》：『中山國引水圍鄗』即此。　③柏鄉，西漢曾爲劉不疑常山國，匈奴降將僕黥易侯國，劉買柏鄉侯國封地。隋開皇十六年（596），析高邑、柏人縣置柏鄉縣，以漢封國而名。

廣阿	慶元	趙國
隆平縣	高邑縣	臨城縣
	本晉鄗邑。	
		戰國屬趙，爲房子邑①。
廣阿縣屬鉅鹿郡，東漢省。	爲鄗縣，屬常山郡，光武即位于鄗南，改曰高邑，爲冀州刺史治所。	置房子縣，屬常山郡。
	屬趙國。	置趙國治房子。
後魏復置，屬趙郡。	後魏屬趙郡，北齊移治于漢房子縣界。	後魏屬趙郡，北齊省。
改爲象城縣，復改爲大陸縣，屬趙州。	屬欒州，後屬趙州。	復置。
復爲象城縣，尋改爲昭慶縣。		改臨城縣屬趙州。
宋更名隆平，尋省入臨城縣，後復置。	宋屬慶源府。	宋仍舊。
屬沃州。	屬沃州。	仍舊。
屬趙州。	屬趙州。	仍舊。
因之。	因之。	仍舊。

①房子邑，周穆王之母國。周封房氏子爵，建房子邑。戰國魏地，後入於趙。《史記·趙世家》：惠文王二十四年「廉頗將攻魏房子，拔之」。即此。

	高梁 寧晉縣	下博 深州 今領縣三。	武遂 武强縣
初置			
春秋戰國	春秋晉楊氏邑。①		
秦			
漢	漢置楊氏縣，屬鉅鹿郡，後漢因之。	下博縣地，屬信都國，東漢屬安平國。	爲武隧縣地，③屬河間國，後漢屬安平國。
晉	省入癭陶縣，屬鉅鹿郡。	仍屬安平國。	析置武强縣，屬長樂國。
南北朝	後魏改癭遥縣，屬南鉅鹿郡。	後魏屬長樂郡，北齊屬博陵郡。	後魏屬武邑郡。
隋	復曰癭陶，屬趙州。	屬信都國，開皇中始置深州，治安平縣，後廢。	初以武隧省入，屬信都郡。
唐	改爲寧晉縣。②	復置深州于饒陽縣，移治陸澤。	初屬深州，後屬冀州。
五代		周始移治下博。	
宋遼	仍舊。	改下博曰静安。	屬深州。
金	仍舊。	仍舊。	屬深州。
元	仍舊。	仍舊。	置東武州，尋廢州，以縣屬深州，改屬祁州。中統初改屬晉州。
明	仍舊。	以静安縣省入。	屬晉州。

①甯晉古始稱楊紆。《水經注》載：『楊紆，大陸澤地。古有楊城，澤流紆回城下，因曰楊紆』。春秋時爲晉文侯屬邑，稱楊氏邑。 ②癭陶(yǐngtáo)，天寶元年(742)，避『應逃』不祥諧音，取『安寧晉福』之意。改寧晉縣。 ③高祖六年(前201)封夫疥爲武隧侯。封嚴不識爲武强侯。建武隧侯、武强侯國。國除均屬武隧縣。東漢建武二年改隧爲遂，稱武遂縣。

博陵	穀邱	中山
饒陽縣	**安平縣**	**定州** 今領縣二。
漢舊縣。	漢舊縣。	
		春秋鮮虞國地，戰國初爲中山國。尋爲魏所并，後又屬趙。
		爲上谷、鉅鹿二郡地。
爲饒陽縣，屬涿郡，其治在今縣西南三十五里，東漢屬安平國。	爲安平縣，屬涿郡，東漢屬安平國。	初置中山郡，景帝改爲中山國，後漢因之。
屬博陵國。	置博陵國。	因之。後燕慕容垂都此，置中山郡。
	北齊爲博陵郡。	後魏改定州。高齊改郡曰鮮虞，後周置定州總管府。
屬瀛州。	置深州，後廢州，以縣屬博陵郡。	改博陵郡，後又爲高陽郡。
爲深州治所。	又置深州。	仍曰定州，天寶初亦曰博陵郡，乾元復故。
屬深州。	因之。	因之。
因之。	因之。	仍曰定州。政和三年升爲中山府。
因之。	因之。	復曰定州，尋亦爲中山府。
屬晉州。	改曰南平州，中統初爲安平縣，屬晉州。	因之。
因之。	因之。	復爲定州，改屬真定府，以州治安喜縣省入。

	恒陽	滋河	襄國
	曲陽縣	深澤縣	順德府 今領縣九。
初置	太行之陽，轉曲處，故名。	即漢南深澤也。	《禹貢》冀州地。商祖乙遷于邢，即此。周爲邢國，成王封周子苴⑤爲邢侯。
春秋戰國	春秋趙邑。		春秋并于衛，後入于晉，戰國屬趙。
秦			爲鉅鹿、邯鄲二郡地，秦末謂之信都。項羽又改爲襄國。
漢	置上曲陽①，屬常山國，東漢屬中山國。	爲南深澤縣④，屬中山國，東漢屬安平國。	屬鉅鹿、常山二郡及趙、廣平二國，後漢因之。
晋	太平真君七年，省入新市縣。景明初復置。	屬博陵國。	爲鉅鹿、趙二國地。後石勒都此。石虎改置襄國郡。
南北朝	北齊改爲曲陽縣，屬中山郡，去『上』字。	後魏屬博陵郡，去南字。北齊省。	後魏改鉅鹿郡，及北廣平郡地。
隋	改爲恒陽縣②，屬定州。	復置，屬定州。	改置邢州，煬帝改曰襄國郡。
唐	元和中復爲曲陽縣③。	因之。	復爲邢州，天寶初曰鉅鹿郡，乾元初復故。李克用得之，仍置邢洺節度治焉。
五代			梁置保義軍治此。唐曰安義軍。
宋遼	屬中山府。	熙寧中省入鼓城縣，元祐初復爲縣。	仍爲邢州，宣和初升爲金德府。
金	因之。		復曰邢州，仍置安國軍。
元	初改爲恒州，尋復爲曲陽縣，屬保定路。	省入束鹿縣，尋復置，屬祁州。	又改爲順德路。
明	改屬真定府。	因之，屬祁州。	曰順德府，領縣九。

①漢曲陽縣屬常山郡轄。時巨鹿郡有下曲陽，爲與之區别稱上曲陽。　②隋開皇年，曲陽縣因盛産石料改名石邑縣，次年改名恒陽縣。唐元和年因避穆宗李恒名諱，復爲曲陽縣。　③漢文帝元年(前179)曲陽稱上曲陽。唐天寶七年(556)上曲陽縣復稱曲陽縣。　④漢武帝元朔五年，除深澤侯國置深澤縣。後改稱南深澤縣，隸涿郡。至北魏，去『南』字爲深澤縣，隸博陵。　⑤周子苴(jū)周成王封周公旦第四子苴爲邢侯。邢國崇周公之禮，《邢侯簋》記載：『舍邢侯服，錫臣三品，州人、重人、庸人』，即此。

龍岡 邢臺縣	温州 沙河縣	和州 南和縣	封州 平鄉縣
古邢國。	本漢襄國縣地。		
爲信都國，項羽改爲襄國。			鉅鹿縣地。
亦爲襄國縣，屬趙國，後漢因之。	襄國縣地。	縣屬廣平國，後漢屬鉅鹿郡。	因之，爲鉅鹿郡，後漢因之。
屬廣平郡。		屬廣平郡。	屬鉅鹿國。
後魏永安中改爲北廣平郡。		後魏并入任縣，後周分置南和郡，尋廢郡爲縣。	後魏初因之，景明二年改置平鄉縣于此。
開皇改爲龍崗縣，十六年置邢州治焉。①	龍崗縣地，開皇十六年析置沙河縣屬邢州。	屬洺州，尋改屬邢州。	初郡廢，縣屬邢州。
因之。	武德初置温州于此，四年州廢，仍屬邢州。	初于此置和州，尋廢還屬邢州。	武德初置封州，後廢，還屬邢州。
	仍舊。	仍舊。	因之。
宋宣和四年始改爲邢臺縣。	仍舊。	仍舊。	宋因之，熙寧六年省入鉅鹿縣，元祐初復故。
仍舊。	仍舊。	仍舊。	仍舊。
仍舊。	隸順德路。	省入沙河縣，尋復置。	隸順德路。
因之。	因之。	因之。	因之。

①上古時期，邢臺百泉竟流，故稱井方，邢字通井，邢國都於此。史稱『黄帝鑿井，聚民爲邑』。，北宋宣和二年(1120)，以龍岡築有檀臺，始名邢臺縣。

	西經 廣宗縣	南欒 鉅鹿縣	堯山 唐山縣
初置			
春秋戰國			春秋晉柏人邑，戰國屬趙。
秦			
漢	鉅鹿郡堂陽縣地，後漢章帝分置廣宗縣，仍屬鉅鹿郡。	鉅鹿郡南䜌縣。	爲縣屬趙國。
晋	仍曰廣宗縣屬安平國，石趙嘗置建興郡治焉。	省入任縣。	
南北朝	後魏屬清河郡，後置廣宗郡。高齊郡廢，縣屬貝州。	後魏初改置鉅鹿縣，仍屬鉅鹿郡，後屬南趙郡，高齊廢。	後魏改曰柏仁。②
隋	仁壽改曰宗城縣①。	開皇六年復置，屬邢州。	屬邢州。
唐	武德四年置宗州，州廢，以縣屬貝州。後復改廣宗縣屬魏州。	武德初置起州，州廢還屬趙州，後屬邢州。	初于縣屬東龍州，後州廢還屬趙州，後改屬邢州，又改爲堯山縣。
五代		仍舊。	
宋遼	屬大名府。	仍舊。	省入内邱縣，尋復置。
金	復改爲宗城縣，屬洺州。	仍舊。	改爲唐山縣。
元	復爲廣宗縣，後省入平鄉縣，尋復屬順德路。	屬順德路。	又省入内邱縣，尋復置屬順德路。
明	因之。	因之。	因之。

①廣宗縣，隋避太子楊廣名諱，改宗城縣。至天祐三年（906）以避朱温父朱誠之諱，復爲廣宗縣。 ②春秋爲柏人邑。《一統志》云：『柏仁城，堯封唐侯所都之地』。西漢始建柏人縣，東魏改柏仁縣。

青山	廣鄉	武安
內邱縣	任縣	廣平府 今領州一、縣九。
		《禹貢》冀州域。
	春秋晉張縣地。	春秋屬晉，戰國屬趙。
		爲邯鄲郡地。
中邱縣，屬常山郡。	分置任縣，屬廣平國，東漢屬鉅鹿郡。	初置廣平國，武帝改爲平千國，宣帝復爲廣平郡。東漢省入鉅鹿郡，魏復置廣平郡。
升爲中邱郡，石虎改爲趙安縣。	屬廣平國，石趙改置苑鄉縣，尋改清苑縣屬襄國郡。	復爲廣平郡。
後魏省入柏仁縣，尋復置中邱縣。		後魏因之，後周置洺州。
改內邱縣屬趙州，尋復改屬邢州。	初復改任縣，屬邢州，後省。	大業初改爲武安郡。
仍舊。	復置。	復爲洺州，天寶改廣平郡，乾元初復爲洺州。
仍舊。		
仍舊。	宋省入南和縣。尋復置，屬信德府。	屬河北道。
仍舊。	屬邢州。	屬河北西路。
屬順德路。	省入邢臺縣，尋置，屬順德路。	初置邢洺路總管，又改邢洺。至元中改廣平路。
因之。	因之。	洪武初改爲廣平府，屬北平布政司，直隸京師。

	平千	斥漳
	永年縣	曲周縣
初置		
春秋戰國	春秋曲梁地。①	
秦		
漢	爲曲梁縣，屬廣平國。東漢屬鉅鹿郡。	舊縣屬廣平國。東漢屬鉅鹿郡。
晉	屬廣平郡。	廢。
南北朝	北齊并曲梁入廣平縣。	後魏改曲安縣，屬廣平郡。
隋	改廣平爲永年縣，屬武安郡，避太子廣諱也。	置洺州。
唐	屬洺州。	復爲曲周縣。
五代		
宋遼	以臨洺縣省入。	省入雞澤縣，後復置。
金		以平恩縣省入。
元	仍舊。	仍舊。
明	因之。	因之。

①曲梁邑，因洺水環繞堤圍其周而名。《左傳》：『荀林父敗赤狄於曲梁。』即此。西漢置曲梁侯國。

清漳	量村	長樂
肥鄉縣	雞澤縣	廣平縣
		本大名府魏縣地。
	春秋盟于雞澤，即此。	
邯鄲蒲縣地，曹魏置肥鄉縣屬廣平郡。	廣平縣地。	置廣平縣屬廣平國。東漢屬鉅鹿郡。
因之。		
後魏省入臨漳縣。		北齊以曲梁縣省入。
復置屬磁州，後屬洺州。	于廣平城置雞澤縣，後廢。	置武安郡。
省清漳縣入焉。	復置，自後縣治屢遷而名不改。①	屬魏州。
仍舊。	因之。	屬洺州。
仍舊。		以魏縣并入廣平縣。
仍舊。	初并入永年縣，尋復置。	仍舊。
仍舊。	因之。	因之。

①雞澤，原爲澤地。漳河故道《寰宇通志》稱：雞澤縣，取界内雞澤爲名。

	趙都	斥邱	洛水
	邯鄲縣	成安縣	威縣
初置			
春秋戰國	戰國時趙都也。	春秋晉乾侯地。①	
秦	置邯鄲郡。		
漢	廢郡爲縣屬趙國，曹魏爲廣平國。	爲魏郡斥邱縣地。	廣平國斥漳縣地，後漢屬鉅鹿郡。
晉	爲廣平郡。	因之。	屬廣平國。
南北朝	爲廣平郡，東魏廢，入臨漳縣。	後魏仍屬魏郡，天平初并入臨漳縣。高齊復置，改曰成安，後周屬相州。	後魏因之，東魏改魏郡，後齊省入平恩縣。
隋	開皇復置縣，屬洺州。	因之。	開皇六年置洺水縣，屬洺州。
唐	初屬磁州，貞觀初還屬洺州。永太初復屬磁州。	屬磁州，尋改屬相州，又割屬洺州。	因之，會昌五年省入曲周縣。
五代	因之。	因之。	
宋遼	因之。	因之。	宋初亦置洺水縣，尋廢。
金	因之。	因之。	復置，仍屬大名。
元	因之。	省入滏陽縣，尋復置，屬磁州。	自井陘移威州治此，以縣屬焉。至正間廢洺水縣，以威州屬廣平路。
明	改屬廣平府。	改屬廣平府。	初改爲縣。

①斥丘，春秋爲乾侯封邑，漢高帝六年(201)，封唐厲爲斥丘侯。漢元鼎五年(前112)，廢國改斥丘縣。

信成	滏陽	陽平
清河縣	磁州	大名府 今領州一、縣六。
本周之甘泉市。①		《禹貢》冀、兖二州地，夏爲觀扈國②，周封武庚于此。
		春秋晉地，戰國屬魏。
爲厝縣，屬鉅鹿郡。	邯鄲郡地。	屬東郡。
爲信成縣，屬清河郡，後漢改甘陵縣。	爲魏郡武安縣地。	屬魏郡治鄴，後漢因之，分魏郡爲東西部，置都尉。時魏爲曹操封國。
改清河縣。		因魏爲陽平郡，前燕于此置貴鄉郡，尋省。
後魏、北齊皆爲清河郡治，後周于郡置貝州。	後魏析置臨安縣，後周割臨水置滏陽縣及成安郡。	劉宋嘗置東陽平郡，後魏因之，治館陶③，後周末置魏州治貴鄉。
罷州爲清河郡。	罷成安郡，于滏陽置磁州，後罷。	初因之，大業初改爲武陽郡。
復爲貝州，或爲清河郡。	改爲惠州，後復爲磁州。	武德四年復爲魏州，天寶改爲魏郡，魏博節度使治此。乾元初復曰魏州，亦曰天雄軍。田悦僭改魏州爲大名府。
晉置永清軍節度。		唐升爲東京興唐府，尋改鄴都，晉改廣晉府。漢改大名府。周復改天雄軍。
改爲恩州。	以昭義縣省入滏陽。	宋初因之，慶曆初升爲北京大名府治元城。
移恩州治歷亭縣，而清河縣仍屬恩州。		爲大名府路，又改安武軍。
屬大名路。	初升爲滏原軍節度，屬廣平路，後復爲磁州。	爲大名路。
初屬大名府，洪武六年改屬廣平。	省滏陽縣入焉，改屬彰德府，國朝改今屬。	洪武初改爲大名府，屬北平布政司，永樂初直隸京師，領州二、縣十。

①「市」古代通「芾」，指草木茂盛。《水經注》載：清河縣爲「周之甘泉市地」。②古觀國又稱觀扈。夏啟封子觀於冀、兖二州之域，爲觀扈之國。觀排行第五，被稱爲五觀或武觀。③黄初二年，以魏郡東部爲陽平郡治元城。後趙將陽平郡治遷入館陶城，北魏因之。

	貴鄉 元城縣	廣晉 大名縣
初置		
春秋戰國	春秋沙麓地,後爲魏地。魏武侯公子元食邑也。[①]	
秦		
漢	置元城縣屬魏郡,後漢因之。	元城縣貴鄉地。
晋	因之。	
南北朝	後魏析置貴鄉縣,北齊省入貴鄉縣。	東魏天平二年析置貴鄉縣屬魏郡。後周于此置魏州。
隋	開皇六年復置。	改置武陽郡。
唐	貞觀中又省入貴鄉縣,後復置。	復置魏州。
五代	唐改興唐縣,晉復曰元城。	唐改爲廣晉縣,漢改大名縣。
宋遼	宋因之。	宋省入元城縣。
金		于此置屯營。
元	至元初省入大名縣,尋復置。	初復置爲縣。
明	因之。	初省,洪武中復置。

①元城因爲魏武侯公子元食邑魏武侯别都而得名。《風俗通義》稱:『魏武侯公子元之邑。其後爲元氏。』

南樂縣	清豐縣	東明縣
樂昌	頓邱	離狐
	古頓邱衛邑，唐置，以孝張清豐而名。	
		本秦東郡之東明鎮。
樂昌縣屬東郡，後漢省。①	爲頓邱縣地，屬東郡。	東昏縣地，屬陳留郡。
置昌樂縣。	置頓邱郡，後廢。	
後魏兼置昌樂郡。	北齊縣省。	
廢郡析置繁水縣，後以昌樂省入繁水。	復置，屬武陽郡。	爲東昏鎮。
復置昌樂縣，省繁水入焉。	大歷初，魏博帥田承嗣請析頓邱、昌樂二縣地，置清豐縣，屬澶州。	因之。
唐改爲南樂縣，晉以後隸大名府。	晉屬德清軍。	
宋改隸開德府。	宋仍屬澶州，後徙德清軍治焉。	乾德初置東明縣，屬開封府。
復隸大名府。	廢軍縣，屬開州。	避河患，徙治于曹州濟陰縣西，屬曹州。
仍舊。	因之。	初因之，尋改大名路。
因之。	改屬大名府。	初徙治于雲臺集，尋湮沒。弘治復治于大單集即今治，屬大名府。萬曆改屬開州。

①南樂縣傳爲黄帝子昌意所築，夏爲兖州，漢初置樂昌縣，屬東郡，因縣古有昌意城而名。

	澶州 開州	匡城 長垣縣	上谷 宣化府 今領州三、縣七。
初置	古昆吾地。		
春秋戰國	春秋戰國爲衛地，名澶淵。	春秋衛之匡邑，戰國屬魏。	春秋戰國皆屬燕地。
秦	爲東郡地。	屬陳留郡。	爲上谷郡地。
漢	仍屬東郡。後漢因之。	置長垣縣，屬陳留郡，王莽改曰長固。後漢復故。	兩漢因之。
晋	爲頓邱及濮陽國地。	屬陳留國。後趙省入酸棗縣。	爲廣甯郡及上谷郡地。
南北朝	後魏改濮陽國爲郡。	高齊復置長垣縣屬東郡。	後魏因之。高齊置長寧、永豐二郡，兼置北燕州。後周亦屬燕州。
隋	爲東郡及武陽郡地。	開皇改曰匡城，屬滑州。	初郡廢，大業州廢。
唐	置澶州，又分置澶水縣，貞觀中，州廢，以縣屬魏州。	因之。	屬嬀州，光啓中置武州于此，尋改毅州。
五代	晋升鎮寧軍。	梁復曰長垣，屬開封府。後唐復曰匡城。	唐復曰武州，石晋以賂遼，遼改歸化州，後改德州。
宋遼	宋升開德府，治濮陽縣。	宋諱匡，復曰長垣，仍屬開封府。	宋宣和五年歸宋，尋復入金。
金	復爲澶州，後改爲開州，屬大名府	改屬開州。	改宣德州，屬大同府，又改宣化州。
元	仍舊。	初屬大名府，後仍屬開州。	初爲宣寧州，中統四年改宣德府，又改順寧府。
明	因之，以濮陽東明縣省入。	因之。	初府廢，盡徙其民于居庸關內，洪武二十六年置萬全都指揮司，領衛十五、守禦千户所三、堡五。

廣寧	望雲	寧縣
宣化縣	赤城縣	萬全縣
	其地有古赤城，相傳蚩尤所居。①	
置廣寧縣，後漢因之。	上谷郡之北境。	上谷郡寧縣地。
省入下洛縣。		
	後魏禦夷鎮地。②	
置文德縣。	爲嬀州地。	初爲嬀州地。
		晉以地賂遼，屬歸化州。
遼因之。	遼置望雲縣，屬奉聖州。	
大定改曰宣德。		屬宣德州。
爲宣德治。	爲雲州之赤城站。	爲宣德府地。
初府縣俱廢，洪武二十六年改置宣府衛，築城。	初置雲門驛，宣德五年築城。	初廢，洪武二十六年置萬全衛。

①《畿輔通志》載，赤城爲『炎帝榆網氏諸侯赤城縣蚩尤所都也』。

②北魏太和十一年，爲防柔然南下，在赤城北置禦夷鎮，屬燕州廣寧郡。

	女祁 龍門縣	沮陽 懷來縣	靈邱 蔚州	安塞 西寧縣
初置				
春秋戰國		戰國燕置上谷郡。	春秋屬晉，戰國屬趙。	
秦		因之。	置代縣，屬代郡。	
漢	上谷郡女祁縣，爲東部都尉治。後漢省。	置潘縣，屬上谷郡。	封代王于此，爲代國，東漢末廢。	置陽原縣，屬代郡，後漢省。
晉		因之。		
南北朝		後魏屬廣甯郡，北齊改爲懷戎縣，屬長寧郡。	後魏于此置靈邱郡，後周兼置蔚州。	
隋		屬燕州，又屬涿州。	郡州相繼俱廢。	
唐	置龍門縣，屬新州。	置北燕州，改嬀州①，武后置清夷軍于州城内。	復置蔚州治靈邱，後改安邊郡。	爲興唐縣地。
五代	晉入于契丹，屬奉聖州。	晉初没于契丹，曰可汗州，後改爲懷來縣。	晉没于遼，置忠順軍。	
宋遼				遼置永寧縣，兼置宏州，改軍曰保寧，尋廢。
金	仍爲龍門縣，改屬宣德州。	改曰嬀州，屬德興府。	爲蔚州。	改縣曰襄陰。
元	省入宣德縣，至元復置望雲縣于此。	復爲懷來縣。	省州爲靈仙縣，屬宏州，尋復爲州，屬宣德府。	以襄陰縣省入州，屬大同路。
明	州縣俱廢，宣德六年改爲龍門衛。	初廢，永樂改爲懷來衛。	洪武四年改屬大同府。	初州廢，築順聖川西城，屬萬全都指揮使司。

①嬀(guī)州，以境内嬀水而名之。

下洛	夷輿	涿鹿
懷安縣	延慶州	保安州
	《禹貢》冀州地。	《禹貢》冀州地。虞爲幽州境。
	春秋戰國皆爲燕地。	春秋戰國俱屬燕。
	屬上谷郡。	爲上谷郡地。
夷輿縣地，屬上谷郡。	爲廣甯縣地，屬上谷郡。	兩漢因之。
	屬廣甯郡。	屬廣甯郡，亦爲上谷郡地。
	後魏亦屬上谷，北齊置北燕州，後周曰燕州。	
	開皇初，二郡俱廢，而州如故。大業州廢，改屬涿郡。	爲幽州地。
末置懷安縣屬新州。	武德亦置北燕州，貞觀改媯州，唐末又改儒州。	爲媯州地，光啟中幽州帥李匡威表置新州。
	晉没于遼，爲儒州縉陽軍治縉山縣。	唐爲威塞軍治，石晉納于契丹，改爲奉聖州。
遼屬奉聖州，尋屬大同。		
亦曰懷安縣。	州廢，以縣屬德興府。	大定初，升爲德興府。
屬宣德府，又改屬隆興路。	屬奉聖州，延祐三年以仁宗生于此，改爲龍慶州。	初因之，至元初復改奉聖州，尋改曰保安州。
廢，改置懷安縣。	初，州廢，尋復置，直隷京師。慶初改曰延慶。	初廢，永樂復置保安州，舊治南山下景太城雷家站，移州治于此。

江蘇省　○注：江寧府爲省會，在京師南二千四百里。東西距九百五十里，南北距一千一百三十里。東至太倉州海岸七百七十里，西至安徽和州界一百八十里。南至浙江嘉興府嘉興縣界四百七十里，北至山東兗州府滕縣界八百八十里。東南至松江府金山縣海岸九百三十里，西南至浙江湖州府長興縣界四百八十里。東北至山東沂州府日照縣界八百三十里，西北至河南歸德府虞城縣界八百九十里。

東濱海，南據五湖，西接梁楚，北有淮甸。《禹貢》揚州及徐州之域。○注：《禹貢》淮海惟揚州。孔安國傳：揚州北據淮南距海。按：經云，東漸於海則青、徐、揚之海，皆主東言。杜佑《通典》曰：揚州北距淮東，南距海，今境内淮以南皆揚州之地，惟徐州及海州淮安府之清河、安東、桃源爲古徐州域。春秋時分屬吳、楚，亦兼魯、宋之疆。○注：邳、泗以北屬魯，徐州入宋。後越滅吳并其地，戰國時爲楚地。秦置會稽、鄣諸郡，漢初置吳、楚二國。○注：秦置會稽郡，後漢分置吳郡治吳，今蘇州府，吳國今揚州府，楚國今徐州府。元封五年，置十三部刺史，分屬揚、徐二州。○注：漢置揚州，領郡國七，丹陽、會稽二郡屬之。徐州，楚國屬之。後漢因之。○注：改徐州之楚國爲彭城國，爲州治，增置下邳國。三國時揚州屬吳，○注：吳都建業，置揚州，領丹陽、吳郡。徐州屬魏。○注：徐州治彭城國，兼領沛國、梁國、下邳國。晉亦爲揚、○注：平吳後治建鄴，領丹陽、吳郡，增置毗陵郡，惠帝增置義興郡。徐○注：治彭城國，領下邳國，東海廣陵臨淮郡。二州，東晉都建康，揚州遂爲王畿。○注：徐州增置山陽郡。劉宋仍爲揚、○注：領丹陽、吳郡。徐○注：領彭城、下邳、南蘭陵。二州，改晉之僑州曰南徐、○注：領南東海、南琅琊、晉陵、義興等郡。南兗○注：領廣陵、海陵、山陽等郡。二州。蕭齊及梁初仍爲揚、徐、南徐、南兗州，天監中增東徐州，○注：晉泰始中，徐州入魏，改爲東徐州，尋廢，天監初復置。梁中大通五年又改魏東徐州爲武州。而淮表屬魏，○注：魏延興初，置南徐州，太和十九年置南兗州，武定七年置東楚州宿豫郡，復梁武州爲東徐州。大寶以後江北盡入于高齊。○注：先有南徐、東徐、南兗，改東楚州曰東徐州，復東徐州曰武州，復睢州曰潼州。天保二年克廣陵，改東廣州。陳承梁緒，僅保江南，亦置揚州、南徐等州，禎明初增置吳州，而江淮地屬齊，旋屬後周。○注：大象元年取陳南北兗州，改武州曰邳州、南兗州曰吴州。隋開皇九年平陳，置揚州、徐州總管府，大業初改爲丹陽、江都、毘陵、吴郡、○注：以上屬揚州。彭城、東海、下邳等郡。○注：以上屬徐州。唐武德初，復改諸郡爲州。貞觀初，分屬江南及淮南道。開元二十一年，又分江南爲東西道。○注：淮南道採訪使治揚州，領揚、楚等州。江南東道採訪使治蘇州，領潤、昇、常、蘇四州。昭宗時爲楊行密所據。五代時楊隆演建吴國，○注：都廣陵。李昪代之，是爲南唐，都建康。○注：增置泰州，惟吴郡屬于吴越錢氏。周顯德五年克淮南十四州，以江爲界。○注：又增置通州。宋開寶八年平南唐，分江南淮南二路及分屬兩浙路。熙寧中，分江南爲東西二路，淮南爲東西二路，亦分屬爲浙西路。○注：江寧府屬江南東路；淮安州、清河軍、海州、真州、高郵軍、泰州、通州屬淮南東路；常州、江陰軍、鎮江府、平江府爲浙西路。元分屬河南、江浙行中書省。○注：揚州、淮安二路，高郵一府，徐、邳二州屬河南、江北行省。平江、常州、鎮江、集慶四路，松江一府屬江浙行省。至元二十三年，自杭州移江南諸道，行御史臺于集慶路。明初定鼎建康，改集慶路曰應天府，建爲京師。○注：嘗置江南行省，旋罷。永樂二年，改建北京以爲行在，正統六年，定北京爲京師，以應天府爲南京，府六、○注：蘇州、松江、常州、鎮江、揚州、淮安。州一，○注：徐州。皆在直隸内。

本朝改置江南省治江寧府，順治十八年分屬左、右布政使司。康熙六年改爲江蘇省。乾隆三十二年以通州、崇明、沙地析置海門廳，領府八、直隸州三、廳一。

○注：分野。天文斗牛女，分野星紀之次。○注：兼魯地奎婁分野，降婁之次，今淮安府之清河、安東、桃源，徐州府之邳州、宿遷、睢寧及海州是。宋地氐房心分野，大火之次，今徐州府之銅山、蕭縣、碭山、豐縣、沛縣是。

	金陵	建業
	江寧府 今領縣七。	上元縣
初置	《禹貢》揚州域。	
春秋戰國	春秋屬吴,戰國屬越,後屬楚。楚威王初置金陵邑。①	戰國楚金陵邑。
秦	始皇以金陵有都邑之氣,改曰秣陵,屬鄣郡。	秣陵地,屬鄣郡。
漢	改鄣郡爲丹陽郡。後武帝以揚州刺史治此。	爲秣陵縣,後漢建安孫權移治,改置建業,後爲都。
晉	吴自京口徙都于此,晉平吴,改建業爲秣陵,尋分秣陵北爲建業,又改爲建康。東晉復都此,置丹陽郡。	吴曰建業,晉平吴仍曰秣陵,又分秣陵北爲建業,又改曰建康,東晉復都此。
南北朝	宋、齊、梁、陳因之。	宋、齊以後因之。
隋	平陳,郡廢,更于石頭城,置蔣州。	爲江寧縣,仍爲丹陽郡治。
唐	武德初置揚州,後復爲蔣州。至德初置江寧郡。乾元初改爲昇州,後廢,復置。	初因之。上元初改爲上元縣,因年號爲名也。
五代	時楊行密改爲金陵府,尋改爲江寧府。南唐李氏都之。	楊吴爲府,南唐爲西都。
宋	復爲昇州,又升爲江寧府,高宗又改爲建康府。	爲建康府治。
金		
元	改爲建康路,又改爲集慶路。	爲集慶路。
明	改爲江寧府。	洪武初定都于此,爲應天府治。

①《史記·吴太伯世家》載：江寧,周以前屬荊蠻之地,春秋楚威王熊商借長江爲屏以圖天下,在『令四望山』建城,置金陵邑。

白門	江乘
江寧縣	句容縣
本秦秣陵縣地。	漢縣，以縣有句曲山，故名。
秣陵縣。	
秣陵縣屬丹陽郡，後漢建安中并入建業。	置縣，屬鄣郡，武帝封長沙定王子黨爲句容侯，元封中屬丹陽郡。後漢及六朝因之。
分秣陵北，置建業縣。復析建業，置江寧縣。	
移治治城，省秣陵、建康、同夏三縣入焉。	平陳，屬揚州，大業初屬江都郡。
武德中改江寧曰歸化，尋改歸化曰金陵，又改金陵曰白下。貞觀中改白下曰江寧，上元初改江寧爲上元。	武德于縣置茅州，尋廢州，以縣屬蔣州，尋又屬潤州，後屬昇州。
南唐復改江寧，析上元，屬西都。	
爲建康府治。	屬建康府。
爲集慶路治。	仍舊。
爲應天府治。	因之。

	高平	臨滁	瓦梁
	溧水縣	江浦縣	六合縣
初置		本楚棠邑地。	
春秋戰國			春秋楚之棠邑。
秦	溧陽縣地。		
漢	溧陽縣地。	棠邑、全椒二縣地。	爲棠邑①縣屬臨淮郡。後漢屬廣陵郡。三國時爲吴、魏分界處。
晋		爲秦郡地。	復屬臨淮郡。惠帝分淮陰、臨淮，立棠邑郡。安帝又改爲秦郡。
南北朝		劉宋置懷德縣，兼置臨江郡。梁兼置臨滁州、郡。陳郡縣俱廢。	後周改秦郡爲六合縣。
隋	析置溧水縣，屬蔣州。尋并溧陽入焉。	爲六合縣地。	以六合屬江東。
唐	初屬揚州，又析置溧陽縣，而溧水縣如故，屬宣州，後屬昇州。	因之。	屬揚州。
五代			南唐于此置雄州，周仍爲縣。
宋	屬建康府。	因之。	屬真州。
金			
元	元貞初升爲州。	因之。	因之。
明	洪武二年改爲縣。	洪武始，以六合縣及和、滁二州地，置縣于浦子口。又割江寧一鄉附之。	洪武三年改屬揚州，後改屬應天府。

①古棠邑，春秋楚地。公元前559年楚子囊率師至棠，即此。秦置棠邑縣。漢初爲陳嬰棠邑侯國。武帝元狩六年，改稱堂邑侯國。

淳溪	姑蘇
高淳縣	蘇州府 今領縣九，江蘇布政使司衙門駐此。
本溧水縣之高淳鎮。	周泰伯、仲雍始居之地，武王封仲雍曾孫于此，爲吴國。自闔閭①以後并都焉。
	戰國時屬越，後屬楚。
	置會稽郡治吴。
溧陽縣地。	初爲荆國，亦治吴，後漢順帝分置吴郡。
	爲吴郡。
	宋、齊、梁皆爲吴郡，陳置吴州。
爲溧水縣地。	開皇改曰蘇州，因姑蘇山而名。尋又爲吴郡。
	復爲蘇州，尋分置長洲軍，大歷中，軍廢。
	南唐升爲中吴軍。
置高淳鎮。	改爲平江軍，又改爲平江府。
	改平江路，隸江浙行省。
弘治四年分置縣，嘉靖五年始築土城。	明吴元年改爲蘇州府。

①闔閭(hé lǘ)一作闔廬，又稱公子光。公元前515年，闔閭奪取吴王位，以伍子胥爲相，孫武爲將軍。

	吳縣（平江）	長洲縣（茂苑）	元和縣（鴻城）國朝分長洲縣地置。
初置	故吳郡，今府城闔閭故城，周敬王六年築。①	本吳之長洲鄉。	
春秋戰國			
秦	置吳縣，爲會稽郡治。		
漢	東漢爲吳郡治，自此州郡皆治此。	置吳縣地。	
晋	因之。	因之。	
南北朝	陳因之。	因之。	
隋	開皇中，楊素嘗移治于橫山東，今呼新城。	因之。	
唐	武德七年復舊。	萬歲通天初，析置長洲縣，乾元間置長洲軍，大歷間復爲縣。	
五代			
宋	爲平江治。	仍舊爲平江府治	
金			
元	仍舊，爲平江路治。	仍舊爲平江路治。	
明	因之，爲蘇州府治。	仍舊爲蘇州府治。	

①周敬王六年（前514）闔閭繼位，命伍子胥在諸樊城邑擴建，名闔閭城。

昆山縣	新陽縣	常熟縣	昭文縣
鹿城	南武	南沙	琴川
以山爲名。	本昆山縣地，國朝雍正二年析置新陽縣。	本吴縣地。	本常熟縣地。國朝雍正二年析置昭文縣。
婁縣地，屬會稽郡。			
因之。		置吴縣。	
屬吴郡。		初，分置海虞縣屬吴郡。東晉又分置南沙縣屬晉陵郡。	
梁天監中置信義縣，大同中又置昆山縣。		宋、齊因之，梁天監增置信義郡，南沙屬焉，大同中又分置常熟縣。	
初二縣俱廢，尋復置昆山縣。		平陳後徙常熟縣治，南沙以海虞、南沙二縣并入，屬蘇州。	
屬蘇州府。		武德又移治于故海虞城，仍屬蘇州。	
屬平江府。		平江府治。	
升爲昆山州。		元貞二年升爲州。	
洪武初改爲縣。①		洪武三年復爲縣，屬蘇州府。	

①明洪武二年(1369年)降昆山州爲縣。清豐十(1860)年，太平軍李文炳取昆山縣，爲避南王馮雲山諱，改昆山名昆珊，屬太平天國蘇福省。同治年復名昆山。

	吴江縣（松陵）	震澤縣（麗山）	太倉州（婁江）今領縣四。
初置	本吴縣地。	本吴江縣地，國朝雍正二年析置震澤縣。	
春秋戰國			春秋吴地，後爲越地，戰國屬楚。
秦			屬會稽郡。
漢	吴縣地。		因之，後漢順帝以後屬吴郡。
晋			因之。
南北朝			因之。
隋			屬蘇州，大業初屬吴郡。
唐	曰松陵鎮，乾寧二年楊行密設砦于此，曰松江砦。		仍屬蘇州，亦屬吴郡。
五代	梁開平間，吴越王錢氏始奏置吴江縣，築城于江南北兩岸。		時吴越有其地。
宋	并爲一城，屬松江府。		屬平江府。
金			
元	元貞二年升爲州。		屬昆山州。
明	洪武二年復爲縣。		明吴元[1]年立太倉衛，弘治十年改建爲州，屬蘇州府。

①元朝至正二十四年(1364)，朱元璋稱吴王，以小明王龍鳳紀年施政，俗稱明吴。

弇山	海門	疁城
鎮洋縣 國朝置縣。	崇明縣	嘉定縣
沿海，附太倉州城。	本海中沙洲。	本昆山縣地。
		婁縣地。
		梁信義縣地。
	時吳楊行密謂之顧俊沙[2]。	爲昆山縣之疁城鄉。
	嘉定改爲天賜監場[3]，屬海門縣。	爲練祈市，嘉定十年析置縣。
市舶[1]提舉司衛治，與太倉衛俱隸前軍都督府。	至元間置崇明州，屬揚州路。	元貞二年升爲州。
洪武分太倉衛，立爲鎮海衛。	洪武二年降爲縣，弘治十年置太倉州，因隸焉。	洪武二年復爲縣。

①對中外互市商船的通稱，亦指海外貿易。《資治通鑒》：『海南多珠翠奇寶，可往營致，因言市舶之利。』即此。 ②顧俊沙，指顧全武統治區。顧全武，浙江餘姚人。錢氏吳越國任武勇都知兵馬使，兩浙名將。 ③刻字有誤，應爲『天賜鹽場。』南宋嘉定縣松江爲唐、宋產鹽基地。嘉定十五(1222)年，在三沙韓佐胄廢莊置天賜鹽場。被確定爲配流重犯的邊遠地區。

	吳淞	雲間	前京
	寶山縣 國朝置縣。	松江府 今領縣七。	華亭縣
初置	在嘉定縣東南八十里，本名青浦鎮。	《禹貢》揚州域。	
春秋戰國		春秋吳地，後入越，戰國屬楚。	
秦		屬會稽郡。	婁縣地。
漢		因之，後漢分屬吳郡。	婁縣，漢末孫吳封陸遜爲華亭侯，華亭之名始見。
晉		以後因之。	
南北朝			蕭梁以後爲昆山地。
隋		屬蘇州，大業初屬吳郡。	
唐		仍屬蘇州，天寶初屬吳郡，乾元復故。	天寶十載割昆山、嘉興、海鹽三縣地，置華亭縣，屬吳郡。
五代		時吳越有其地，改屬秀州，秀州係石晉天福置。	時吳越屬秀州。
宋		因之，慶元初屬嘉興府。	屬嘉興府。
金			
元		至元間置華亭府，又改松江府，屬嘉興路，末爲張士誠所據。	爲松江府。
明	洪武十九年建青浦旱砦于此，嘉靖更名守禦千户所，萬曆五年築城。	仍曰松江府。	因之。

青村	胥浦	柘湖
奉賢縣 國朝析華亭縣地置。	婁縣 國朝復置。	金山縣
本青村鎮。①	本漢舊縣。	即金山衛所，府東七十里。
	爲婁縣。	
	由拳、海鹽、婁三縣地。	
	蕭梁析婁縣地爲信義縣，又分置昆山縣。	
	以後爲華亭縣地。	
洪武建爲守禦所，屬金山衛。	國朝順治十三年析置，與華亭縣并治郭下。	洪武二十年建衛，以山而名，城内設左右前後四千户所。

①青村鎮原名青墩，因海寇來犯時，墩上舉火爲號，而得名。宋元豐元(1078)年，設青墩鹽場，明洪武十九(1386)年禦倭築青村城堡，置守禦千户青村所。

	滬瀆	川沙	青溪
	上海縣	南匯縣 國朝置縣。	青浦縣
初置	本華亭縣地，居海之上洋。	即南匯觜①，即上海縣地。	本華亭、上海二縣地。
春秋戰國			
秦			
漢	海鹽、昆山二縣地。		
晉			
南北朝	梁以後爲海鹽、昆山二縣地。		
隋			
唐	以後爲華亭縣地。		
五代			
宋	爲上海鎮，商販積聚，名上海市。		
金			
元	至元十二年置上海縣。		
明	因之。	洪武二十年建爲守禦中後千户所，屬金山衛。	嘉靖二十一年割華亭二鄉、上海三鄉，置縣，治青龍鎮。萬曆間復置于今治。

①觜（zī）同嘴。《松江府志》載：洪武十九年仇成築南匯觜城，在青村北五十里。

昆陵	姑幕
常州府 今領縣八。	武進縣
《禹貢》揚州域。	舊武進縣在府西北七十里，本丹徒縣地，孫吳改曰武進。晉太康又別置武進縣，今武進縣，唐置，附郭。
春秋屬吳，後屬越，戰國屬楚。	春秋屬吳延陵邑，本季札②所居。
爲會稽郡地。	
因之，後漢分屬吳郡。	曰昆陵縣，屬會稽郡，東漢屬吳郡。
分吳郡置昆陵郡，又改晉陵郡。	因之，屬昆陵郡，永嘉末改曰晉陵縣屬晉陵郡，尋爲郡治，自是州郡皆治此。
宋、齊、梁、陳皆因之。	
廢郡置常州，大業初復曰昆陵郡。末爲沈法興、李子通等所據。	仍爲晉陵縣，爲昆陵郡治。
復曰常州，亦曰晉陵郡。	垂拱二年復分晉陵縣，置武進縣，附郭內。
屬于楊吳①，後又爲南唐所有。	
仍曰常州，亦曰晉陵郡。	因之。
爲常州路。	因之。
初爲長春府，尋復爲常州府。	初省晉陵入武進縣。

①唐天復二年(902)楊行密子楊溥建立南吳，建都揚州。

②季札(zhá)，春秋吳王壽夢第四子。封於延陵，傳爲避王位『棄其室而耕』。

	莒縣	錫山	梁溪
	陽湖縣	無錫縣	金匱縣
初置	本朝雍正二年析置，與武進同附郭下。		本朝雍正二年析無錫縣置。
春秋戰國			
秦			
漢		置無錫縣屬會稽郡。東漢屬吳郡，三國吳分無錫縣以西爲典農校衛，省縣屬焉。	
晉		復置縣屬毘陵郡。	
南北朝			
隋		屬常州。	
唐		因之。	
五代			
宋		因之。	
金			
元		升爲州。	
明		復爲縣。	

暨州 江陰縣	陽羨 宜興縣	臨津 荆溪縣
		本朝雍正二年，分宜興縣置。
	春秋時吴荆溪地。	
爲毗陵縣。	置陽羨縣，①陽羨在縣南五里。	
毗陵縣屬會稽郡。	屬會稽郡，東漢屬吴郡。	
析置暨陽縣屬毗陵郡。暨陽在縣東四十里。	初因之，永嘉中析置義興郡。	
宋、齊屬晉陵郡，梁敬帝始置江陰縣，兼置江陰郡治焉。	宋、齊因之。	
初郡廢，縣屬常州。	郡廢，改縣曰義興，屬常州。	
武德三年置暨州，九年州廢，縣仍屬常州。	武德七年置南興州，八年州廢，仍隸常州。	
南唐昇元中置江陰軍，領江陰縣。		
熙寧初，軍廢，復建，尋廢，復置江陰軍。	太平興國初，避諱改曰宜興，末改置南興軍。	
爲江陰路，尋降爲州，屬常州路。至正中，陷于張士誠。	升爲府，尋降爲縣，又升爲府，兼置宜興縣隸焉，復升爲州，至正間爲張士誠所據。	
初克之，改曰連洋州，尋復江陰軍，後復爲縣。	洪武初復爲宜興縣。	

①漢高祖五年(前202)，陽羨縣令尹靈常因功封陽羨侯，立陽羨侯國。

	馬洲	潤州
	靖江縣	**鎮江府** 今領縣四。
初置	本江陰之馬馱沙。	《禹貢》揚州域。
春秋戰國		春秋時屬吳地，後屬越，戰國屬楚。
秦		屬會稽郡。
漢	海陵縣地。	初屬荊國，尋屬吳國，景帝屬江都國，國除復屬會稽郡。東漢屬吳郡。三國吳曰京口鎮。
晉		屬毘陵郡，永嘉爲晉陵郡治，後又僑置徐、兖二州，謂之北府①。六朝都建康，謂姑孰爲南州，歷陽爲西府，京口爲北府。
南北朝		劉宋爲南徐州治，并置南東海郡。齊因之，梁改爲蘭陵郡，陳復曰東海郡。
隋		平陳，州郡俱廢，爲延陵鎮屬蔣州。開皇置潤州，大業州廢屬江都郡。
唐	海陵、吳陵二縣地，屬泰州。	復曰潤州，天寶初曰丹陽郡。尋復故。建中初置鎮海節度于此。
五代		
宋	爲泰興縣地。	仍曰潤州，開寶改軍名曰鎮江。政和三年升鎮江府，以徽宗潛邸也。
金		
元	末，張士誠將朱定據此，築土城。	曰鎮江路。
明	成化七年置今縣。	初曰江淮府，尋曰鎮江府。

①永嘉五年(311)，匈奴劉淵攻陷洛陽，擄走懷帝。晉南遷建立東晉。期間，晉陵郡又僑置徐、兖二州，稱爲北府。

京江	阿曲
丹徒縣	丹陽縣
本吳朱方邑，後又名谷陽。	
	春秋楚雲陽邑。
以其地有王氣，使赭衣徒三千，鑿京峴山爲長坑，以敗其勢，因名丹徒。	爲雲陽縣，以其地有王氣，鑿北岡使其阿曲，改曲阿縣。曲阿即今縣治。
爲丹徒縣屬會稽郡，後屬吳郡，三國吳改武進縣。	因之，屬會稽郡，東漢屬吳郡。三國吳復曰雲陽縣。
復爲丹徒縣屬毘陵郡。	又改爲曲阿縣，屬毘陵郡。
劉宋爲南徐州治所。	宋、齊屬晉陵郡，梁屬蘭陵郡。
隋省入延陵縣。	屬江都郡。
復置丹徒縣，屬潤州。	武德置雲州，又改簡州，尋州廢，縣屬潤州。天寶改曰丹陽縣。
屬鎮江府。	
屬鎮江府。	
因之。	

①春秋屬吳朱方。周置雲陽邑。秦置雲陽縣。因史官占東南有『王氣』，秦始皇鑿雲陽北崗，截直道使阿曲，改名曲阿縣。

	金沙	瀨水
	金壇縣	溧陽縣
初置	本秦曲阿縣①，金山鄉。	以縣在溧水之陽，故名。
春秋戰國		
秦	曲阿縣地。	置溧陽縣屬鄣郡。
漢	屬會稽郡，東漢屬吴郡。	屬丹陽郡。
晉		因之。
南北朝		
隋	末，鄉人保聚于此置金山縣。隋亡，沈法興據有其地，改曰琅琊縣。	初屬蔣州，後屬潤州，後并入溧水縣。
唐	武德二年，李子通破走沙，法興于縣置茅州，又并入延陵縣。後復置，又以東陽郡有金山縣改名金壇。	初，復析溧水縣，置溧陽縣，屬昇州。
五代		南唐屬江寧府。
宋	仍舊。	屬建康府。
金		
元	仍舊。	升爲溧陽路，後降爲縣，又升爲州。
明	仍舊。	初復爲縣。

淮陰	射陽	黃浦
淮安府 今領縣六。	山陽縣	阜寧縣
《禹貢》揚州域。	以境内有山陽津故名。	本朝雍正九年析山陽、鹽城二縣地置。
春秋屬吴，戰國屬楚。		
屬九江郡。		
屬臨淮郡及廣陵國。後漢屬廣陵郡及下邳國。三國魏爲臨淮、廣陵二郡地。	臨淮郡射陽縣地，東漢屬廣陵郡。	
因之。東晉時建爲重鎮，義熙中分廣陵，立山陽郡。	因之。義熙中立山陽郡，以境内有山陽津故名。	
劉宋因之，泰始中又僑置兗州于此，蕭齊亦以兗州爲重鎮，亦曰北兗州。梁因之，後没于東魏，仍爲山陽郡。	宋、齊及梁因之。後魏亦爲山陽郡治。	
改置楚州，大業初并入江都郡。	置山陽縣，爲楚州治。大業初屬江都郡。	
爲東楚州，後改楚州。天寶初曰淮陰郡，乾元初復爲楚州。	亦爲楚州治。	
仍爲楚州，建炎中置楚、泗、承諸州及漣水軍鎮撫使于此。尋罷，又置淮安軍。端平初又升爲州。	因之。紹興初置淮安軍，縣亦改名淮安。	
升爲淮安路，屬河南行省。	以馬羅寨軍①，置山陽縣。後以淮安縣省入。	
改爲淮安府。	因之。	

①馬羅寨軍，淮安東北名鎮，後置山陽縣。當地馬羅堤、蘇淤堤爲明清運河漕運重點地段。

	鹽瀆	角城
	鹽城縣	清河縣
初置		
春秋戰國		
秦		置淮陰郡。
漢	鹽瀆縣①屬臨淮郡，東漢屬廣陵郡。	屬臨淮郡，後漢改屬下邳國。
晉	因之。	初屬廣陵郡，東晉末徙屬山陽郡。
南北朝	北齊爲射陽郡，陳改爲鹽城縣。	宋僑置兗州治淮陰。齊、梁俱曰北兗州③，東魏又置淮陰郡。
隋	屬江都郡，後爲韋徹②所據，置射州及射陽、新安、安樂三縣。	兼立楚州，尋廢郡，改淮陰爲縣。大業廢楚州，又并縣入山陽。
唐	廢射州，省三縣入鹽城縣，屬楚州。	臨淮縣地，乾寧中高駢置淮寧軍于此。
五代	南唐屬泰州。	
宋	屬楚州，紹興初屬漣水軍。	爲泗州之清河口地，咸淳末始置清河軍及清河縣。
金		
元	屬淮安路。	至元間廢軍，以縣屬淮安路。
明	因之。	因之。

①漢武帝元狩四年(前119)，將射陽縣東靠海部分劃出，因地皆鹽場，置鹽瀆縣。②隋大業十一年(615)，韋徹據江都，自立爲王。置射州射陽、安樂、新安三縣。③義熙六年(410)劉裕建南齊，復兗州舊地。因南方已有兗州，改舊兗州爲北兗州。

漣水	淮濱
安東縣	桃源縣
	本唐宿遷縣之桃園鎮。
襄賁縣地，屬東海郡，東漢因之。	置泗陽縣，屬泗水國。後漢省。
仍爲襄賁縣，屬廣陵郡。	以後爲宿豫縣地。
劉宋仍屬東海郡，齊僑置冀州及北東海郡于此。後魏亦爲東海郡治，東魏曰海安郡。	
初廢郡，改縣曰漣水，屬海州。	
武德置漣州，貞觀初州廢，以縣屬泗州。	以後爲宿遷縣地。
置漣水軍，尋改爲縣，屬楚州。元祐中復爲軍，尋廢，没于金。復歸屬寶應州。端平初，復爲漣水軍。景定初，改安東州，治漣水縣。	屬淮陽軍，後没于金。興定初，始置淮濱縣，屬泗州，後廢。
省縣以州，屬淮安路。	初復置桃園縣，屬淮安路。後訛園爲源。
改爲縣。	因之。

	朐山	祝其
	海州 今領縣二。	贛榆縣
初置		
春秋戰國	春秋時郯子國，後爲魯東境。①	
秦	始置朐縣屬薛郡，後分爲郯郡。	鬱州地③。
漢	爲東海郡，東漢因之，并置郯縣。	置贛榆縣屬琅琊郡。東漢屬東海國。三國魏省。
晉	因之。	太康元年復置。
南北朝	劉宋于此僑立青、冀二州。梁改東海郡爲北海郡。②東魏改青、冀二州爲海州。北齊徙海州治瑯琊。	劉宋因之。高齊廢贛榆縣。
隋	徙治朐山，後改州爲東海郡。	
唐	改爲海寧州，天寶初改東海郡，乾元初復爲海州。	初析置贛榆縣，尋省入東海縣。
五代		南唐置懷仁縣。
宋	屬淮東道，景定初置西海州。	屬海州。
金		復改爲贛榆縣，金亡宋，以縣寓治東海軍。後李璮④侵海州，并縣入焉。
元	至元升爲海州路，尋改海寧府。後復爲海寧州，隸淮安路。	仍置縣，屬海寧州。
明	仍爲海州，以朐山縣省入，隸淮安府。	因之。

①商建炎國。滅商周武王封紂王兄微子啟爲炎子國。春秋歸魯國，戰國滅於越。②劉宋明帝失淮北地，僑置青、冀二州至鬱洲，梁改東海郡爲北海郡。③鬱州(yù)古稱嵎夷、隅夷。《山海經·海内經》：『都州在海中，一曰鬱州。』即此。④李璮(tǎn)，金末正大八年(1231)，忽必烈加封江淮大都督。南宋封李璮齊郡王，開慶元年(1259)，先反叛蒙古，又犯南宋，景定三年(1262)城破身死。

厚邱	廣陵
沭陽縣	揚州府 今領州二、縣六。
	《禹貢》揚州域。
	春秋時屬吳，後屬越。戰國時屬楚。
	爲九江郡地。
東海郡厚邱縣地。	初屬荆國，亦曰淮南國，又更爲吳國。景帝更爲江都國。武帝時更名廣陵國，屬徐州。東漢初爲廣陵郡。三國屬魏，後屬吳。
	亦爲廣陵郡，移治淮陰。東晉末置青、兗二州刺史并鎮此。
劉宋置潼縣，屬北下邳郡。蕭齊屬北東海郡，梁置潼陽郡，東魏改置沭陽郡兼置懷文縣。後周改縣曰沭陽。	劉宋置南兗州①治廣陵縣，齊、梁因之。北齊改爲東廣州，陳復爲南兗州，後周改爲吳州。
屬海州。	始改爲揚州，大業初改江都郡，治江陽縣。
總章初屬泗州，後復屬海州。	初復爲南兗州，又改邗州，尋復爲揚州。天寶初改廣陵郡，乾元初復曰揚州，兼置淮南節度于此。
	楊氏都焉，曰江都府。南唐以爲東都。周世宗取之，復曰揚州。
南渡没于金，尋復歸屬海州。	因之，亦曰廣陵郡。
仍舊。	曰揚州路。
因之，屬淮安府。	初曰淮海府，尋曰淮揚府，後復爲揚州府。

①晉泰始三年(467)，鄆城兗州全境淪没。兗州黎民南遷，惠帝僑置兗州於京口。建元初寄治金城。永和中僑治下邳，太和中又移治山陰，太元間於江淮廣陵地爲兗川。劉宋泰始七年七年(471)，置南兗州，稱鄆城原兗州爲北兗州。

	邗溝	輿縣
	江都縣	甘泉縣
初置		分江都縣置，嘉靖乙酉，甘泉湛公若水過維揚講學于此。後人立有甘泉書院，因取以爲名。
春秋戰國	戰國楚廣陵邑。	
秦	廣陵縣地。	
漢	析置江都縣，屬廣陵國，東漢因之。	
晉	屬廣陵郡。	
南北朝	宋、齊皆因之。	
隋	屬江都郡。	
唐	始以爲揚州治所，復析置江陽縣。	
五代	南唐以江陽省入廣陵。	
宋	復以廣陵省入江都，治州城東南隅。	
金		
元	徙治北關外，元末毀。	
明	復置江都縣。	

真州	臨澤	白塗
儀徵縣（國朝避諱改爲徵。）	高郵州	興化縣
即儀真。		
	春秋吳邗溝地。①	
	屬九江郡，爲高郵亭。	
江都縣地。	置高郵縣，屬廣陵國。	海陵縣地。
	屬臨淮郡。	
	宋屬廣陵郡，齊因之。梁置廣業郡，尋改神農郡。	
	屬江都郡。	
爲揚州揚子縣地。	屬揚州。	海陵縣之昭陽鎮，楊吳始置興化縣，屬江都府。
楊吳爲永貞縣地，南唐置迎鑾鎮。		南唐屬泰州。
升爲建安軍，又升爲真州，治揚子縣。政和中號軍曰儀真。	以縣置高郵軍，後軍罷，以縣屬揚州。元祐復置軍，建炎升爲承州，後復爲軍。	改承州，紹興初改爲鎮，屬海陵。後復爲縣，屬高郵。
至元改真州路，後復爲真州。	置高郵路，尋改高郵府，屬揚州路。	仍舊。
洪武二年改爲儀真縣，以揚子縣省入。	初改爲州，以州治高郵縣。	因之

①邗(hán)溝，中國最早的運河，古名渠水、韓江、中瀆水、山陽瀆等。春秋末期，吳王夫差爲北上伐齊，從揚州西長江向東北開鑿航道，沿途拓溝穿湖至淮安舊城北與淮河連接。又稱淮揚運河。

	安宜	蒲濤	新設
	寶應縣	泰州	東臺縣 國朝新設。
初置			本泰州地。
春秋戰國		春秋吳地，戰國楚地。	
秦		屬九江郡。	
漢	平安縣地，屬廣陵郡，東漢改爲安宜縣。	爲海陵縣，屬臨淮郡。	
晉	省。	東晉安帝分廣陵，立海陵郡。	
南北朝	梁置陽平軍治，兼置東莞郡于此。高齊及周因之。	宋以後因之。	
隋	郡廢，縣屬揚州。	初郡廢，仍屬揚州。	
唐	初于縣置倉州，尋廢州，以縣屬楚州。上元中以獲定國寶，改寶應。	改爲吳陵縣，置吳州，尋廢縣，復故名，屬揚州。	
五代		楊吳置海陵置制院。南唐升爲泰州，後其地入于周。	
宋	初因之，寶慶升爲州，後又升爲軍。	因之。	
金			
元	改置安宜府，後府廢，仍改爲寶應縣，屬高郵府	置泰州路。	
明	因之。	仍爲州，以海陵縣省入。	

新設 海門廳	崇川 通州
本海陵縣之東洲鎮。	
	春秋時吳地。
	屬臨淮郡，東漢屬廣陵郡。
	晉末屬海陵郡。
	宋齊因之。
	屬江都郡。
	屬揚州。
周置海門縣。	南唐置靜海都鎮制置院。後周改爲靜海軍，尋改通州。
仍舊。	改崇州，復改通州，屬淮南東路。
仍舊。	改爲通州路，後復改州，屬揚州路。
	仍爲州，以靜海縣省入。

國朝康熙十一年并入通州，自後沙地日漸漲出，計百數十里。通州及崇明縣居人分領墾種，設太通巡道以統轄之。旋裁巡道，于崇明添設半洋司①巡檢，通州添設州同，專司沙務。乾隆三十三年，以沙地日廣，舊縣俱已漲復，割通州之安慶、南安等十九沙，崇明之半洋、富民等十一沙，及續漲之天南一沙，特設海門廳，移蘇州海防同知駐紮其地，直隸江蘇省。

①在上海崇明北三星鎮一帶。《方輿紀要》謂：平洋沙，舊名半洋沙。

	如皋縣（臏山）	泰興縣（東陽）	徐州府（彭城）國朝雍正六年，升爲府，領州一、縣七。
初置			《禹貢》徐州域，古大彭氏國也，堯封之。
春秋戰國			春秋戰國屬宋，後屬楚，謂之西楚。
秦			屬泗水郡①，項羽自立爲西楚霸王，都此。
漢	海陵縣地。	海陵縣地，後漢廢海陵，爲東陽縣地。	改泗水郡爲沛郡，又分沛郡立楚國，置徐州，宣帝更爲彭城郡，尋復爲楚國。
晉	東晉安帝始置如皋縣，屬海陵郡。	復爲海陵地。	武帝于淮南僑立徐州。安帝始分淮北曰北徐州。
南北朝	宋齊因之。		劉宋改北徐州曰徐州，而加淮南、徐州曰南徐州。後魏于徐州仍立彭城郡。
隋	省入寧海。	海陵縣地。	初郡廢，復爲徐州。大業初改爲彭城郡。
唐	爲海陵縣之如皋鎮。	海陵縣地，屬揚州。	置徐州。天寶初復改彭城郡。乾元初復爲徐州，後升武寧軍，又改感化軍。
五代	南唐復升爲縣，屬泰州。	南唐析海陵南五鄉地置縣，治濟川鎮，屬泰州。	晉後曰武寧軍。
宋	仍舊。	屬揚州，乾德三年徙治柴墟，紹興初移今治。	仍爲徐州，亦曰武寧軍。
金			仍爲徐州。
元	仍舊。	仍舊。	仍舊屬歸德府，至正八年升徐州路，十二年改曰武安州。
明	因之。	因之。	復曰徐州，屬鳳陽府，後改隸布政司。

①秦設四川郡，《史記》作泗川，《漢書》作泗水郡。

濮陽	龍城
銅山縣	蕭縣
古彭城地。	古蕭國。
春秋宋地。	春秋宋邑。
置彭城縣，屬泗水郡。	置縣。
爲楚國治，東漢爲彭城國治。	仍爲蕭縣，屬沛郡。東漢屬沛國。
爲徐州治。	因之。
劉宋仍爲徐州治，又于州西北僑置濮陽縣，屬陽平郡。陽平郡在州西，亦劉宋置。	宋屬沛郡，後魏爲郡治，北齊改爲承高縣，屬彭城郡。
以後州、郡皆治彭城縣。	屬徐州，尋改爲龍城縣，又改爲臨沛縣。大業初，復曰蕭縣，屬彭城郡。
爲徐州治。	屬徐州。
	屬徐州。
	屬徐州。
	屬徐州。
省彭城縣入州。	初，并入州，尋復置。
	因之。

	杼秋	大澤	湖陸
	碭山縣	豐縣	沛縣
初置			古偪陽國地①。
春秋戰國	戰國楚碭邑及下邑地。		
秦	置碭郡，治碭縣兼領下邑縣。	沛縣之豐邑。	置沛縣，屬泗水郡治。
漢	于縣置梁國，東漢梁國遷治下邑，而改碭爲碭山縣。	置豐縣，屬沛郡，東漢屬沛國。	改泗水郡爲沛郡，移郡治相，沛縣焉屬，時謂之小沛。東漢亦爲沛縣，仍屬沛國。
晋	以碭山省入下邑。	因之。	因之。
南北朝	後魏改安陽縣，治麻城。	劉宋屬北濟陰郡，後魏因之。	劉宋屬沛郡，後魏因之。
隋	復改碭山縣，屬梁郡。	屬徐州。	屬徐州，大業初屬彭城郡。
唐	屬宋州，昭宗于縣置輝州，尋徙州治，單父縣屬焉。	仍舊。	仍屬徐州。
五代	唐州廢以縣，屬單州。		
宋	因之。	仍舊。	因之。
金	屬歸德府。		初屬邳州，後屬滕州。
元	復置，屬濟寧路。	屬濟寧路。	初移滕州治此，州尋廢。尋省縣入豐縣，至元二年復置，屬濟寧府。
明	初改屬徐州。	初改屬徐州。	初改屬徐州。

①偪(bī)陽，《世本》云：「偪陽，妘姓，祝融之孫。」《嶧縣誌》載：「偪陽，彭祖弟陸終第四子求言封此。」

下邳

邳州 下邳在州治東。

古徐州地，夏爲邳國。

春秋時爲薛國地，戰國爲齊地。

屬郯郡。

屬東郡，東漢改臨淮郡，爲下邳國治此。

因之。

宋、齊俱爲下邳，後魏因之。孝昌初置東徐州，梁改武州，後周曰邳州。

初廢下邳郡，大業初廢州，復爲下邳郡，治宿豫。

初仍曰邳州，治下邳。貞觀，州廢，改屬泗州，元和中改屬徐州。

因之。

太平興國七年置淮陽軍。

復曰邳州。

因之，屬歸德府。

改屬淮安府。

	淵柵
	宿遷縣　淵柵縣在縣西南。
初置	
春秋戰國	春秋鍾吾子國。①
秦	爲下相縣。
漢	爲厹猶縣，屬臨淮郡。東漢縣省。
晉	東晉義熙中置宿豫縣，并置宿豫郡。
南北朝	宋，郡廢，縣屬淮陽郡。後入于魏，魏仍置宿豫郡，并置南徐州治。梁增置潮陽、臨沭二郡。普通中，魏廢爲宿豫鎮。東魏改曰東楚州，仍曰宿豫郡。北齊改置晉寧郡，復曰南徐州。陳改曰北徐州，後周改爲泗州，仍曰宿豫郡。
隋	初郡廢，大業初又改泗州爲下邳郡，仍治宿豫。
唐	初郡廢，縣屬泗州。寶應初避代宗諱改豫爲遷，尋隸徐州。
五代	因之。
宋	屬邳州，縣無城。
金	
元	省，後復置。
明	因之。

①宿遷原爲鐘吾國屬地。周初，封古東夷族首領伯益後人鐘吾子爵，立鐘吾國。

取慮

睢寧縣

古睢陵地。

置睢寧、取慮①二縣，屬臨淮郡。後漢屬下邳國。

初因之，元帝時于睢陵僑置濟陰郡。

宋泰始中入魏，郡廢，梁武帝于取慮置潼州。東魏武定六年，改置睢州，尋廢。

爲夏邱縣地。

爲宿遷、虹二縣地。

爲宿遷、虹二縣地。

興定二年分宿遷，置睢寧縣，屬泗州。

初廢，至元十二年復置，屬淮安軍，後屬邳州。

屬淮安府。

①睢陵，古邑名，商、周時期，爲少昊氏後裔建立的取慮國。秦置取慮縣，漢析分置睢寧、取慮二縣。

安徽省

○注：安慶府爲省會，京師南二千七百里。東西距七百三十五里，南北距六百六十六里。東至江蘇江寧府溧水縣界三百九十五里，西至湖北黃州府黃梅縣界三百四十里。南至江西九江府彭澤縣界一百七十里，北至江蘇徐州府睢寧縣界四百九十六里。東南至浙江杭州府昌化縣界五百十里，西南至江西九江府治四百十里。東北至江蘇江寧府江浦縣界五百二十里，西北至河南歸德府鹿邑縣治九百六十里。

上控全楚，下蔽金陵。扼中州之咽喉，依兩浙爲唇齒。《禹貢》：揚州及徐、豫二州之域。○注：按今境内皆揚州地，惟鳳陽府之懷遠、虹縣，泗州之五河，爲徐州之域；潁州府及鳳陽府之宿州、靈璧爲豫州之域。春秋時分屬吳、楚，○注：亦兼魯、宋之疆，後越滅吳，分屬楚、越。戰國時爲楚地。秦置九江、泗水、潁川三郡。漢初置淮南國，○注：文帝改淮南，置六安國。元封五年置十三部刺史，分屬揚州及徐、豫二州，○注：爲揚州部之丹陽、廬江、九江郡及六安國，徐州部之臨淮郡，豫州部之沛郡、汝南郡。後漢因之。○注：揚州刺史初治歷陽，後治壽春，廢六安國，改臨淮郡爲下邳國，建安中于豫州增置譙郡。吴爲揚州之丹陽、廬江、新都郡地，而徐、豫二州屬魏，○注：并置揚州，改九江曰淮南郡，爲揚州治，兼領廬江郡，移治于廢六安國。晉亦爲揚州○注：初治壽春，平吴後徙治建業，并增置宣城、歷陽二郡，改新都爲新安郡。及徐豫二州。東晉揚州爲王畿，僑置豫州于淮南郡。劉宋仍爲揚、徐、豫三州，改晉之僑豫州曰南豫州。其後，徐、豫入北魏，又僑置徐州于鍾離郡。○注：《宋書·州郡志》：『徐州，泰豫元年移治朐山，元徽元年還治鍾離。』蕭齊因之。○注：時北魏于鍾離以北，亦別志揚州、南兖州、渦州、潁州，後次第入梁。梁初爲揚、徐、南豫諸州，天監中增霍州、豫州，○注：五年置于合肥。改置西徐、譙、合等州，○注：大通初，改北魏渦州爲西徐州；四年，改北魏南兖州爲譙州，南豫州爲合州。而淮表屬東魏。○注：武定六年復克渦陽，七年克鍾離、壽春。改梁徐州爲楚州，西徐州爲譙州。大寶以後，江北盡入於高齊。○注：先有揚、合、楚、北徐、渦、潁、譙等州，改楚州爲西楚州。天保二年置和州。陳承梁緒，僅保江南，亦爲揚州及南豫等州，而江北旋屬後周。○注：天和四年滅齊，大象元年改豫州復曰揚州，南兖州曰亳州。隋開皇初，罷郡，以州領縣。大業初，復改爲同安、宣城、新安、鍾離、淮南、廬江、歷陽、譙郡、汝陰○注：以上屬揚州。○注：以上屬豫州。等郡。唐武德初，又改諸郡爲州。貞觀初，分屬江南及淮南、河南道。開元二十一年又分江南爲東、西道。○注：宣、歙、池三州屬江南西道採訪使。舒、壽、廬、滁、和五州屬淮南道採訪使。濠、宿、亳、潁、泗五州屬河南道採訪使。乾元以後改採訪使爲觀察使，又兼爲淮南及鎮海軍、武寧軍節度使所轄。五代屬南唐，周顯德五年克淮南十四州，以江爲界。宋開寶八年，分江南、淮南二路，熙寧中分屬江南東路、○注：寧國府、徽州、池州、太平州、廣德軍屬江南東路。淮南東西二路○注：亳州、宿州、泗州、滁州屬淮南東路，安慶府壽春、廬州、和州、濠州、安六軍、無爲軍屬淮南西路。及京西北路。○注：順昌府屬京西北路。按：舒州以慶元元年升爲安慶府，宣州以乾道二年升爲寧國府，歙州以寧和二年改爲徽州，壽州以政和六年升爲壽春府，乾道三年復改壽春府爲安豐軍，潁州以政和六年升爲順昌府。宋末，淮北地入于金。○注：潁、亳、壽、宿、泗等州，別屬南京路、山東西路。元分屬河南、江浙行中書省。○注：廬州、安豐、安慶三路，潁、宿、亳三州屬河南江北行省，太平、池州、廣德、寧國、徽州五路屬浙江行省。明初，改路爲府，直隸京師。正統六年定北京爲京師，以應天府爲南京，府七、○注：安慶、徽州、寧國、池州、太平、廬州、鳳陽。州三○注：滁、和、廣德。皆直隸南京。

本朝改置江南省，順治十八年分屬江南左布政使司。康熙元年設安徽巡撫，六年改江南左布政使司爲安徽布政使司。乾隆二十五年以安徽布政使司自江寧還治安慶，領府八、州五。○注：分野。天文斗、牛、女分野，星紀之次。○注：兼魯地奎、婁分野，降婁之次，今鳳陽府之懷遠、虹縣及泗州之五河是。宋地房、心分野，大火之次，今鳳陽府之宿州、靈璧及潁州府是。

	皖城	熙州
	安慶府 今領縣六。	懷寧縣
初置	《禹貢》：揚州域。	
春秋戰國	春秋爲皖國①，亦爲桐、舒二國地，戰國屬楚。	
秦	屬九江郡。	
漢	屬廬江郡，三國初屬魏，後屬吳，爲重鎮。	廬江郡皖縣地，三國吳爲皖城。
晋	東晋始以廬江分置晋熙郡。	東晋改置懷寍縣，爲晋熙郡治。
南北朝	宋齊因之，梁初豫州治此，後改爲西豫州。北齊曰江州，陳復曰晋州。	宋以後因之。
隋	初改熙州，大業初改同安郡。	爲熙州。
唐	初爲東安州，尋改舒州，爲淮南道。天寶初復爲同安郡，至德改盛唐郡，乾元復爲舒州。	爲舒州治。
五代	仍爲舒州，初屬楊吳，後屬南唐。	
宋	初仍爲舒州，政和間置德慶軍，紹興改安慶軍，後又升爲府。	仍舊。
金		
元	改爲安慶路，屬河南行省。	仍舊。
明	初改寍江府，後復爲安慶府，直隸京師。	因之。

①皖國，後爲舒國，古桐國。皋陶後裔，春秋時相繼爲楚、吳、越國附庸。舒國分爲舒庸、舒蓼、舒鳩、舒龍、舒鮑、舒龔合稱群舒國。

樅陽	梅城	晉熙
桐城縣	潛山縣	太湖縣
	本懷寧縣之清朝、玉照兩鄉地，以山爲名。	以湖爲名。
春秋時楚附庸，桐國也。		
爲樅陽縣地，屬廬江郡，東漢省。		皖縣地。
梁改置樅陽郡。		劉宋始置太湖縣，屬晉熙郡。高齊置龍安郡。
初改爲縣，後復改爲同安縣。		初改晉熙縣，後復爲太湖縣①，屬同安郡。
至德始改桐城縣。		
仍舊。	立爲四寨，仍隸縣。	紹興間省入懷寧縣，尋復置。
仍舊。	至元中立野人原寨，至治間始析置潛山縣。	仍舊。
因之。	因之。	因之。

①太湖縣齊時稱南方蠻族爲『蠻左』，蠻地之縣爲『左縣』。南朝宋元嘉二十五年(448)立太湖左縣，晉太湖左縣改名晉熙縣。唐開皇十八年，晉熙縣復名太湖縣，去『左』字。

	高塘 宿松縣	新治 望江縣	新安 徽州府 今領六縣。
初置			《禹貢》：揚州域。
春秋戰國			春秋屬吳，戰國屬楚。
秦			屬鄣郡。
漢	皖縣地，元始中置松滋縣，屬廬江郡。	皖縣地。	屬丹陽郡。
晉	改爲宿松縣。	置大雷戍①，東晉置新治縣，屬晉熙郡。	改新安郡治始新縣，今浙江淳安縣。
南北朝	梁于此置高塘郡。	陳置大雷郡治此。	劉宋以郡屬東揚州，梁又析置新寧郡。
隋	初廢郡改縣曰高塘，後復改宿松縣。	廢郡改縣曰義鄉，屬熙州，開皇改曰望江縣。	廢郡置歙州治黟，大業初改爲新安郡，還治休寧，恭帝還歙。
唐	初置嚴州，尋州廢，以縣屬舒州。	于縣置高州，尋改智州，未幾州廢，以縣屬嚴州。	置歙州，天寶初改新安郡，乾元初復爲歙州。
五代			
宋	紹興間省入望江縣，尋復置。	仍舊。	改爲徽州。
金			
元	仍舊。	仍舊。	爲徽州路。
明	因之。	因之。	初吳元年曰興安府，後改爲徽州府。

①大雷戍，古長江戍守要地。三國吳設雷池監，東晉置戍，因有古雷池，大雷江而名。成語『不敢越雷池一步』的典出之地。

北野	海陽	星江
歙縣	休寧縣	婺源縣
以縣南有歙浦而名。	本歙縣地。	古休寧縣地。
置屬鄣郡。	歙縣地。	
屬丹陽郡，爲都尉治，東漢因之。		歙縣地，三國吴爲休陽縣地。
屬新安郡。	武帝改爲海寧縣。	爲海寧縣地。
梁置新寧郡于此。陳郡廢，縣仍屬新安郡。	劉宋以黎陽縣省入。梁屬新寧郡，黎陽在縣西，孫吴置。	宋爲海寧縣地，梁爲新寧郡治，陳歸新安郡。
平陳，縣廢，尋復置，屬歙州。義寧中，郡爲汪華①所據，遷治于歙。	改爲休寧縣屬婺州，尋屬歙州，以新安郡治此。	
亦爲歙州治。	仍屬歙州。	開元析置婺源縣屬徽州。
因之，爲徽州治。	屬徽州。	因之。
仍舊。	仍舊。	升爲州。
因之。	因之。	復爲縣。

①隋大業十二年(616)，汪華起兵自稱吴王，遷新安郡治於歙縣烏聊山，築郡城。唐武德四年(621)，歸附唐朝，受封越國公。

	梁安 績溪縣	橫江 黟縣	昌門 祁門縣
初置	本歙縣地，以境內乳溪興徽溪相去一里，離而復合，有如績焉，故名。	以黟山而名。	以縣東北有祁山，西南有閶門，乃合名。
春秋戰國			
秦	歙縣地。	舊縣屬鄣郡。	
漢	爲歙縣地。	屬丹陽郡，鴻嘉二年爲廣德王國，王莽時廢，東漢仍爲黟縣。	黟縣之赤山鎮。
晉		屬新安郡。	
南北朝	梁大同初析置良安縣，尋廢爲華陽鎮，仍屬歙縣。	宋齊因之。	
隋	置北野縣，後改爲績溪縣，屬歙州。	爲歙州治，大業末汪華據其地，置黟州。	
唐	大曆五年分置績溪縣。	初州廢，縣仍屬歙州。	永泰初土寇方清作亂，僞立閶門縣[①]，討平，因其壘置縣。
五代			
宋	屬徽州。	屬徽州。	屬徽州。
金			
元	仍舊。	仍舊。	仍舊。
明	因之。	因之。	因之。

①閶(chāng)門，唐永泰元年(765)，方清起義，據黟縣赤山鎮設閶門縣。

宣州	①逡遒	宛陵
寧國府 今領縣六。	宣城縣	寧國縣
《禹貢》:揚州域。		
春秋屬吴,後屬越,戰國屬楚。		
爲鄣郡地。		
置丹陽郡治宛陵,東漢永和析置宣城郡。桓帝省宣城,復爲丹陽郡。	宛陵縣初屬鄣郡,元封二年爲②丹陽郡	宛陵縣地,東漢建安中,孫吴分置寧國縣。
復置宣城郡治宛陵。	太康二年始爲宣城郡治。	屬宣城郡。
宋析置淮南郡,尋又置南豫州治宣城。陳改南豫州爲宣州。	宋齊因之。	宋以後因之。
初郡廢州存,大業初復改爲宣城郡。	初改縣曰宣城,爲宣州治。	省入宣城縣。
置宣州,天寶初改宣城郡。乾元初復爲宣州。昭宗升寧國軍節度。	因之	武德三年復置,六年廢。天寶復置,仍屬宣城郡。
仍曰宣州,亦曰宣城郡、寧國郡。乾道二年升寧國府。		仍舊。
改爲寧國路,屬江浙行省。	仍舊。	仍舊。
改爲寧國府。	因之。	因之。

①逡遒(qūn qiú)縣,西漢初置,屬九江郡。東漢作浚遒縣。太康元年(280),復改『浚』爲『逡』,東晉咸和(327)初,在宛陵縣北部僑置逡遒縣,即今當塗縣。

②宣州,古名爰陵、宣邑。秦爲宣城縣。三國吴封諸葛瑾宣城侯,建宣城侯國。

	涇縣（安吳）	太平縣（留村）	旌德縣（梟山）	南陵縣（青弋）
初置	因涇水爲名。	本涇縣地。	本太平縣地。	
春秋戰國				
秦				
漢	舊縣屬丹陽郡。			春穀縣地，屬丹陽郡。
晉	屬宣城郡。			屬宣城郡，孝武時改爲陽穀縣，後并入蕪湖。
南北朝				梁置南陵縣及南陵郡，陳永定三年以北江州寄治于此。
隋	屬宣州。			初州、郡俱廢，以縣屬宣州。
唐	置南徐州，改猷州，後州廢縣存。	天寶十一載析當塗、涇縣地，置太平縣。	寶應二年析置旌德縣屬宣州。	初屬池州，貞觀初州廢，還屬宣州。
五代				
宋	仍舊。	仍舊。	仍舊。	仍舊。
金				
元	仍舊。	仍舊。	仍舊。	仍舊。
明	因之。	因之。	因之。	因之。

康化	秋浦	定陵
池州府 今領縣六。	貴池縣	青陽縣
《禹貢》：揚州域，以地有貴池故。		以其地在青山之陽故名。
春秋時，屬吳地，後屬越，越滅，屬楚。		
屬鄣郡。		
屬丹陽郡。	丹陽郡石城縣地。	丹陽郡涇縣地，三國吳赤烏中分置臨城縣。
屬宣城及豫章郡。	屬宣城郡。	屬宣城郡，仍爲臨城縣。
宋齊亦屬宣城郡，梁屬南陵郡，陳屬北江州。	梁屬南陵郡。	宋齊因之。梁分屬南陵郡。
初屬宣州，後改爲宣城郡。	平陳，縣廢，開皇置秋浦縣，屬宣州。	秋浦縣地。
初始置池州，治秋浦，貞觀初州廢。永泰初復置，唐末屬于楊氏。	爲池州治。	天寶初，析置青陽縣，屬宣州。永泰初屬池州府。
南唐曰康化軍。	楊吳改貴池縣。	
仍曰池州。	仍舊。	仍舊。
曰池州路。	仍舊。	仍舊。
曰池州府。		因之。

	義安	橫陽	堯城
	銅陵縣	石埭縣	建德縣
初置		以有兩石橫亘溪上如埭，故名。	
春秋戰國			
秦			
漢	陵陽縣地，三國吳春穀縣地。	陵陽、石城、涇三縣地。三國吳置石埭場。	鄱陽、石城二縣地。
晉	東晉末爲定陵縣地，屬宣城郡。	以後因之。	
南北朝	梁南寧縣地，屬南陵郡。	梁大同二年升置石埭縣，屬南陵郡。	
隋	屬宣州。	縣廢。	
唐	唐末置義安縣，尋廢爲銅官治①。	永泰二年割秋浦、浮梁、黟三縣地，置石埭縣治，故石埭城屬池州。	至德二載置至德縣，屬尋陽郡。改屬饒州又改屬池州。
五代	南唐改義安爲銅陵縣，移治銅官鎮屬鼎州。		楊吳改曰建德縣。
宋	開寶間改屬池州。	因之。	仍舊。
金			
元	初屬宣州，尋復舊。	因之	仍舊
明	因之。	初改屬宣州，尋復舊。	因之

①傳漢武帝時抑民間盜鑄銅錢，令於此設采銅鐘官、辯銅、均輸三官，故此得銅官名。

和城	姑孰
東流縣	太平府今領縣三。
以大江東流而名。	《禹貢》:揚州域。
	春秋屬吴,後屬越,戰國屬楚。
	屬鄣郡。
豫章郡彭澤縣地。	屬丹陽郡。
以後因之。	屬丹陽、宣城二郡,成帝時僑立淮南郡及當塗縣,治于湖。後又僑立豫州。
	宋、齊因之,梁末亦爲南豫州,陳因之。
	滅陳,改屬蔣州。
置東流場,以大江東流而名。	復置南豫州,後廢,改屬宣州。
南唐升爲縣,屬奉化軍。	南唐置新和州于此,尋改雄遠軍。
太平興國改屬池州,割貴池之晉陽鄉入焉。	改曰平南軍,又改爲太平州。
仍舊。	爲太平路。
因之。	改爲太平府。

	于湖	襄垣
	當塗縣①	蕪湖縣
初置		以其地卑濕蓄水而生蕪藻，故名。
春秋戰國		春秋吴之鳩茲②邑。
秦	置丹陽縣。	
漢	丹陽縣地。	置縣屬丹陽郡，東漢因之。
晋	分丹陽置于湖縣，東晉成帝以江北當塗流民南渡者衆，乃於于湖僑立當塗縣及淮南郡。	于縣僑立豫州，又分立逡遒縣。又宣城郡亦嘗移治于此。又于蕪湖縣僑立上黨郡及襄垣縣，後省蕪湖入襄垣。
南北朝		
隋	罷淮南郡，徙當塗于姑孰，屬蔣州。	初省襄垣入當塗。
唐	初爲南豫州治，州廢以縣屬宣州，後以丹陽縣省入，屬昇州，尋復舊。	以蕪湖爲當塗屬鎮。
五代	南唐屬雄遠軍。	南唐復置蕪湖縣，屬昇州。
宋	屬太平州。	初屬宣州，後屬太平州。
金		
元	仍舊。	仍舊。
明	因之。	因之。

①當塗源於古塗山氏國，《尚書·益稷》載：『禹取塗山氏女』，即此。 ②鳩茲(jiū zī)邑，蕪湖古名，春秋吴邑。《左傳·魯襄公三年(前576)》：『重伐吴，爲簡之師，克鳩茲』，即此。

春穀	汝陰
繁昌縣	廬州府 今領州一縣四。
	周以前廬子國也①。
	春秋舒國地，戰國屬楚。
	屬九江郡。
春穀縣地，屬丹陽郡。	爲九江、廬江二郡地，東漢爲合肥侯國，仍隸九江郡。
屬宣城郡，東晉僑立襄城郡及繁昌縣。繁昌縣本漢潁川郡屬縣也，魏晉屬襄城郡，因郡、縣俱僑立焉。後罷郡，以縣屬淮南郡。	爲淮南、廬江二郡地。
宋齊因之，陳置北江州。	宋齊兼屬南汝陰郡，梁置南豫州治合肥，後改合州，北齊因之，兼置北陳郡。
以繁昌并入當塗。	初始改合州爲廬州，大業初改廬江郡。
	初爲廬州，天寶初改廬江郡，乾元初復爲廬州，屬淮南道。
南唐始復置繁昌縣，屬昇州。	唐長興間楊吴置昭順軍。南唐曰保信軍。後周因之。
初屬宣州，後屬太平州。	仍曰廬州。
仍舊。	改廬州路。
因之。	初改廬州府。

①爲古淮夷地，商稱虎方，周稱夷虎。周封廬子國。春秋廬國解體，分蘖出橐皋、群舒等。

	平梁	舒縣	龍舒
	合肥縣	盧江縣	舒城縣
初置			古舒國。
春秋戰國			春秋時羣舒叛楚即此地。
秦			屬九江郡。
漢	舊縣屬九江郡。	龍舒縣，屬廬江郡。	龍舒縣地，屬廬江郡。東漢因之。三國時廢爲境上地。
晋	屬淮南郡。	因之。	仍置縣，屬廬江郡。
南北朝	劉宋改爲汝陰縣，屬汝陰郡。高齊亦曰汝陰郡。	梁始置廬江縣及置相州。	宋齊因之，後没于東魏，縣尋廢。
隋	復曰合肥，爲廬州治。	屬廬州。	
唐	仍舊。		開元間分合肥、廬江二縣地于故舒城，置舒城縣，屬廬州。
五代			
宋	仍舊。	割屬無爲州。	仍舊。
金			
元	仍舊。	仍舊。	仍舊。
明	因之。	因之。	因之。

	臨湖	槖皋①	濠州
	無爲州	巢縣	鳳陽府 今領州二、縣六。
初置	古巢國地。	古巢伯國，即成湯放桀處。	《禹貢》：揚州域，古塗山氏之國。
春秋戰國	春秋吳地，戰國楚地。	春秋楚人圍巢，皆此。	戰國屬楚淮南郡。
秦	九江郡。	爲居巢縣。	屬九江郡。
漢	屬廬江郡，東漢因之。	爲居巢縣地。	更郡爲淮南國，武帝初復屬九江郡，東漢爲鍾離侯國。
晋	因之。	因之。	復屬淮南郡，安帝時置鍾離郡，屬徐州。
南北朝	宋齊亦爲廬江郡地。	梁置蕲縣于此。	劉宋改屬南兖州，後置北徐州，治鍾離。北齊改爲西楚州。
隋	屬廬州。	省入襄安縣。	開皇初改爲濠州，復改爲鍾離郡。
唐	因之。	初置巢州，尋改巢縣。	復爲濠州，又改爲鍾離郡。又復爲濠州。
五代	因之。		南唐改爲定遠軍。
宋	置無爲軍，屬淮南西路。	初廢爲鎮，尋復为縣，又置鎮巢軍。	復爲濠州。
金			
元	曰無爲路，尋改無爲州。	升爲州，後復爲縣，屬無爲州。	至元中置濠州安撫司，後升爲濠州路，未幾改臨濠府。後復爲濠州，屬安豐路。
明	初仍曰無爲州，以州治無爲縣入焉。	因之。	爲興業地，改臨濠府。洪武三年改爲中立府，定爲中都，七年改爲鳳陽府，自舊城移治中都城。

①槖皋（tuó gāo），《春秋·哀公十二年》：「公會吴於槖皋」。杜預〇注：「槖皋，在淮南逡遒縣東南。」

	懷遠縣	鳳陽縣
	平阿	灌邱
初置		
春秋戰國	春秋時宋地。	
秦	屬泗水郡。	鍾離縣地。
漢	屬沛郡，三國魏屬蘄城縣。	鍾離縣地，屬九江郡。後漢爲鍾離侯國，三國魏廢。
晋		太康二年復置鍾離縣，屬淮南郡。安帝置鍾離郡，改縣曰燕縣①。
南北朝	北齊屬龍元郡。	劉宋、蕭齊仍爲燕縣，爲州郡治。北齊復改鍾離縣。
隋	爲塗山縣地，以古塗山①國也。	
唐	爲鍾離縣地。	爲濠州治，
五代	周置鎮淮軍。	因之。
宋	置懷遠軍，領荆山一縣。	因之。
金		改臨淮縣，屬泗州。
元	改軍爲縣，以荆山縣省入。	復曰鍾離，爲濠州治。
明	因之。	改爲臨淮縣，洪武七年始析臨淮縣之太平、清樂、永豐、廣德四鄉，置鳳陽縣，以在鳳凰之陽也。十一年又割虹縣南八都益之。

①燕縣原爲幽州燕國屬縣。永嘉之亂，鍾離縣廢弛。晋安帝以東郡燕縣流人口在鍾離者僑置燕縣，改鍾離縣地爲燕縣。郡以故縣鍾離名，爲郡治。

陰陵	夏邱	壽春
定遠縣	虹縣	壽州
	相傳堯封禹爲夏伯邑于此。	
		春秋爲六蓼國地，戰國時屬楚，名曰壽春。
曲陽縣。		
東城縣屬九江郡，東漢爲西曲陽縣。	置夏邱縣屬沛國。	初爲淮南國，武帝復爲九江郡，後漢因之，爲揚州刺史治焉。
屬淮南郡。		置淮南郡，東晉改壽春郡。
梁改豐城縣置定遠軍，尋改郡曰廣安，縣曰定遠。	北齊改夏邱郡，後周改晉陵郡。	元魏置揚州，梁改豫州。東魏、北齊復爲揚州，皆治于此。
罷郡改縣曰臨濠。	仍爲夏邱縣，屬虹州。	初置壽州，後改淮南郡。
初復爲定遠縣。	置虹縣屬泗州，後屬宿州。	爲壽州，復改壽春郡。
		唐改順化軍，南唐改清雅軍。
仍舊。	仍屬泗州。	置壽春府，後改爲安豐軍。
	廢。	
仍舊。	復置。	置安豐路。
因之。	因之，改屬鳳陽府。	改爲壽州，以壽春縣省入。

①傳夏禹時爲塗山國，《漢書·地理志》：「當塗，侯國。」顏師古注引應劭曰：「禹所娶塗山侯國也。有禹虛。」

	下蔡	符離
	鳳臺縣 國朝設。	宿州
初置	本下蔡，即古州來也。	《禹貢》：徐州地，周爲宿國地。
春秋戰國	春秋楚地，後屬吴，季札始邑延陵，後邑于此。①	春秋屬宋，後并于楚。
秦		屬泗水郡。
漢	置下蔡，後漢屬九江郡。	屬沛郡，東漢屬沛國。
晋	屬淮南郡。	因之。
南北朝	齊建武二年魏置下蔡郡于此，梁大通中改置汴郡，北齊廢郡。	梁置睢州，後齊置睢南郡。
隋	初爲下蔡縣屬潁州。	屬徐州。
唐	唐末廢爲下蔡鎮。	初因之，元和四年始析徐、泗地，置宿州。
五代	後周壽州徙治下蔡。	因之。
宋	亦爲壽州治，後又改州爲壽春府。時亦謂下蔡爲北壽春，而壽春爲南壽春。	亦曰宿州，亦曰符離郡。
金		仍舊。
元	元末江淮多改縣，始廢。	屬歸德府。
明	因之。	初改屬泗州。

①季札又稱公子札，《漢書》稱吴札，春秋時吴王壽夢第四子，初封於延陵後又封此地，

穀陽	順昌	富波
靈璧縣	潁州府 今領州一、縣五。	阜陽縣 國朝設。
本隋虹州地。	《禹貢》：豫州域。	附郭。
	春秋爲胡子國①，戰國屬楚。	
	爲潁川郡地。	
	兩漢爲汝南郡地，三國魏置汝陰郡，後廢。	汝陰縣地，屬汝南郡，三國魏改屬汝陰郡。
	泰始二年復置。	以後因之。
	劉宋因之，後魏亦曰汝陰郡。孝昌中置潁州，兼置汝陰、弋陽二郡。後齊亦曰汝陰郡。	
虹州地。	初郡廢州存，大業初復爲汝陰郡。	
爲虹縣之零壁鎮。	武德四年改置信州，六年仍曰潁州。天寶初亦曰汝陰郡，乾元初復爲潁州。	武德四年分置永安、高唐、永樂等縣，六年仍廢入。
	因之。	
元祐初置零壁縣，政和中改曰靈璧，屬宿州。	仍曰潁州，元豐二年升順昌軍節度。政和中改爲順昌府。	
	復爲潁州。	
省入泗州，後復置，屬宿州。	屬汝寧府，以州治汝陰縣省入。	至元二年省入潁州。
因之。	改鳳陽府，亦曰潁州。	

①周鬍子國有二，一是西周初分封姬姓諸侯國在今河南。另周封歸姓諸侯鬍子國，在潁州即此。

	潁上縣（慎縣）	霍邱縣（史水）	亳州（小黃）
初置		周霍叔封邑①。	古豫州地，周武王封神農氏之後于焦，即此。後改爲譙。
春秋戰國		春秋爲蓼國地，戰國時屬楚。	春秋爲陳國之譙邑。戰國屬宋，後屬楚。
秦			屬碭郡。
漢	汝南郡慎縣地，慎縣在縣西北。	置安豐、松滋二縣，後漢以松滋省入安豐縣。	屬沛郡，三國魏置譙郡。
晉	屬汝陰郡。	因之。	因之。
南北朝	劉宋僑置樓煩縣于此，後魏屬下蔡郡，北齊省。	劉宋復置松滋縣，屬安豐郡，齊仍舊。梁爲安豐郡治，後周縣廢。	劉宋因之，後魏仍置譙郡，後兼置南兖州治焉。後周改爲亳州。
隋	改爲潁上縣，屬潁州。	開皇十九年改置霍邱縣，屬壽州。	亦曰亳州，大業初復爲譙郡。
唐	因之，武德四年移治，屬潁州，隸河南道。	武德四年置蓼州于此，七年州廢，仍屬壽州。	又爲亳州，天寶初復爲譙郡。乾元初復故。
五代	因之。		因之。
宋	因之。	因之。	置集慶軍節度。
金	因之，元光二年改屬壽州。		亦曰亳州。
元	廢，尋復置。		屬歸德府。
明	因之。	因之。	初以州治譙縣省入，尋降爲縣，改屬潁州。弘治元年復爲亳州。

①此説有誤：霍丘，梁置霍丘戍，以地近霍山爲名；認爲此地周霍叔封邑，出《讀史方輿紀要》誤引東漢朱揚《九江壽春記》《明一統志》《霍邱縣志》。據《漢書·地理志》《周禮》鄭玄注、《左傳》杜預注考證，霍叔封於霍丘，在今山西省境內。乾隆《江南通志》、同治《霍邱縣志》有考。

細陽	山桑	石封
太和縣	蒙城縣	廣德州 今領縣一。
		《禹貢》：揚州域。
戰國魏郪邱邑。		春秋吳地名桐汭②，後屬越，戰國屬楚。
		爲鄣郡地。
置新郪、新陽、細陽三縣，皆屬汝南郡。後漢改新郪爲宋國公①。	山桑縣屬沛郡，東漢屬汝南郡。	爲丹陽故鄣縣地。東漢分置廣德縣，仍屬丹陽郡。
省新陽、細陽，以宋國公爲宋縣，屬汝陰郡。		屬宣城郡。
宋、魏因之，齊、周省。	後魏置渦陽縣。	宋齊因之，梁分置石封縣，梁末增置大梁郡。尋改爲陳留郡。
	改曰淝水縣，大業中復改爲山桑縣。	廢郡，改石封爲綏安縣，屬湖州，以廣德縣省入。煬帝改屬宣城郡。
爲汝陰縣地。	改蒙城縣。	初以綏安置桃州，後又改置宣州。至德初，更綏安爲廣德縣。
	因之。	南唐改爲廣德制置司，屬昇州。
開寶六年分置汝陰爲萬壽，屬潁州。宣和後改曰太和	因之	置廣德軍，隸江南東路。
因之。	屬壽州。	
省入州，屬潁州府。	屬安豐路。	升爲廣德路，隸江浙行省。
初屬河南汝寧府。	仍屬壽州。	改廣德州，直隸京師，尋以廣德縣省入。

①建武五年(29)封孔子十六世孫爲殷紹嘉公。十三年改封宋公，還於新郪，封其地爲宋公國。

②廣德古稱桐汭。以境內桐汭河而名。建安五年(200)封徐琨廣德侯。

	吉原	頓邱
	建平縣	滁州 今領縣二。
初置	本廣德縣地。	《禹貢》：揚州域，因滁水而名。
春秋戰國		春秋爲吳、楚之交，戰國屬楚。
秦		爲九江郡。
漢	故鄣縣地，三國吳廣德縣地。	初屬淮南郡，元狩初復屬九江郡。
晉		屬淮南郡，東晉于此僑置南譙郡。
南北朝	梁、陳石封縣地。	宋置新昌郡，梁置南譙州。北齊徙南譙州于新昌郡，又改北譙州爲臨滁郡。
隋	綏安縣地。	初置新昌郡，改南譙州爲滁州。大業，州廢，以其地屬江都郡，
唐	廣德縣地。	初復置滁州。
五代		楊吳、南唐有其地，後入于周。
宋	端拱初置建平縣，治郡步鎮，屬廣德軍。	屬淮南東路。
金		
元	仍舊。	初爲滁州路，後復爲州，隸揚州路。
明	因之	初以清流、全椒、來安三縣并入，隸鳳陽府。洪武十四年復置全椒、來安爲屬縣，直隸京師。

北譙	永陽
全椒縣[1]	來安縣
置，屬九江郡。	
因之。	九江郡建陽縣地，東漢以建陽省入全椒。
屬淮南郡。	
梁于此置北譙州，北齊改北譙州爲臨滁郡。後周復改爲北譙郡，縣屬焉。	宋置新昌縣，後改曰頓邱[2]。
初郡廢，改縣曰滁水。大業初復爲全椒縣，屬江都郡。	又改清流縣，屬江都郡。
屬滁州。	景龍中析清流置永陽縣，屬滁州。
	南唐改爲來安縣。
仍舊。	紹熙中廢爲鎮，後復置縣。
仍舊。	仍舊。
因之。	因之。

①全椒（jiāo），傳古代高陽氏在椒陵山建立古椒國，春秋時爲楚椒邑。漢置全椒縣。

②清豐地，西周古觀國，有頓丘邑，西漢置頓丘縣。西晉末曾在九江郡建陽僑置頓邱郡。

	烏江	龍亢
	和州 今領縣一。	**含山縣**
初置	《禹貢》：揚州域。	境有含山。
春秋戰國	春秋戰國皆爲楚地。	
秦	置歷陽縣，隸九江郡。	
漢	初屬淮南國，後仍屬九江郡，東漢爲揚州刺史治所。	歷陽縣地。
晉	屬淮南郡，東晉分置歷陽郡。	東晉于此僑置龍亢縣。
南北朝	劉宋兼置南豫州治歷陽。梁末屬東魏。北齊置和州，領歷陽、齊江二郡。後周改齊江曰烏江。	
隋	罷郡復置和州，治歷陽縣，大業初改歷陽郡。	
唐	初爲和州，天寶改歷陽郡。乾元復爲和州。	武德六年改合山縣，尋省。長安中復置，改爲武壽縣，又改爲含山縣。
五代	時屬南唐，後屬後周。	
宋	隸淮南西道。	仍舊。
金		
元	升和州路，後爲和州。隸廬州路，領歷陽、含山、烏江三縣。	仍舊。
明	初省歷陽、烏江二縣入和州。洪武二年又改爲歷陽縣，仍屬廬州，尋復爲和州。	因之。

盛唐	蘄春
六安州 今領縣二。	英山縣
古六國，禹封皋陶之後于此。	本湖廣之蘄水、羅田二縣東鄉地。
春秋爲六、蓼國地①。	
爲六安國，治六縣②，後爲盛唐縣，屬廬江郡。	
因之。	蘄陽縣。
梁置霍州及嶽安軍。後周州廢。	宋分立蘄水縣，梁爲蘄水縣。
改霍山縣。	
置霍州復廢州，改霍山縣爲盛唐縣。	蘄水縣。
晉改來化縣，後復盛唐縣。	
爲六安縣，後升爲六安軍。	淳祐間立鷹山寨，咸淳初更名英山，因立縣屬六安軍。
曰六安州，屬廬州路。	屬六安州。
初屬鳳陽府，以州治六安縣省入。	因之。

①古六國、蓼國，堯舜禹時期爲皋陶部族聚居地。六國是商的重要封國。

②漢元狩二年（前121），平淮南、衡山二王謀反，武帝改衡山國爲六安國，有『六地平安，永不反叛』之意。

	北沛	淮平
	霍山縣	泗州 今領縣三。
初置		《禹貢》：徐州地。
春秋戰國		春秋時徐子國。
秦		屬泗水郡。
漢	灊縣①地，屬廬江郡。	屬臨淮郡，東漢屬下邳國。
晉	因之	屬淮陽國，東晉屬宿豫。
南北朝	宋爲廬江郡治，梁于縣置霍州，又分置岳安軍、岳安縣。北齊州廢。	後魏亦爲宿豫郡地，後周爲泗州地。
隋	開皇郡廢，改岳安縣曰霍山。	大業初屬下邳郡。
唐	爲盛唐縣地，天寶初復析盛唐縣地置霍山縣。	改置泗州，天寶初改曰臨淮郡。乾元初復爲泗州。
五代		時屬吴，後屬南唐。
宋	省爲故埠鎮，屬六安縣。	仍曰泗州，紹興間泗州地入于金，析臨淮縣地置淮平縣。
金		得之，僑置盱眙于此。明昌二年復改曰淮平。元廢。
元		仍爲泗州。
明	弘治以六安、英山相距險遠，于故埠鎮立縣。	初以州治臨淮縣省入，仍曰泗州。

①灊(qián)縣，秦置。

南兗	石梁
盱眙縣	天長縣
春秋吳之善道地。	
爲盱眙縣①。	置東陽縣。
屬臨淮郡，郡都尉治焉。東漢屬下邳國。	屬臨淮郡，後漢屬下邳國。後改屬廣陵郡。
爲臨淮郡治，義熙中置盱眙郡。	仍屬臨淮郡，東晉省。
劉宋因之，南齊于此置北兗州。梁州廢，仍曰盱眙郡，東魏因之。陳改置北譙州，後周廢州。	蕭齊僑置南沛郡及沛縣于此，梁置涇州領涇城、東陽二郡。後齊因之，陳并二郡爲沛郡，後没于周，改置石梁郡。
州廢，郡仍曰盱眙縣，屬揚州。	郡廢，縣屬揚州。大業中改縣曰永福。
初置西楚州于此，尋復以縣屬楚州。建中初又改屬泗州。	初廢，天寶初置千秋縣，仍屬揚州，七載改爲天長縣。
唐吳升爲昭信軍，尋復舊。	南唐改曰建武軍，又改爲雄州，周改爲天長軍。
又升爲昭信軍，復爲盱眙縣，屬濠州，復升爲昭信軍。	復爲天長縣，屬揚州，又升爲天長軍，後復爲縣，隸招信軍。
仍爲盱眙縣，昭信軍治焉，後升爲昭信路。元末復爲盱眙縣，屬泗州。	改屬泗州。
因之。	因之。

①盱眙（xū yí），春秋名善道。秦建盱臺，後改盱眙縣。隋煬帝在盱眙置離宮都梁宮，盱眙稱都梁。

滄河

五河縣

初置	本泗州之五河口，以五水交流而名也。
春秋戰國	
秦	
漢	置虹縣，屬沛郡，後漢因之。
晉	
南北朝	劉宋省。
隋	
唐	復置虹縣，屬仁州，貞觀州廢，縣徙。
五代	
宋	端平二年金亡，遺民來歸，置隘使屯田。咸淳六年置安淮軍及五河縣于此，安淮軍在縣治北二里滄河之北岸。
金	
元	廢軍，縣屬臨淮府，至元十七年改屬泗州。
明	改屬鳳陽府。

江西省　○注：南昌府爲省會，在京師西南三千八百五十里。東西距九百七十里，南北距一千八百里。東界安徽婺源，西界湖南瀏陽。南界廣東和平，北界湖北黄州。東南界福建崇安，西南界湖南郴州。東北界安徽東流，西北界湖北興國。州領府十三，直隸州二，縣七十六。

南距五嶺，北奠九江。咽扼荆淮，翼蔽吴越。《禹貢》曰揚州。周職方亦曰：東南惟揚州。春秋時爲吴、楚之交，戰國屬楚。天文斗分野。秦屬九江郡，漢武置十三州，此亦爲揚州。後漢因之。三國爲吴地，晉初亦屬揚州，後割荆揚二地，增置江州。○注：惠帝始置江州治武昌，其後或移治豫章，或移潯陽。宋以後因之。隋仍屬揚州，大業初爲蕭銑、林士宏所據。唐分十道，此屬江南道，開元中分置江南西道治洪州。唐末并于淮南，後屬于南唐。宋屬江南路，天聖中亦分爲江南西路，仍治洪州。元置江西等處行中書省，後陳友諒竊據其地。明初平之。洪武九年置江西等處布政使，而藩封衛所參列其間。

	洪都	灌城
	南昌府 今領州一、縣七。	**南昌縣**
初置	《禹貢》：揚州域。	附郭在府治東偏。
春秋戰國	春秋戰國爲吴、楚之交。	
秦	屬九江郡。	
漢	始置豫章郡，屬揚州。王莽改曰九江。東漢復爲豫章郡。	舊縣爲豫章郡治，東漢以後因之。
晋	元康初置江州，治焉，後移治武昌。	
南北朝	宋、齊、梁、陳并爲豫章郡。	
隋	罷郡爲洪州，大業初復爲豫章郡。	改縣曰豫章，爲洪州治。
唐	復爲洪州，置都督府，天寶初改豫章郡。後以避諱止稱章郡。乾元初復爲洪州。	武德五年分豫章地，置鍾陵縣及南昌，又于南昌縣置孫州，八年州廢，省鍾陵、南昌二縣。寶應初以避肅宗諱，更豫章曰鍾陵，貞元中又改曰南昌。
五代	南唐之都于此，改州爲南昌府。	
宋	復爲洪州，宣和中于此置安撫使，後升隆興府。	因之。
金		
元	置隆興路。	因之。
明	初改洪州都府，尋復爲南昌府。	因之。

升平	富城	鍾陵
新建縣	豐城縣	進賢縣
附郭在府治西偏。		
南昌縣之西境。	豫章郡南昌縣地，三國吴分置富城縣。	南昌之東境。
分置宜豐縣，屬豫章郡，後省。	移治豐水西，改縣曰豐水，仍屬豫章郡。	太康初分置鍾陵縣，尋省入南昌縣。
陳又分置西昌縣，後省入豫章縣。	宋以後因之。	
	初廢，尋復置，改曰廣豐，屬洪州。仁壽初復曰豐城，後廢。	
初復置西昌縣，尋又省入豫章。	初復置。	武德間復析置鍾陵縣，屬洪州，八年廢爲進賢鎮。
	梁改曰吴皐，唐復名豐城。	
初爲南昌縣地，後置新建縣。	仍舊。	升鎮爲縣，舊無城。
仍舊。	升爲富州。	
因之。	復爲豐城縣。	正德間築城甃以石①。

①甃（zhòu）以石，即壘石爲壁。

	奉新縣（新吳）	靖安縣（雙溪）	武寧縣（豫寧）
初置			
春秋戰國			
秦			
漢	豫章郡海昏縣地，東漢中平中分置新吳縣。	海昏縣地，後漢爲建昌縣地。	海昏縣地。①東漢又分置西安縣，皆屬豫章郡。
晉	晉宋以後因之。	豫章郡建昌縣。	太康初改曰豫寧縣。
南北朝	陳初置南江州治此，尋州廢，縣如故。		宋齊以後因之，陳立豫寧郡。
隋	平陳，省入建昌縣。		廢郡，以豫寧縣省入建昌。
唐	復置新吳縣，尋省。永淳初復置。神龍初遷治馮水南。	廣明中置靖安鎮。	復析置武寧縣，景雲初改曰豫寧，後復曰武寧，屬洪州。
五代	南唐改爲奉新縣。	楊吳改爲場，南唐割建昌、奉新、武寧三縣地，升爲縣。	
宋	仍舊。	因之。	屬隆興府。
金			
元	仍舊。	仍舊。	置寧州。
明	因之。	因之。	罷寧州，以縣屬南昌府。

①西漢元康三年，漢宣帝劉賀封爲海昏侯國。

亥市	吳州	廣晉
寧州	饒州府今領縣七。	鄱陽縣
	《禹貢》：揚州域。以其物産豐饒故名。	以在鄱水之北故名。
春秋時吳地。《左傳·哀公二十年》：吳公子慶忌出居于艾，即此。	春秋時楚東境，後屬吳，戰國復屬楚。	春秋楚番邑，《史記》：『吳伐楚取番。』即此。
	置鄱陽縣，屬九江郡。	置鄱陽縣，屬九江郡。
艾縣地屬豫章郡。艾縣在州西百里地，名龍岡坪。	置餘干，鄡陽縣地，屬豫章郡。	屬豫章郡，三國吳置鄱陽郡治焉。
	置廣晉縣。	初移郡治廣晉，以鄱陽爲屬縣。
	梁兼置吳州，陳廢。	宋因之。蕭齊復移郡來治，陳、梁爲吳州及鄱陽郡治。
省艾縣入建昌縣。	廢鄱陽郡，改置饒州。大業初復爲鄱陽郡。	爲饒州治。
析建昌地置武寧縣，貞元中又以武寧置分寧縣，屬洪州。	初爲饒州，天寶初改鄱陽郡，乾元初復爲饒州。	爲饒州治。
	南唐置永平軍。	
屬隆興府。	仍爲饒州，隸江南東路。	爲饒州治。
屬寧州。	升爲饒州路，屬江浙行省。	仍舊。
初改爲寧縣，屬南昌府，弘治升爲州。	初爲鄱陽府，後改饒州府。	因之。

	玉亭	翥出	新平
	餘干縣	樂平縣	浮梁縣
初置			以溪水時泛，伐木爲梁。
春秋戰國	春秋越之西界，所謂干越地①。		
秦			
漢	置餘汗縣，屬豫章郡。	餘汗縣地，東漢析置樂安縣。	鄱陽縣地。
晉	因之。	屬鄱陽郡。	
南北朝		劉宋省。	
隋	改曰餘干縣，屬饒州。		
唐	因之。	初復置，名樂平縣，屬饒州。	武德中析置新平縣，尋省。開元復置爲新昌縣，天寶初改今名。
五代			
宋	因之。	因之。	因之。
金			
元	元貞初升爲州。	升爲樂平州。	升爲州。
明	初復爲縣。	改爲縣。	改爲縣。

①干越爲百越中揚越分支，《漢書》韋昭注：「干越，今餘汗縣之別名。」

銀城	長城	荷溪
德興縣	安仁縣	萬年縣
本樂平縣地，地産銀，取惟德乃興之義。		本鄱陽餘干、樂平、貴溪四縣地。
餘汗縣地，三國吴析置樂安縣，屬鄱陽郡。	餘汗縣地。	
因之。	析置晉興縣，後廢。	
宋、齊、梁因之。陳天壽元年縣廢。	陳置安仁縣。	
	復廢。	
爲樂平縣地，置德興場。	武德四年析置長城縣，屬饒州。八年省入餘干。	
晉時南唐升爲縣。		
屬饒州。	開寶末置安仁場，端拱初升爲縣。	
仍舊。	仍舊。	
因之。	因之。	正德七年桃源盜平，置萬年縣。

	信州	懷玉	
	廣信府 今領縣七。	上饒縣	玉山縣
初置	《禹貢》：揚州域。	以在饒州之上，故名。	以縣有懷玉山，故名。
春秋戰國	春秋戰國迭爲吳、楚之地。		
秦	屬九江、會稽二郡地。		
漢	爲豫章郡之餘汗地，及會稽郡之大末縣地。	豫章、鄱陽縣地，孫吳置上饒縣。	鄱陽縣地。
晉	屬鄱陽、東陽二郡地。	省。	
南北朝	宋屬鄱陽、東陽二郡地。	劉宋復置。	
隋	亦屬鄱陽、東陽二郡地。	省。	東陽郡之信安縣地。
唐	析衢之玉山、常山，饒之弋陽及撫、建二州地置信州，隸江南西道。	復置，隸饒州，以其在饒州之上也。尋省入弋陽。乾元初復置，爲信州治。	初爲常山、須江、弋陽三縣地。證聖初析置玉山縣。
五代	楊吳、南唐繼有之。		
宋	以信州隸江南東路。	仍舊。	仍舊。
金			
元	改置信州路，隸浙江行省。	仍舊。	仍舊。
明	改爲廣信府。	因之。	因之。

葛陽	薌溪	鵝湖
弋陽縣	貴溪縣	鉛山縣
以地有弋水故名。	以地有須溪口故名。	以山産銅鉛故名。
豫章郡餘汗縣地，三國吴析置葛陽縣。	餘汗縣地。	餘汗縣地。
屬鄱陽郡。		
改爲弋陽縣。	爲弋陽縣地。	
初屬饒州，後屬信州。	永泰初置貴溪縣，隸信州。	撫、建二州地，後析上饒、弋陽五鄉置爲場。
		南唐始置鉛山縣，屬信州。
仍舊。	仍舊。	初以縣直隸京師，後復隸信州。
仍舊。	仍舊。	升爲州。
因之。	因之。	復爲縣。

	三巖	横峯	西寧
	廣豐縣	興安縣	南康府 今領縣四。
初置	以縣有永豐山故名。	本上饒、弋陽、貴溪之餘鄙	《禹貢》：荆、揚二州域。
春秋戰國			春秋爲吳、楚之地，戰國屬楚。
秦			屬九江郡。
漢	餘汗縣地。	餘汗縣地。	爲海昏、彭澤二縣地，屬豫章郡。
晉			屬潯陽郡。
南北朝			宋齊因之。
隋	弋陽縣地。	以後爲弋陽縣地。	屬江州。
唐	饒州上饒縣地，乾元初析置永豐縣，屬信州，元和中省入上饒縣。		屬江州。
五代			南唐亦爲江州地。
宋	復置。		太平興國中置南康軍，治星子縣。
金			
元	仍舊。		爲南康路。
明	因之。	嘉靖中始析弋陽、貴溪、上饒三縣地，置興安縣。	爲南康府。

星渚	都村	海昏
星子縣	都昌縣	建昌縣
以境內有落星石故名。		
彭澤縣地屬豫章郡。	彭澤縣地，屬豫章郡。	海昏縣地，屬豫章郡，東漢置建昌縣。
晉以後并因之。	屬潯陽郡。	以海昏縣省入，仍屬豫章郡。
	宋齊以後爲彭澤縣。	
爲湓城①縣地。		屬洪州。
爲潯陽縣地。	初置都昌縣屬浩州，尋廢浩州，以都昌、屬江州。大歷間徙治彭蠡湖之東，屬饒州。	初于縣置南昌州，尋廢州以縣，仍屬洪州。
楊吳置星子鎮，屬德化縣。		
升爲縣，屬江州，尋置南康軍。	改屬南康軍。	屬南康軍。
仍舊。	仍舊。	升爲建昌州。
因之。	因之。	仍改爲縣。

①湓(pén)城，境内清湓山。山有井，形如盆，因號湓水，城曰湓城。

	永修	潯陽
	安義縣	九江府 今領縣五。
初置	本建昌縣安義等鄉地。	《禹貢》：荆、揚二州之境。
春秋戰國		春秋時爲吴、楚二地。
秦		爲九江郡地。
漢		初屬淮南國，尋分屬豫章郡，文帝時又分屬廬江郡。東漢因之，建安中其地南境入吴，屬彭澤郡，北境入魏，屬廬江郡，後盡入吴，屬武昌郡。
晉		爲武昌、鄱陽、豫章三郡地，永興初置尋陽郡。
南北朝		宋以後因之。梁移江州治湓城，即今府治。
隋		初廢郡，後改州曰九江郡。
唐		復爲江州，天寶初改潯陽郡。乾元初復曰江州。
五代		楊吴置奉化軍節度，後屬南唐。
宋		仍爲江州，亦曰潯陽郡。
金		
元		曰江州路。
明	正德間以山賊嘯聚，割安義、卜鄰、依仁、控鶴、南昌五鄉地，置縣。	洪武初改爲九江府。

德化縣（柴桑）	德安縣（歷陵）	瑞昌縣（盆城）
廬江郡潯陽縣地，東漢因之。	歷陵縣地，屬豫章郡。王莽改曰蒲亭，東漢復曰歷陵。	時地在柴桑之北，潯陽之西。三國吴曰赤烏鎮，仍屬柴桑。
永興初置潯陽郡，永嘉初以九江縣省入，後省潯陽入柴桑縣。	屬武昌郡，東晉省入柴桑。	以後因之。
梁又析置汝南縣。		
省郡及汝南、柴桑二縣，復置潯陽縣，後改曰彭蠡。大業初置郡，改曰湓城縣。	爲湓城縣地。	爲湓城縣地。
初復改曰潯陽縣，爲江州治。	爲潯陽縣地，貞元中置蒲塘場。	爲潯陽縣地，建中中立爲場。
南唐改爲德化縣，仍爲江州治。	楊吴升爲德安縣。	南唐升爲瑞昌縣，屬江州。
仍舊。	仍舊。	仍舊。
仍舊。	仍舊。	仍舊。
因之。	因之。	因之。

	上甲	樂城	建武
	湖口縣	彭澤縣	建昌府 今領縣五。
初置			《禹貢》:揚州域。
春秋戰國			春秋時爲吴南境,戰國屬楚。
秦			屬九江郡。
漢	彭澤縣之鄡陽鎮。	豫章郡彭澤縣地。	爲豫章郡之南城縣地,三國吴分豫章東部置臨川郡,治南城。
晋		永嘉以後屬潯陽郡。	
南北朝	劉宋時爲湖口戍,齊梁至陳亦皆戍于此。	梁屬太原郡,陳爲龍城縣,屬潯陽郡。	
隋	屬彭城縣。	屬江州。	罷郡置撫州,治臨川縣。而南城屬焉。
唐	武德置湖口鎮,屬潯陽縣。	屬浩州,尋還屬江州。	因之。
五代	南唐升爲湖口縣,屬江州。		南唐以南城置建武軍。
宋	仍舊。	因之。	改爲建昌軍。
金			
元	仍舊。	因之。	置建昌路。
明	因之。	因之。	

川江	东興	嘉禾
南城縣	新城縣	南豐縣
以在豫章郡城南，故名。	本南城縣地。	本南城縣地。
置南城縣，三國吴于此置臨川郡。	南城縣地，吴分置永城、東興二縣，并屬臨川郡。	南城縣地，三國吴析置南豐縣。
改爲新南城縣，大興中復舊。	以後因之。	
宋仍屬臨川郡，齊爲郡治。梁、陳皆屬臨川郡。		
屬撫州。	并二縣入南城縣。	初并入南城。
因之。	武德五年復置二縣屬撫州，七年省。	復置。
南唐爲建武軍治。		
平南唐，縣仍屬撫州。淳化初始隸建昌軍。	紹興間析南城五鄉地，置新城縣。	因之。
仍舊。	仍舊。	升爲州。
因之。	因之。	復改爲縣。

	平西	鶴城	昭武
	廣昌縣	瀘溪縣	撫州府 今領縣六。
初置	本南豐之南境，以道通二廣而屬建昌軍，故名。	即南城縣瀘溪巡檢司地。	《禹貢》：揚州地。
春秋戰國			春秋屬吳，戰國屬楚。
秦			屬九江郡。
漢	南城縣地，三國吳置南豐縣于此。	自漢至元皆爲南城縣。	屬豫章郡，東漢因之，三國吳分豫章東部置臨川郡，治臨汝，即今治。
晉	以後因之。		以後因之。
南北朝			蕭齊移郡治南城，梁復治臨汝，陳初嘗增置寧州。
隋	省南豐縣爲南城縣地。		平陳改置撫州①，大業初又改置臨川郡。
唐	復爲南豐縣地。		復爲撫州，天寶初亦曰臨川郡。乾元初復故。
五代			時屬吳，升爲昭武軍，後屬南唐。
宋	紹興中析南豐三鄉置廣昌縣。		仍爲撫州，亦曰臨川郡。
金			
元	仍舊。		爲撫州路。
明	因之。	萬曆七年置爲縣。	初曰撫州府。

①隋開皇九年（589），舉兵滅南陳，爲表示安撫之意，廢臨川、巴山兩郡置撫州。

臨汝	巴山	珊城
臨川縣	崇仁縣	金谿縣
南城縣地，東漢永元間分南城縣，地置臨汝縣①。三國吴爲臨川郡治。	東漢豫章郡臨汝縣地，三國吴分置新建縣。	
因之。	屬臨川郡。	
宋因之，齊屬臨川郡。梁、陳仍爲郡治。	梁改曰巴山縣，置巴山郡。	
改縣曰臨川，自是州、郡皆治此。	初郡、縣俱廢，置崇仁縣屬撫州。	
臨川縣。	因之。	臨川縣之上幕鎮。
臨川縣。		南唐于鎮立金谿場②。
臨川縣。	因之。	初升場爲縣屬撫州，又割臨川四鄉，并饒州安仁三鄉入焉。
臨川縣。		
臨川縣。	因之。	仍舊。
臨川縣。	因之。	因之。

①東漢永元八年(96)分南城縣置臨汝縣，屬豫章郡，即此；同名有唐景雲三年(712)在今臨汝鎮地置臨汝縣，屬東都畿道；1913年，民國實行道、縣制。改汝州直隸州爲臨汝縣。 ②金谿(xī)，即金溪，漢屬淮南國。摩崖石刻《金溪場銀坑記》記載：金窟山在金溪縣東，唐長慶三年(823)，肇興此坑，在寳山採金煉銀。金谿場乃舊日採金之所。

	黃填	安浦	孝岡
	宜黃縣	**樂安縣**	**東鄉縣**
初置	以水出黃土嶺故名。	本撫州崇仁縣三鄉，及吉州永豐一鄉地。	本臨川、金谿、進賢、餘干、安仁之遠鄙。
春秋戰國			
秦			
漢	東漢臨汝縣地，三國吳分置宜黃縣。		
晉	屬臨川郡。		
南北朝			
隋	省入崇仁縣。		
唐	初復置，尋省。		
五代	南唐置宜黃場。		
宋	初升爲宜黃縣，屬撫州。	紹興中割置樂安縣，因有樂安鄉故名。	
金			
元	仍舊。	仍舊。	
明	因之。	因之。	正德八年置縣，以地在撫州府東故名。

章山	吳平	市南
臨江府 今領縣四。	清江縣	新淦縣
《禹貢》：揚州地。		以淦水爲名。
春秋屬吳，戰國屬楚。		
爲九江郡地。		舊縣屬九江郡。
初屬淮南國，旋屬豫章郡，東漢因之。	建城縣地，屬豫章郡。	屬豫章郡，王莽改曰偶亭。東漢復舊。
以後因之。	以後因之。	以後因之。皆治今清江縣東。
屬洪、吉、袁三州。	初屬洪州。	遷縣治于南市村，屬吉州。
因之。	改建城爲高安，而以境内之蕭灘爲鎮。	因之。
時屬淮南，後屬南唐。	南唐升鎮爲清江縣，初屬洪州，後屬筠州。	
淳化始置臨江軍，隸江南西路。	初因之，淳化置臨江軍治所。	初亦屬吉州，淳化改屬臨江郡。
置臨江路。	至正間築城，尋廢。	元貞初升爲州。
改臨江府。	弘治十年築土垣，正德間甃磚石爲城。	初復爲縣，城南唐置元重修。

	渝水 新喻縣	巴邱 峽江縣	筠州 瑞州府 今領縣三。
初置	以渝水爲名。	本新淦縣之峽江巡檢司。	《禹貢》：揚州域。
春秋戰國			春秋屬吴，戰國屬楚。
秦			屬九江郡。
漢	豫章郡宜春縣地[①]，三國吴置新渝縣，屬安成郡。	新淦縣地，三國吴置巴邱縣，屬廬陵郡。	爲豫章郡之建城縣地。
晋	因之。	巴邱縣。	以後因之。
南北朝	宋曰新俞，齊又譌爲新諭，而縣治不改。梁陳因之。	巴邱縣。	
隋	省入吴平，旋復置，屬袁州。	省入新淦。	屬洪州。
唐	武德間分置西吴州，後省州入縣，仍屬袁州。		初置靖州，領高安等五縣，尋改爲米州，又改爲筠州，後州省入洪州。
五代			南唐又置筠州。
宋	淳化三年改屬臨江郡。		紹興賜名高安郡，寶慶初改爲瑞州，屬江西道。
金			
元	元貞升爲新喻州。		升爲瑞州路。
明	初仍爲縣，城宋靖康築。	嘉靖五年改置。	改爲瑞州府。

①漢元光六年（前129），武帝封長沙定王子劉成爲宜春侯，立爲宜春侯國。元鼎五年，廢國復宜春縣。

建城	望蔡
高安縣	**上高縣**
漢武帝封長沙定王子拾爲侯邑。	
置建城縣，屬豫章郡，東漢以上蔡民分徙于此，析置上蔡縣。三國吳又析置陽樂、宜豐三縣。	豫章郡建城縣地，後漢中平上蔡民徙于此，立上蔡縣。
改上蔡縣爲望蔡，改陽樂爲康樂。	爲望蔡縣，以上蔡人思其故土故云。
廢望蔡三縣入建城，屬洪州。	省入建城。
改曰高安縣，爲靖州治，後屬洪州。	以故望蔡縣地置上高鎮。
	南唐易鎮爲場，尋升爲縣。
瑞州治此。	以後仍舊。
仍舊。	
因之。	因之。

	新昌縣（宜豐）	袁州府（宜陽）今領縣四。	宜春縣（秀江）
初置		《禹貢》：揚州域，因袁山爲名。	
春秋戰國		春秋屬吳，戰國屬楚。	
秦		屬九江郡。	
漢	建城縣地，三國吳析置宜豐縣。	兩漢屬豫章郡，三國吳屬安成郡。	置屬豫章郡。
晉		以後因之。	改爲宜陽縣。
南北朝			宋齊以後因之。
隋	省入建城縣。	平陳，置袁州治宜春，因袁山爲名。大業初改曰宜春郡。	仍爲宜春縣，爲袁州治。
唐	復置，尋省入高安縣。	復曰袁州，天寶初曰宜春郡，乾元復故。	以後俱仍舊。
五代	南唐以宜豐故地爲鹽步縣。	時屬楊吳，後屬南唐。	
宋	以地廣勢險，又于宜豐縣置新昌縣。	仍曰袁州。	
金			
元	元貞中升爲州。	曰袁州路。	
明	仍爲縣。	初曰袁州府。	因之。

鈐岡	萍川	陽樂
分宜縣	萍鄉縣	萬載縣
本宜春縣地分置之也。	以楚昭王得萍實①于此，故名。	
	本宜春縣地，東漢時孫吴析置萍鄉縣，屬安成郡。	建城縣地，屬豫章郡。東漢時，吴析置陽樂縣。
		改曰康樂縣，仍屬豫章郡。
		劉宋初因之，後省。
	屬袁州。	
		初復置陽樂縣，後省入高安縣。
		楊吴置萬載縣，南唐屬筠州。
雍熙初析宜春縣地，置分宜縣。		割隸袁州。
仍舊。	升爲萍鄉州。	仍舊。
因之。	仍爲縣。	因之。

①萍實。《孔子家語》載：『楚昭王渡江，江中有物，』群臣莫之能識，問於孔子。子曰：『此所謂萍實者也，可剖而食之，吉祥也，唯霸者爲能獲焉。』

	吉州	琴水①	高昌
	吉安府 今領縣九。	花廳 國朝乾隆八年析置。	廬陵縣
初置	《禹貢》：荆、揚二州域。		
春秋戰國	春秋屬吴，戰國屬楚。		
秦	屬九江、長沙二郡。		
漢	屬豫章郡及長沙國，東漢始分豫章，立廬陵郡。三國吴又分置安成郡，治平都。	安平、廬陵二縣地。三國吴平都、永新二縣地。	舊縣屬豫章郡，東漢末，孫策于縣置廬陵郡。
晉	廬陵郡屬揚州，安成郡屬江州。元康初俱屬江州。		徙郡治石陽縣。
南北朝			劉宋以後因之。
隋	廢二郡，以廬陵縣置吉州，大業復爲廬陵郡。	爲安福、太和二縣地。	廢郡置吉州，改石陽爲廬陵縣。
唐	改吉州，天寶初改廬陵郡，乾元初復爲吉州，屬江西東道。	爲安福、永新二縣地。	永淳初，州徙今治，縣亦隨徙。
五代			
宋	屬江南西路。	因之。	因之。
金			
元	初爲吉州，後改吉安路。	改二縣爲州。	因之。
明	改爲吉安府。	復爲安福、永新二縣地。	

①即今石城東琴江。《方輿紀要》載：琴水『在縣東，源出縣東北鷹子岡，南流入灞水』。

西昌	文江	陽豐
泰和縣	吉水縣	永豐縣
廬陵縣治，東漢改西昌縣。	廬陵縣地，東漢末吳析置吉陽縣，仍屬廬陵郡。	廬陵縣地，東漢末，吳析置陽城縣。
	石陽縣地。	太康改爲陽豐縣。
	劉宋以後因之。	
改安豐縣，開皇又以東昌縣省入，改爲太和縣。	省入廬陵縣。	省入廬陵。
置南平州，尋廢，仍屬吉州。	因之。	
		南唐爲吉水縣地。
因之。	雍熙元年析置吉水縣，屬吉州，築城。	至和間，始割吉水之五鄉置永豐縣。
升爲州。	元貞初升爲吉水州。	仍舊。
復爲縣，改太爲泰。	初復爲縣。	因之。

	平都 安福縣	泉江 龍泉縣
初置		
春秋戰國		
秦		
漢	安平、安成二縣地,安平屬豫章郡,安成屬長沙國。東漢改安平曰平都,屬廬陵郡。吳置安成郡治平都。	廬陵縣地,東漢末吳析置新興縣。
晉	改安成爲安福縣。	改曰遂興縣。
南北朝		
隋	廢安成郡,改平都曰安成縣,屬吉州。開皇中又改曰安復。	省入太和。
唐	初改爲安福縣,置穎州,尋廢,以縣屬吉州。	
五代		楊吳析置龍泉場。南唐置龍泉縣。
宋	因之。	宜和中改泉江縣,紹興初復曰龍泉,屬吉州。
金		
元	升爲安福州。	仍舊。
明	復爲縣。	因之。

遂興	廣興	勝業
萬安縣	永新縣	永寧縣
		本永新縣地。
東漢末，吴新興縣地。	盧陵縣地，東漢末吴始析置永新縣，屬安成郡。	盧陵縣地，三國吴以後爲永新縣地。
爲遂興縣地。		
省入太和縣。	省入太和縣。	爲太和縣地。
置萬安鎮屬龍泉縣。	初復置永新縣，屬南平州，尋又省入太和縣。顯慶初復置永新縣，治禾山東南，屬吉州。	復爲永新縣地。
南唐析爲龍泉之萬安鎮。		
熙寧中，始改鎮爲萬安縣，屬吉州。	因之。	永新縣地。
仍舊。	升爲州。	至順初，析置永寧縣屬吉安路。
因之。	復爲縣。	

	虔州	雙江	昌村
	贛州府 今領縣九。	贛縣	雩都縣
初置	《禹貢》：揚州域。		因雩水爲名①。
春秋戰國	春秋屬吳、越，戰國屬楚。		
秦	隸九江郡。		
漢	爲贛、雩都、南壄三縣地，隸豫章郡。東漢屬廬陵郡，三國吳立南部都尉，治雩都。	舊縣屬豫章郡，東漢屬廬陵郡，吳屬南部都尉。	舊縣屬豫章郡，東漢末吳爲南部都尉治所。
晉	罷都尉，置南康郡，仍舊治屬江州。東晉移郡治于章、貢二水間，即今府治。	始爲南康軍治。	屬南康郡治。
南北朝		宋改南康國，齊、梁、陳復爲郡治。	陳徙縣治太昌村。
隋	初罷郡置虔州，大業初復爲南康郡，治贛縣。	初改南康縣，後復爲贛縣。	徙治東溪，屬虔州。
唐	爲虔州，天寶初改爲南康郡。乾元初復爲虔州。	爲虔州治。	徙治南康古郡，即今治所。
五代	南唐爲昭信軍節度。		
宋	初因之，紹興間改爲贛州。	爲贛州治。	屬贛州。
金			
元	升爲贛州路。	仍舊。	仍舊。
明	改爲贛州府。	因之。	因之。

①雩(yú)都，漢高祖六年(前201)，析南壄(yě)縣雩山以南置雩都縣，屬豫章郡。

南安	平固	九州
信豐縣	興國縣	會昌縣
	本贛縣之瀲江鎮，以年號爲名。	本雩都縣之九洲鎮。
豫章郡南壄縣地，東漢置南安縣。	贛縣地，三國吴分置平陽縣。	自漢至唐皆爲雩都縣地。
改南康縣。	太康元年改曰平固，屬南康郡。	
	宋齊以後因之。	
	省。	
又析置南安縣，天寶初改曰信豐縣。		
屬贛州。	升爲興國縣，割贛、廬陵、太和三縣地以益之。	太平興國七年析置會昌縣，屬虔州，紹興間升縣爲軍。咸淳復舊。
仍舊。	仍舊。	元貞初升爲會昌州。
因之。	因之。	洪武二年復爲縣。

	濂江	尋鄔	神水
	安遠縣	长寧縣	龍南縣
初置		本安遠、會昌二縣地。	以縣在百丈龍潭之南，故名。
春秋戰國			
秦			
漢	雩都縣地。	雩都縣地。	南壄縣地。
晉			以後爲南康縣地。
南北朝	梁大同間析置安遠縣，屬南康軍。		
隋	廢入雩都縣。		
唐	貞元四年復置，屬虔州。	唐宋以後爲安遠縣地。	信豐縣地，置百丈鎮，尋改曰虔南鎮。
五代			楊吴改爲虔南場。南唐升爲縣。
宋	屬贛州。		改龍南縣，屬贛州府。
金			
元	至元間，省入會昌縣。至正間復置。		屬寧都州。
明	洪武初始築土垣。	萬曆四年，撫臣江一麟討平黄鄉堡賊，奏置長寧縣，即馬蹄岡立縣治焉。	因之。

蓮塘	虔化	象湖
定南廳 國朝改爲廳。	**寧都州** 今領縣二，國朝升爲州。	**瑞金縣**
本龍南、安遠、信豐三縣地。		
南壄縣地。	雩都縣地，東漢末，吴始置新都縣。	雩都縣地。
	改曰揭陽。	
	劉宋又析置虔化縣，尋改揭陽曰寧都，省虔化屬焉，又改寧都曰虔化。	
	以後因之。	
		楊吴以雩都縣之象湖鎮，爲瑞金監。南唐升爲縣，屬虔州。
	復改爲寧都縣。	屬贛州。
	升爲寧都州。	改屬會昌州。
萬曆初奏析爲定南縣，即蓮塘鎮立治焉。	復爲縣。	仍屬贛州府。

	陂陽	章水	崎城
	石城縣	南安府今領縣四。	大庾縣
初置	本寧都縣石城場，以山多石聳峙如城故名。	《禹貢》：揚州域。	相傳漢武帝遣庾勝討南越，築城于此，故名。城在府西南二里許。
春秋戰國		春秋屬吳，戰國屬楚。	
秦		屬九江郡。	
漢	雩都縣地，三國吳分置揭陽縣。	兩漢屬豫章郡，三國吳屬廬陵郡。	南壄縣地。
晉	太康改曰陂陽，屬南康郡。	屬南康郡。	以後爲南康縣地。
南北朝	宋齊以後因之。	宋齊以後因之。	宋齊以後因之。
隋	開皇省入寧都縣，名石城場。	屬虔州大業屬南康軍。	開皇十年立大庾鎮。
唐		仍屬虔州。	神龍元年升爲州，仍屬虔州。
五代	南唐升爲縣，屬虔州。		
宋	屬贛州。	淳化元年始置南安軍，治大庾縣。	淳化初爲南安軍治。
金			
元	升寧都爲州，以縣屬焉。	曰南安路。	仍舊。
明	屬贛州府。	初改爲府。	因之。

南康縣（南壄①）	上猶縣（益漿）	崇義縣（橫水）
	以地有猶水故名。	本上猶縣之橫水地。
贛縣地，東漢末吳置南安縣。	南壄縣地。	南壄縣地。
太康間改南康縣屬南康郡。		
劉宋以後因之。		
初屬虔州，大業初復爲南康郡之屬縣。		爲南康縣地。
屬虔州。	天祐中楊吳析置上猶場。	爲南康縣地。
	南唐升爲縣。	
屬南安軍。	嘉定間改爲南安縣，屬南安軍。	
仍舊。	又改曰永清。	
因之。	復改爲上猶縣。	正德十二年元臣王宏仁討平畬賊，割大庾之義安里，南康之至坪、上龍、崇德三里，上猶之崇義、雁湖、上保三里立縣②。

①壄(yě)縣，秦始皇三十三年(前214)，使尉屠睢守庾嶺界，置南壄縣。西漢因之，東漢建武元年(250)，南壄改爲南野縣。 ②畬(shē)古同「畲」，「畬賊」指崇義境畲族農民政權。明正德十一年(1516)，境內佘族農民謝志山、藍天鳳在橫水寨自稱「征王」。

浙江省　〇注：杭州府爲省會，在京師南三千三百里。東西距八百八十里，南北距一千二百八十里。東界大海，西界江南徽州。南界福建建寧，北界江南蘇州。東南界福建福寧，西南界江西玉山。東北界江南松江，西北界安徽廣德。領府十一，直隸州一，縣七十六。

外帶江海，内包湖山。左浙江、右具區①、北大海、南天目。《禹貢》曰揚州。周職方亦曰揚州。春秋爲吴、越二國，後并於越。戰國時屬楚，在天文亦斗分野也。秦屬會稽郡。漢武置十三州，此亦爲揚州地，東漢因之。三國時爲吴地，晉亦屬揚州。劉宋孝建初分浙江東爲東揚州，領會稽、東揚、新安、永嘉、臨海五郡，尋復入于揚州，梁、陳時亦分置焉。隋大業初置十三州，此仍爲揚州地。後爲沈法興、李子通等所據。唐分十道，此爲江南道，開元中隸江南東道。五代時屬于吴越。宋初爲兩浙路，後分浙東、西爲兩路，浙西治臨安，浙東治紹興。元初立兩浙都督府于杭州，至元二十一年自揚州遷江淮行省治此，改置江浙等處行中書省，後爲方國珍、張士誠等所據。明初平之。洪武九年置江浙等處承宣布政使司，而衛所之設參列其間。

天文斗分野。

①具區，太湖之古稱，是古代濱海湖的遺跡。《爾雅·釋地》云：『吴、越之間有具區』。《周禮·職方》謂：『東南曰揚州，其鎮曰會稽，其澤藪曰具區。』

	杭州府 今領州一、縣八。（武林）	錢塘縣（柳浦）
初置	《禹貢》：揚州域。	附郭。
春秋戰國	春秋屬吴、越，戰國屬楚。	
秦	屬會稽郡。	置錢唐縣，屬會稽郡。
漢	東漢屬吴郡，三國吴分置東安郡，治富春，尋罷。	爲會稽西部都尉治所。東漢縣省。光和二年封朱儁爲侯邑。
晋	屬吴興及吴郡。	復置屬吴郡。
南北朝	陳置錢唐郡。	陳于此置錢唐郡。
隋	廢郡置杭州，治餘杭。未幾移治錢唐。大業初改州爲餘杭郡。	廢郡改爲杭州治，自是以後縣治不一。
唐	初復爲杭州，天寶初又爲餘杭郡。乾元初復爲杭州，景福初號武勝軍，光化初移鎮海節度，于杭置大都督。	以唐爲國號，加土爲塘，後因之。
五代	時爲吴越國。	
宋	爲杭州，高宗南渡遷都于此，升爲臨安府。	仍舊。
金		
元	爲兩浙都督府，尋改杭州路。	仍舊。
明	改爲杭州府。	因之。

錢江	鹽官	富春
仁和縣	海寧州	富陽縣
附郭，本錢塘、鹽官二縣地。		
	海鹽縣地屬會稽郡，東漢末吳王濞于此立鹽官，因置鹽官縣，屬吳郡。	富春縣屬會稽郡，哀帝封河間孝王子元爲侯邑。東漢屬吳郡。三國吳置東安郡治焉，郡尋廢，縣仍屬吳郡。
	亦爲鹽官縣。	因之，咸安初，以鄭太后諱春，改曰富陽。
	宋齊因之，皆屬吳郡。	宋齊以後因之。
	屬杭州。	屬杭州。
	屬東武州，後并入錢塘。貞觀復置，仍屬杭州。	仍舊。
梁龍德二年，錢氏割置錢江縣，治武林門内。		吳、越嘗復爲富春，尋復故。舊無城，吳越時以縣逼江隅，築城甃以磚石。
太平興國四年改仁和。	因之。	以後因之。
仍舊。	元貞升爲鹽官州，天寧二年更曰海寧。	
因之。	改州爲縣，縣城，唐、宋以來舊。洪武二十年湯和重築。	仍舊，嘉靖三十五年復營磚城。

	舊倉	臨水	新登
	餘杭縣	臨安縣	新城縣
初置		本餘杭縣地。	本富春縣地。
春秋戰國			
秦	縣屬會稽郡。		
漢	因之，東漢屬吴郡，三國吴屬吴興郡。	東漢末，吴分置臨水縣，屬吴郡。	東漢末吴置新城縣屬東安郡。尋廢。
晋	以後因之。	改爲臨安縣，屬吴興郡。	復置。
南北朝		宋齊因之。	宋、齊、梁俱屬吴郡，陳屬錢塘郡。
隋	屬杭州。	省。	初省入錢唐縣，後復置。
唐	仍舊。	復置臨水縣屬潛州，明年省入於潛縣。垂拱間復置臨安縣，屬杭州。	又省入高陽，復置屬杭州。
五代	吴、越嘗號爲清平軍。	梁貞明初，吴、越改爲安國縣，亦曰衣錦軍。	錢氏改爲新登縣。
宋	復故。	太平興國四年，改爲順化軍，尋發軍，復爲臨安縣。	復名新城。
金			
元	因之。	仍舊。	仍舊
明	因之。	因之。	因之。

潛州	金昌
於潛縣	**昌化縣**
	本於潛縣地。
縣屬丹陽郡。《吳越春秋》云：『秦徙大越，鳥語①人置之暨。』武帝時縣始名於暨。于東漢加水焉。	
屬吳興郡。	
宋因之，陳屬錢唐郡。	
曰於潛，屬杭州。	
置潛州，尋廢，縣還屬杭州，仍舊作潛，以後俱因之。	析置紫溪縣，又析置武隆縣，神龍初更武隆爲唐山。大歷初二縣俱省，長慶初復置唐山縣。
	梁改曰金昌。唐復爲唐山，晉改曰橫山，尋改曰吳昌。
屬臨安府。	更名昌化。
屬杭州路。	仍舊。
屬杭州府。	因之。

①古代多指四夷、外國之語。《後漢書·南蠻西南夷傳》雲：『則緩耳雕脚之倫，獸居鳥語之類，莫不舉種盡落。』

	槜李	由拳	秀州
	嘉興府 今領縣七。	嘉興縣	秀水縣
初置	《禹貢》：揚州域。	附郭。以嘉禾生故名。	附郭，本嘉興縣地。
春秋戰國	春秋時爲吴、越之境，後爲越地。戰國時又爲楚地。魯定公時越敗吴于槜李即此。	春秋時地名槜李。	
秦	爲會稽郡。	由拳縣地屬會稽郡。	
漢	因之，東漢永建中分屬吴郡，三國吴于此置嘉禾縣，後改嘉興。	東漢屬吴郡，孫吴以嘉禾生，改置嘉禾縣。	
晋	以後因之。		
南北朝			
隋	爲蘇州地，廢嘉興、海鹽二縣。	廢入吴縣。	
唐	初屬蘇州，後屬杭州。	復置屬蘇州，尋省。貞觀中復置。	
五代	錢氏奏置秀州，治嘉興縣。	時屬杭州，後于此，置秀州。	
宋	屬浙西路，政和間名爲嘉禾郡。慶元初升州爲嘉興府，以孝宗誕于此也。	屬嘉興府。	
金			
元	置嘉興路。	仍舊。	
明	復爲嘉興府。	因之。	宣德四年析置秀水縣于府城内。

魏唐	武原	東泖
嘉善縣	海鹽縣	平湖縣
本嘉興縣東境。		本東漢故邑縣，後爲海鹽縣東北境武原等鄉。
	析吴縣地，置海鹽縣，屬會稽郡。	
	因之，王莽改爲展武縣，後陷爲湖，移治武原鄉，改爲武原縣。東漢復爲海鹽縣，屬吴郡。	
	因之。	
	梁屬信義郡，陳省入鹽官縣。	
	景雲二年復置，先天初廢，開元五年又置，屬蘇州。	
	晉時屬秀州。	
	因之。	
	元貞初升爲海鹽州。	
宣德五年析置嘉善縣，治魏塘鎮。	洪武二年復爲縣。	宣德五年析置平湖縣，治當湖市。

	禦兒	殳山
	石門縣 國朝改曰今名。	桐鄉縣
初置	本崇德縣地。	本崇德縣地。
春秋戰國		
秦		
漢		
晋		
南北朝		
隋		
唐		
五代	晉時吳越析嘉興縣之義和市及崇德七鄉，置爲崇德縣，屬秀州。	
宋	初因之，後屬嘉興府。	
金		
元	元貞中升爲崇德州。	
明	仍爲崇德縣。	宣德五年，割崇德縣之梧桐八鄉置縣，治鳳鳴市。

吳興	菰城
湖州府 今領縣七。	烏程縣
《禹貢》：揚州域，古防風氏之國。	附郭。因烏氏、程氏善釀，故名。
春秋時屬吳，後屬越，戰國屬楚，爲菰城。菰城在府南二十五里。楚春申君黃歇立。	
置烏程縣，介于會稽、鄣兩郡之間。	置烏程縣，屬會稽郡。
初屬荆國，景帝時屬江都國。元狩初爲會稽、丹陽二郡地。東漢屬吳及丹陽郡。孫吳始置吳興郡，治烏程縣。	屬吳郡。中平末，孫堅封烏程侯。三國時因置吳興郡治此。
因之。	以後因之。
宋齊因之，梁兼置震州，陳罷州，仍爲吳興郡。	宋元徽四年更名東安，昇明復初。梁屬震州，尋屬吳興。陳因之。
初郡廢，以其地屬蘇、杭二州。仁壽初置湖州，取太湖爲名。大業初州廢，復分屬吳、餘杭二郡。	罷郡以縣屬蘇州，尋置湖州。
復于烏程置湖州，天寶初改吳興郡。乾元初復爲湖州，屬江南道，乾寧中升爲忠國節度。	
吳、越奏改宣德軍。	
改昭慶軍，又改州曰安吉，屬浙西路。	屬安吉州。
置湖州路。	屬湖州路。
改爲湖州府。	因之。

	霅溪	義鄉
	歸安縣	長興縣
初置	附郭，本烏程縣地，以吴越王歸土故名。	
春秋戰國		
秦		鄣縣地。
漢		爲烏程、故鄣二縣地。
晋		太康三年，分置長城縣，屬吴興郡。
南北朝		宋、齊以後因之。
隋		平陳省入烏程。仁壽二年復置，屬湖州。大業初屬吴郡。
唐		初沈法興置長州于此，武德間改綏州，又改爲雉州，州尋廢，縣仍屬蘇州。
五代		吴越改名長興縣。
宋	太平興國七年，析烏程縣東南十五鄉置歸安縣，以錢氏納土來歸也。	因之。
金		
元	仍舊。	元貞初升爲長興州。
明	因之。	初爲長安縣，洪武二年復曰長興。

餘不	餘英
德清縣	武康縣
本烏程縣地。《城邑攷》：縣初置于下蘭山，天寶間徙于百寮山，即今治。	
	烏程縣餘不鄉之地，東漢初平中，孫吳析置永安縣。
以後爲武康縣之東境。	太康初改永康，又改武康，仍屬吳興郡。
	宋以後因之。
	平陳，縣廢，仁壽二年復置，屬湖州，大業三年改屬餘杭郡。
天授二年析置武源縣，屬湖州。景雲二年改曰臨溪，天寶初改德清縣。	初李子通于此置安州，又改武州。武德七年州廢，仍屬湖州。
	時屬杭州。
德祐中始築城。	屬湖州。
	仍舊。
	因之。

	故鄣	原鄉
	安吉縣	孝豐縣
初置		本安吉縣地。
春秋戰國		
秦		
漢	丹陽郡故鄣縣地，東漢析其南境置安吉縣，仍屬丹陽郡。	故鄣縣地，東漢中平二年分置原鄉縣，屬丹陽郡。
晋	屬吴興郡。	屬吴興郡。
南北朝	梁、陳屬陳留郡。	宋以後因之。
隋	省入綏安縣屬宣州，綏安即今廣德州。	廢。
唐	屬桃州，桃州亦廣德州。尋省入長城，復置，仍屬湖州。	武德間因故址復置，屬雉州，七年州廢，縣省入長城。
五代		
宋	以後因之。	
金		
元		
明	升爲安吉州。	以安吉地險遠，而孝豐、太平等九鄉，爲里五十餘，中有漢縣廢城，郡守王珣請置縣，因以鄉名置孝豐縣。

四明	鄮山
寧波府 今領縣六。	鄞縣
《禹貢》：揚州域。	古越之東境。
春秋屬越地。	
屬會稽郡。置鄞、鄮、句章三縣。	置鄞縣，屬會稽郡。
以後因之。	因之。
宋齊仍舊。	
以鄞、鄮省入句章縣，隸吳州，後隸越州。	平陳，省縣入句章，屬吳州。
武德初析句章縣置鄞州，尋廢爲鄮縣，仍屬越州。開元中以鄮縣置明州，天寶初改餘姚郡。乾元初復爲明州，屬江南道。	初析句章置鄞州，尋廢州爲鄮屬越州，開元中復置明州治。
錢氏于此置望海軍。	吳越改鄮縣爲鄞縣。
初改奉國軍，屬浙東路。紹興初置沿海制置司于此，紹熙中升州爲慶元府。	仍舊。
至元中改置慶元路。	仍舊。
明吳元年改明州府，洪武十四年改寧波府。	因之。

	句章	仁湖	蛟門
	慈溪縣	奉化縣	鎮海縣 國朝置。
初置			
春秋戰國			
秦	句章縣地。	鄞縣地。	
漢	句章縣地。	鄞縣地。	鄮縣地。
晉	以後因之。		
南北朝			
隋			爲句章縣地。
唐	爲鄮縣地，開元二十六年析置慈溪縣，屬明州。	爲鄮縣地，開元中析置奉化縣，屬明州。	鄮縣地。
五代			梁開平三年吳越置。
宋	因之。		太平興國初更名定海縣，屬明州。慶元初屬慶元府。
金			
元	因之。	元貞初升爲州。	屬慶元路。
明	因之。	初復爲縣，嘉靖三十一年以倭患始築城。	

昌國	彭姥	東越
定海縣	象山縣	紹興府 今領縣八。
		《禹貢》：揚州之域。禹會諸侯于此，計功命，曰會稽。少康封少子無餘于會稽，號曰於越。
		春秋戰國時爲越國，後爲楚所并。
句章縣地。		滅楚置會稽郡，治于吴，此地屬焉。
	鄞縣地。	東漢順帝時，始以吴置吴郡，而徙會稽郡治山陰。
	爲寧海縣地，屬臨海郡。	爲會稽國，咸和中改會爲鄶。
		劉宋爲東揚州，領會稽等五郡。
		初郡廢，改東吴爲吴州，治會稽縣，大業初改越州，尋爲會稽郡。
爲鄮縣之望海鎮地。	神龍初，于寧海縣界海曲中象山東麓置象山縣，屬台州，廣德中屬明州。	初復置越州，天寶初改會稽郡，乾元初復爲越州，置浙東觀察使治于此。
錢氏改名静海鎮，尋置望海縣，又改定海縣。		錢氏以越爲東都。
仍舊，熙寧六年改置昌國縣。	因之。	仍爲越州，紹興初升爲紹興府。
仍舊。		改紹興路。
以昌國縣省入，改名定海。	嘉靖三十一年，以倭患創築城。	洪武二年，復曰紹興府。

	鑑湖	若耶	餘暨	義安
	山陰縣	**會稽縣**	**蕭山縣**	**諸暨縣**
初置	以邑在山之陰故名。			
春秋戰國	本越王勾踐國。			本越王允常所都地。
秦	置山陰縣，屬會稽郡。	山陰縣地。		置諸暨縣屬會稽郡。
漢	爲郡都尉治。東漢徙會稽郡治。	因之。	會稽郡餘暨縣，孫吴改永興縣。	以後皆因之。
晋		因之。		
南北朝		陳析置會稽縣。		
隋	初廢入會稽縣。	以山陰縣省入。	省入會稽郡。	隋唐皆屬越州。
唐	初復置。	復置山陰縣，屬越州。	儀鳳初復置，天寶初改蕭山縣。	
五代				
宋	仍舊。	會稽與山陰縣并治郭下。	仍舊。	初析置義安縣，後復省入諸暨。
金				
元	仍舊。	仍舊。	仍舊。	升爲諸暨州。
明	因之。	因之。	因之。	初爲諸全州，後復爲諸暨縣。

姚王	始寧	剡城
餘姚縣	上虞縣	嵊縣
舜後支庶所封，以舜姓姚故名。	舜封支庶于會稽，故邑有上虞。	取四山爲嵊之義。
爲縣屬會稽郡。	爲縣屬會稽郡。	
因之。	東漢順帝時始置始寧縣。	剡縣地屬會稽郡。
因之。		
因之。		
初省入句章縣。	初以上虞、始寧二縣廢入會稽郡。	
初復置，又于縣置姚州。尋廢州以縣屬越州。	貞元初，復置上虞縣屬越州。	初置嵊州，并析置剡城縣。八年州廢，縣屬越州。
		吴越改爲瞻縣。
仍舊。	仍舊。	初復改爲嵊縣，仍屬越州。
升爲餘姚州。	仍舊，舊無城，至正二十四年方國珍築。	
復改爲縣。	因之，嘉靖十七年城甃以石。	因之，城三國賀齊築。嘉靖三十四年甃以石。

	天台	沃州
	台州府 今領六縣。	新昌縣
初置	《禹貢》：揚州域，因天台山故名。	
春秋戰國	春秋戰國爲越地。	
秦	屬閩中郡。	
漢	初屬東甌國，後東甌內徙，以其地置回浦縣，屬會稽郡，南部都尉治此。東漢改回浦曰章安。三國吴以爲臨海郡。	本剡之東鄙。
晉	臨海郡。	
南北朝	梁改赤城郡，尋廢，陳置章安郡。	
隋	罷。	
唐	置海州，尋改台州。天寶初改臨海郡。乾元初復爲台州，至德初移治始豐升德化軍。	
五代	屬吴越。	梁開平間，吴越王始析十三鄉爲新昌縣，治石牛鎮。
宋	仍爲台州，屬浙東路。	仍舊。
金		
元	改爲台州路。	仍舊。
明	改爲台州府。	因之，縣舊有土城，五代時築。後廢。嘉靖重修。

章安	蒼溪	始豐
臨海縣	黃巖縣	天台縣
	因山爲名。	
本回浦縣地，屬會稽郡。東漢爲章安，吳置臨海縣，屬臨海郡。	本東漢章安地，永和中置永寧縣。三國吳屬臨海郡。	東漢章安地，吳析置南始平縣。
		改爲始豐縣，屬臨海郡。
		陳徙郡治此。
置永嘉郡。	改永寧曰永嘉，又分其地入臨海縣，屬永嘉郡。	罷郡以縣省入臨海縣，屬永嘉郡。
于此置海州，後改台州。	復析置永寧縣，屬台州。天授初改黃巖縣。	復置，更名唐興縣。
		梁改天台縣，晉改台興。
仍舊。	仍舊。	復改爲天台。
仍舊。	升爲黃巖州。	仍舊。
因之。	仍改爲縣。	因之。

	仙居縣 安洲	寧海縣 白嶠	太平縣 橫湖
初置			
春秋戰國			
秦			
漢	回浦縣地，後漢章安縣地。	本回浦、鄞二縣地。	回浦縣地，後漢章安縣地。
晉	始豐縣地，永和三年析置樂安縣，屬臨海郡。	太康初析置寧海縣，屬臨海郡。	
南北朝	劉宋以後因之。		
隋	省入臨海縣。	省入臨海縣。	
唐	復置，屬台州。	初復置，尋省入章安。永昌元年復置，屬台州。	
五代	錢氏奏改永安縣。		
宋	改仙居縣。	仍舊。	
金			
元	仍舊。	仍舊。	
明	因之。	因之。	本黃巖縣地，成化五年割南境三鄉置爲縣，十二年又析樂清縣北境益之。

寶婺	長山	穀水
金華府 今領縣八。	金華縣	蘭谿縣
《禹貢》：揚州域。取金星與婺女爭華意。		
春秋戰國爲越地。		
屬會稽郡。		
因之，後漢爲會稽西部都尉，治烏傷縣。吴寶鼎初置東陽郡，治長山。	烏傷縣地，東漢初平三年，孫氏析置長山縣。吴爲東陽郡治。	烏傷縣地，後漢長山縣地。
以後因之。	因之。	
梁改置金華郡，後又兼置縉州，陳因之。	宋齊因之。梁改置金華郡，亦治此。	
俱廢，以地屬吴州，尋置婺州。大業改爲東陽郡。	平陳，郡廢，改縣爲吴寧。開皇十八年改今名爲婺州治。	金華西部地。
復爲婺州，天寶初亦曰東陽郡，乾元初復故。	初因之，垂拱二年改爲金山縣，神龍初復曰金華。	置蘭谿縣，屬婺州。
時屬于吴越，石晉天福四年吴越升州爲武勝軍節度。		
仍爲婺州，亦曰東陽郡。淳化初又改軍名曰保寧。	因之。	因之。
曰婺州路。	因之。	升爲州。
初改爲寧越府，尋改金華府。	因之。	仍爲縣。

	吳寧	綢州	麗州
	東陽縣	義烏縣	永康縣
初置		以秦時烏銜土助顏孝子成墳，其吻皆傷故名。	
春秋戰國			
秦			
漢	烏傷縣地，隸會稽郡。吳隸東陽郡。	爲會稽郡之烏傷縣，後漢移會稽西部都尉治此。	會稽郡烏傷縣地，孫吳分置永康縣，屬東陽郡。
晋	以後因之。	以後因之。	以後因之。
南北朝	梁、陳間廢。		
隋		屬婺州。	省入吳寧縣，尋復置屬婺州。
唐	義烏縣地，垂拱二年析置東陽縣。	武德四年置綢州，七年州廢改縣曰義烏，仍屬婺州。	於縣置麗州，尋廢，以縣隸婺州。
五代	梁開平四年，錢氏奏改東場。		
宋	咸平二年復故，仍隸婺州。	仍舊。	仍舊。
金			
元	仍舊。	仍舊。	仍舊。
明	因之。	因之。	因之。

武城	浦陽	仙舟
武義縣	浦江縣	湯溪縣
		本金華、蘭谿、龍游、遂昌四縣地。
烏傷縣地，孫吳以後爲永康縣地。	烏傷、諸暨二縣地，後漢末孫權置豐安縣。	
	豐安縣。	
	豐安縣。	
	豐安縣。	
天授初，分永康縣西界，置武義縣。尋更名武成。天祐復名武義。	爲義烏、蘭谿兩縣地，天寶中分置浦陽縣，屬東陽郡。	
	錢氏奏改蒲江縣。	
仍舊。	仍舊。	
仍舊。	仍舊。	
因之。	因之。	成化六年，以其地在三府之交，地險民悍，請置爲縣。

	衢州府（三衢）今領縣五。	西安縣（盈川）	龍游縣（龍邱）
初置	《禹貢》：揚州域。		
春秋戰國	春秋爲越西鄙姑蔑之地。		
秦	立太末縣屬會稽郡。	會稽郡太末縣地。	太末縣屬會稽郡。
漢	東漢分立新安縣，仍屬會稽郡。三國吳以二縣屬東陽郡。	東漢置新安縣。	東漢末，孫吳分置豐安縣。
晉		改曰信安，屬東陽郡。	屬東陽郡。
南北朝			宋齊仍舊。
隋	廢，太末入金華，屬婺州。	初屬婺州。	省縣入信安。
唐	始析婺州信安置衢州，天寶中改信安郡。乾元初復爲衢州。	初置衢州治此，咸通中始改西安。	武德四年復置太末縣，又置穀州，尋州、縣俱廢。貞觀中復置龍邱縣，屬衢州。
五代			唐改龍遊。
宋	屬兩浙東路。	仍舊。	改盈川，紹興初復改龍遊。
金			
元	爲衢州路。	仍舊。	仍舊。
明	改龍游府，尋改衢州府。	因之。	因之。

定陽	須江	芹嶺
常山縣	江山縣	開化縣
以其有常山而名。		
本太末縣地。		
	太末縣地。	太末縣地。
	信安縣地。	定陽縣地。
初析置定陽縣，尋廢入信安縣。	本信安縣南川地。	
咸亨中復析置常山縣。	置須江縣，尋省。永昌初復置，屬衢州。	本常山縣地。
	吴越改江山縣，以其地有江即山也。	
咸淳末改爲信安縣。	咸淳末改禮賢縣。	乾德四年，吴越置開化場，太平興國升爲縣。
仍舊。	復爲江山縣。	仍舊。
因之。	因之。	因之。

	睦州	雲岫
	嚴州府 今領縣六。	建德縣
初置	《禹貢》：揚州域。以嚴子陵居此郡而名。	
春秋戰國	春秋時屬吳，後屬越，戰國屬楚。	
秦	屬會稽、鄣二郡地。	
漢	屬會稽、丹陽二郡，東漢屬吳郡及丹陽郡。建安孫吳始置新都郡。	本東漢吳郡富春縣地。三國吳廣武中始析置建德縣，仍屬吳郡。
晉	改爲新安郡，治始新。	
南北朝		梁屬東陽郡。
隋	初罷郡爲新安縣，仁壽中始置睦州。大業初改爲遂安郡，治雉山縣。	省入吳寧縣。
唐	初復爲睦州，又于桐廬別置嚴州。尋廢，而于睦州上加一東字。天寶初改爲新定郡，乾元復爲睦州。	復置，屬嚴州，後屬睦州。尋移州治于此。
五代		
宋	置遂安軍，宣和初改曰嚴州軍，曰建德。咸淳初升州爲建德府，屬浙西路。	爲建德府治。
金		
元	改建德路。	仍舊。
明	改建德府，尋改嚴州府。	因之。

雉山	桐江	新定
淳安縣	桐廬縣	遂安縣
本丹陽郡歙縣地，三國吳置始新縣，爲新都郡治。	本富春縣之桐溪鄉，三國吳析置桐廬縣，屬吳郡。	本歙縣南鄉之安定里，三國吳置新定縣，屬新都郡。
屬新安郡。		改遂安縣，屬新安郡。
		宋齊因之。
改新安縣，置睦州。後改雉山縣，爲遂安郡治。	初廢，仁壽中復置，屬睦州。	初縣廢，仁壽四年復置，屬睦州。
初復名新安，開元中改曰還淳。永貞初改青溪縣，屬睦州。	初置嚴州，尋廢，以縣屬睦州。	因之，屬遂安郡。
宣和間改曰淳化，紹興中始名淳安。	初屬杭州，後屬建德府。	因之，屬嚴州，復屬建德府。
仍舊。	仍舊。	仍舊。
因之。		因之。

①歙(shè)縣，秦設黟、歙二縣，徽墨、歙硯爲其特產。

	桂柯	武盛
	壽昌縣	分水縣
初置		取桐廬水中分之意。
春秋戰國		
秦		
漢	本富春縣地，三國吴置新昌縣，屬吴郡。	本桐廬縣西鄉地。
晋	改壽昌縣。	
南北朝	梁屬新安郡。	
隋	并入新安縣。	
唐	永昌初分雉山縣①，復置壽昌縣，尋省。神龍初復置，屬睦州。	析置分水縣，尋省，如意初復置，改名武盛，神龍初復故名。
五代		
宋	仍舊。	仍舊。
金		
元	仍舊。	仍舊。
明	因之。	因之。

①雉(zhì)山縣。《新安記》云：郡西南里餘，『有山如鳳立雉蹲，因以爲名。』

東甌	鹿城	安固
温州府 今領縣五。	永嘉縣	瑞安縣
《禹貢》：揚州域。		
春秋戰國屬越。		
屬閩中郡。		
初爲東甌國①，惠帝封越東海王摇于東甌，是也。後屬會稽郡，東漢因之。	回浦縣地，東漢章安縣地，永建間析置永寧縣。	本章安縣地。
東晋太寧元年析置永嘉郡。	初因之，太寧元年爲永嘉郡治。	太康初改曰安固，屬臨海郡。
宋齊以後因之。	宋齊以後因之。	宋齊以後因之。
初郡廢，改縣曰永嘉，屬處州。大業初復置永嘉郡，治括蒼，今處州治。	廢郡改稱曰永嘉，屬處州。	省入永嘉縣。
武德五年置嘉州，貞觀初州廢。上元元年始置温州，唐末置靖安軍于此。	初爲嘉州治，州尋廢，屬括州，上元初始爲温州治。	武德八年復置安固縣，屬嘉州。上元中析置温州。大復二年改今名。
初屬于吴越。晋天福，吴越升爲靖海軍節度。		
仍曰温州，亦曰靖海軍。咸淳初稱瑞安府。	因之。	因之。
曰温州路。	仍舊	元貞升爲州。
初改曰温州府。	因之	洪武二年復爲縣。

①《吴越春秋》載：越國君無曋，封其弟無擇爲東甌公爵，領歐地，因制陶之功封氏爲甌；漢惠帝三年（前192），『乃立歐摇爲東海王，都東甌，世俗號爲東甌王』。

	樂成	横陽
	樂清縣	平陽縣
初置		
春秋戰國		
秦		
漢	東漢永寧縣地。	
晋	東晋寧康三年，析置樂城縣，屬永嘉郡。	太康四年，析安固縣横嶼舡屯①置始陽縣，屬臨海郡。尋改横陽，太寧初，屬永嘉郡。
南北朝	宋以後省。因之。	宋以後省。因之。
隋		
唐	武德五年復置，屬嘉州，七年廢入永嘉縣。載初元年復置樂成縣。	武德五年復分置横陽縣屬嘉州，貞觀初廢。大足初復置，屬温州。
五代	梁開平初，吴、越改樂清縣。	梁乾化四年，吴、越改平陽縣。
宋	仍舊。	因之。
金		
元	仍舊。	元貞初升爲州。
明	因之。	洪武二年復爲縣。

①横嶼舡（ào chuán）屯，位於羅陽江之南横嶴山麓，爲東吴孫權江南三大造船基地之一。

羅洋 泰顺縣	括蒼 處州府 今領縣十。	南明 麗水縣
	《禹貢》：揚州域。	
	春秋戰國屬越。	
	屬會稽郡。	
回浦縣地，後漢章安縣地。	初爲東甌國地，武帝以後屬會稽郡。	本回浦縣地。東漢爲章安縣地。三國吴爲松陽縣地，屬臨海郡。
爲安固、橫陽二縣地。	屬永嘉郡。	因之。
	宋齊因之。	宋以後屬永嘉郡。
爲永嘉縣地。	開皇九年平陳廢郡，改置處州，治括蒼縣。十二年改曰括州，大業初又改爲永嘉郡。	析置括蒼縣，爲處州治。是後皆爲州郡治。
爲瑞安、平陽二縣地。	復曰括州，天寶初曰縉雲郡。乾元初復故，大歷改爲處州。	大歷十四年改今名，又唐初置麗水縣，在府西三十五里。
	時屬于吴越。	
	仍爲處州，亦曰縉雲郡。	仍舊。
	曰處州路。	仍舊。
景泰三年析置縣，嘉靖九年始築城。	曰處州府。	因之。

	青田縣（芝田）	縉雲縣（東樓）	松陽縣（白龍）
初置		以縣有縉雲山故名。	
春秋戰國			
秦			
漢	回浦縣地，後漢章安縣地。	回浦縣地，後漢章安縣地。	本東漢會稽郡章安縣地。建安中立爲松陽縣。
晋	松陽縣地。	松陽縣地。	東晋屬永嘉郡。
南北朝			
隋	本括蒼縣地。	本括蒼及婺州之永康縣地。	屬處州。
唐	析置青田縣屬括州，後屬處州。	析置縉雲縣，天寶初屬縉雲郡，後屬處州。	置松州，尋廢，以縣屬括州。
五代			梁時改爲長松縣。晋天福時改爲白龍縣。
宋	仍舊。	仍舊。	咸平初復爲松陽縣。
金			
元	仍舊。	仍舊。	仍舊。
明	因之。	因之。	因之。

平昌	劍川	濠洲
遂昌縣	龍泉縣	慶元縣
本會稽郡太末縣地。	回浦縣地，後漢章安縣地。	回浦縣地，後漢章安縣地。
改爲遂昌縣。		松陽縣地。
屬處州。		
省入松陽縣，景雲初復置，屬括州，後屬處州。	析置龍泉縣，屬處州。	本龍泉縣地。
仍舊。	改爲劍川縣，紹興初復爲龍泉縣。	置慶元縣，治松源鄉，因紀年爲名，屬處州。
仍舊。	仍舊。	因之。
因之。	因之。	省入龍泉縣，洪武十四年復置。

	雲和縣 箬溪	宣平縣 鮑村	景寧縣 鴉峯
初置		以剿平宣寇爲名。	
春秋戰國			
秦			
漢	回浦縣地，後漢章安縣地。	回浦縣地，後漢章安縣地。	回浦縣地，後漢章安縣地。
晉	松陽縣地。	松陽縣地。	松陽縣地。
南北朝			
隋			
唐	本麗水縣浮雲、元和二鄉地。	本麗水縣之宣慈鄉。	本青田縣之彙遠鄉。
五代			
宋			
金			
元			
明	景泰三年，置雲和縣。	初鮑村巡司治于此。正統間鄉人葉宗作亂，事平置縣。	置沐溪巡司于此，景泰三年改置今縣。

福建省　○注：福州府爲省會，在京師南六千一百二十里，東西距九百五十里，南北距九百八十里。東界海，西界江西贛州。南界海，北界浙江衢州。東南界海，西南界廣東潮州。東北界浙江温州，西比界浙江江山。領府十，直隸州二，縣六十一。

海抱東南，山連西北。重關内阻，羣溪交流。《禹貢》：揚州地。周爲七閩地。○注：蠻種有七，故曰七閩。春秋以後，亦爲越地。秦并天下，平百粵，置閩中郡。漢高五年封無諸爲閩越王都冶。孝惠三年分閩越地，封採爲東海王，即今浙江温州府是也。又建元六年，封無諸孫丑爲閩繇王，復封餘善爲東越王，皆閩越地。元鼎五年閩越亂，元封初平之，屬會稽南部都尉，後漢因之。三國吴永安三年，始置建安郡，晉又分置晉安郡，皆屬揚州。元康初，改隸江州，宋齊因之。梁普通六年，改屬東揚州，時增置南安郡。陳永定初增置閩州，領郡三，天嘉六年復舊。光大初又置豐州，隋大業中亦屬揚州部。唐屬江南道，唐末王氏據有其地，及閩亡入于南唐、吴越。宋爲福建路，元置福建等處行中書省，至正間爲陳友諒所據，明初平之。洪武九年，置福建等處承宣布政使司。

天文牛女分野。

	三山	東野
	福州府 今領縣十。	閩縣
初置	《禹貢》：揚州域。	
春秋戰國	周時爲七閩地。	
秦	置閩中郡。	
漢	初封無諸爲閩越王都此。武帝滅閩越，其入于江淮間，盡虛其地，後立冶縣。東漢末分冶縣地爲會稽、東南二部，置都尉，此爲南部。	本冶縣，屬會稽郡，又改名東冶縣。漢末改曰東侯官縣。
晋	分置晉安郡。	析置原豐縣爲晉安郡治。
南北朝	劉宋改晉平郡，尋復故。陳兼置閩州，後改豐州。	梁爲東侯官縣，陳初爲閩州治，後爲豐州治。
隋	改泉州，大業初復爲閩州，尋改爲建安郡，治閩縣。	開皇中始改原豐爲閩縣。
唐	初復爲泉州，後移治晉江縣，而以此爲閩州。開元中更爲福州。天寶改長樂郡。唐末升威武軍節度。	爲福州治。
五代	時王審知據此，升長樂府，改彰武軍。	因之。
宋	復爲威武軍，建炎中升福州府。	仍舊。
金		
元	爲福州路。	仍舊。
明	洪武元年改爲福州府。	因之。

道山	懷安	新分
侯官縣	古田縣	屏南縣 國朝分置。
		本朝雍正十二年，割古田縣北境雙溪地，置屏南縣。
元鼎中立侯官都尉，屬會稽郡。漢末爲東侯官縣。	本東侯官縣地。	
屬晉安郡。	屬晉安郡。	
省入閩縣。	初屬泉州，後屬建安郡。	
武德中，于福州城北三十里復置此縣。貞元移于州郭。元和初復省入閩，尋復置。	永太初始置古田縣，屬福州。	
仍舊。	仍舊。	
仍舊。	仍舊。	
因之。	因之。	

	海溪	福唐	温林
	閩清縣	長樂縣	連江縣
初置			
春秋戰國			
秦			
漢	本侯官縣地。		治縣地。
晋			晉武帝以温麻船屯置温麻縣，屬晉安郡。
南北朝			宋齊以後爲侯官縣。
隋		本閩縣地。	省入閩縣。
唐	置梅溪鎮。	武德中，析置新寧縣，尋改爲長樂縣。元和初尋省入福唐，尋復置。	初復置，移于連江之北，改爲連江縣。
五代	梁升爲閩清縣。	梁改安昌縣，尋復爲長樂縣。	
宋	仍舊。	仍舊。	仍舊。
金			
元	仍舊。	仍舊。	仍舊。
明	因之。	因之。	因之。

永安	尤溪	南臺
羅源縣	永福縣	福清縣
	本侯官、尤溪二縣地。	冶縣地。
		爲閩縣地。
咸通中析連江、閩縣地，置永貞縣。	永太中置縣，以年號爲名。	本長樂縣地。聖歷初析置萬安縣。天寶初改福唐縣。
後唐長興四年，王氏分置永貞縣。		梁改永昌縣，唐仍改福唐。晉改南台。宋改福清。
天禧中改曰永昌，乾興初又改羅源。	崇寧初改曰永福。	因之。
仍舊。	仍舊。	升爲福清州。
因之。	因之。	洪武二年復爲福清縣。

	武榮	壠樹
	泉州府 今領縣五。	晉江縣
初置	《禹貢》：揚州域。	
春秋戰國	周職方爲七閩地。	
秦	屬閩中郡。	
漢	屬閩越國，武帝時以其地屬會稽郡。	冶縣地。
晉	屬晉安郡。	本晉安縣地，屬晉安郡。
南北朝	梁置南安郡，治晉安縣。	
隋	廢郡，以其地屬閩州。	爲南安縣，屬泉州。
唐	初以南安縣置豐州，貞觀初州廢。聖歷初置武榮州，治晉江。景雲初改置泉州，天寶初改清源郡，乾元初復爲泉州。	開元中析置晉江縣。景雲初于此置泉州。
五代	南唐置清源軍節度使。	
宋	改平海軍。	仍舊。
金		
元	爲泉州路。	仍舊。
明	改爲泉州府。	因之。

豐州	崇武	清溪	高浦
南安縣	惠安縣	安溪縣	同安縣
本東漢會稽郡侯官縣地，三國吳置東安縣。	治縣地。	治縣地。	本東漢侯官縣地。
改曰晉安，屬晉安郡。	以後爲晉安縣地。	以後爲晉安縣地。	析置同安縣，屬晉安郡，後省入晉安縣。
梁爲南安郡治。	陳爲南安縣地。		
廢郡改縣曰南安，屬泉州。	爲南安縣地。	本南安縣地。	爲南安縣地。
初以縣置豐州，後屬泉州。	本晉江縣地。	咸通中析置小溪場。	貞元中置大同場。
		南唐置清溪縣，屬泉州。	唐置同安縣。
仍舊。	太平興國中析置惠安縣，屬泉州。	宣和初改爲安溪縣。	仍舊。
仍舊。	仍舊。	仍舊。	仍舊。
因之。	因之。	因之。	因之。

	鎮武	辰山
	建寧府 今領縣七。天文女分野。	**建安縣**
初置	《禹貢》：揚州域。	
春秋戰國	周爲七閩地。	
秦	屬閩中郡。	
漢	東冶縣地，屬會稽郡。東漢置會稽南部都尉，三國吳置建安郡，治建安縣。	本會稽郡治縣地。東漢改治曰東侯官縣。孫吳始置建安縣，以年號爲名。
晉	以後因之。	自晉至明俱仍舊。
南北朝		
隋	廢郡以縣隸泉州。大業初屬建安郡。	
唐	武德中置建州，治建安縣，天寶初改建安郡，乾元初復爲建州。	
五代	閩置鎮安軍節度，又改鎮武軍。南唐改永安軍，尋改忠義軍。	
宋	端拱初改軍曰建寧，紹興末升爲建寧府。	
金		
元	改置建寧路。	
明	復爲建寧府。	

五溪	嘉禾	武夷
甌寧縣	建陽縣	安崇縣
本建安、建陽、浦城三縣地。	本建安縣地。	
	太康中析置建陽縣，屬建安郡。	
	宋以後因之。	
	省。	
	初復置屬建州，尋省入建安，垂拱中復置。	建州建陽縣地。
		時改置溫嶺鎮，南唐爲崇安場。
治平中析置甌寧縣屬建州。熙寧初省入建安。元祐中復置。	景定中改嘉禾縣。	淳化中始升爲縣。
仍舊。	仍舊。	仍舊。
因之。	因之。	因之。

	浦城縣（漁梁）	政和縣（關隸）	松溪縣（松源）
初置			
春秋戰國			
秦			
漢	本東侯官縣地，漢末置漢興縣，吳改曰吳興。		本建安縣地。
晋			
南北朝			
隋	省入建安。		
唐	初復置，改曰唐興，天授初改曰武寧。神龍初復曰唐興，天寶初始改浦城。		
五代		閩爲寧德縣地，立關隸鎮。	屬吳越，尋爲閩，有立松原鎮。南唐升爲松原縣。
宋	仍舊。	咸平中升爲關隸縣，屬建州。政和中改曰政和縣。	開寶末改爲松溪縣。
金			
元	仍舊。		仍舊。
明	因之。	弘治中始築城。	因之。

南劍	劍浦
延平府 今領縣六。天文牛女分野。	**南平縣**
《禹貢》:揚州域。	
周爲閩越地。	
屬閩中郡。	
爲東冶縣地,屬會稽郡。東漢屬會稽南部都尉。三國吳屬建安郡。	本會稽郡地。吳置南平縣,屬建安郡。
以後因之。	改曰延平縣。
	劉宋廢。
屬閩中。	
爲建、汀、福三州地。後于此置延平軍。	
改軍爲延平鎮,尋于鎮置鐔州。南唐改置劍州。	閩爲延平鎮,改永平鎮,後于此置鐔州及龍津縣。南唐改縣曰劍浦,爲劍州治。
太平興國因利州路亦有劍州,改曰南劍州,屬福建路。	仍舊。
至元中升南劍路,後改曰延平路。	復改曰南平。
洪武初改爲延平府。	因之。

	金泉	沙村
	將樂縣	沙縣
初置		
春秋戰國		
秦		
漢	本會稽郡地，吴置將樂縣，屬建安郡。	治縣地。
晋		本延平縣地。
南北朝		劉宋析置沙村縣。
隋	省。	改爲沙縣，尋廢。
唐	復置將樂縣，屬撫州。尋省，後復置，屬建州。	初復置屬建州，後省入建安。永徽中復置，後屬汀州。
五代	閩以縣置鏞州，尋復爲縣。	南唐改屬劍州。
宋	改爲南劍州。	仍舊。
金		
元	仍舊。	仍舊。
明	因之。	因之。

翠帷	富屯	斗山
尤溪縣	順昌縣	永安縣
冶縣地。	冶縣地，後漢末爲建安縣地。吴以後爲將樂縣地。	冶縣地。
本延平縣地。		延平縣地，後爲沙村縣地。
		宋齊以後因之。
		本沙、尤二縣地。
開元末開山洞置尤溪縣，屬福州。	貞觀初爲漿水場，垂拱中爲鐲①科鎮。景福中改永順場。	
南唐屬劍州。	南唐始置順昌縣，屬劍州。	
仍舊。	仍舊。	
仍舊。	仍舊。	
因之。	因之。	景泰三年分沙縣，新嶺以南置尤溪，寶山以西置永安縣。

①鐲(juān)科鎮。

新羅

	汀州府 今領縣八。	長汀縣
初置	《禹貢》：揚州域，因長汀溪爲名。	
春秋戰國	周爲七閩地。	
秦	屬閩中郡。	
漢	屬閩越國，後爲治縣地，屬會稽郡。東漢屬會稽南部都尉，吴屬建安郡。	治縣地。
晋	于此置新羅縣，屬晋安郡。	爲新羅縣地，屬晋安郡。
南北朝	宋、齊、梁、陳皆省。	
隋	省。	
唐	開元末始開福、撫二州山洞置汀州①。天寶初改臨汀郡。乾元初復爲汀州，初治新羅，徙治白石。	開元末分新羅故城，東置長汀縣，爲汀州治所。大歷中徙縣于白石鄉。
五代	初屬閩王氏，後屬南唐。	
宋	隸福建路。	又徙縣治于衣錦鄉②。
金		
元	改爲汀州路。	仍舊。
明	改爲汀州府。	因之。

①汀州自秦設立閩中郡，三國時屬吴建安郡。西晉太康三年（282）置新羅縣。唐開元二十四年（736），始開福、撫二州山洞置汀州。②北宋太平興國三年（978），羅彧登甲科，爲建縣以來第一個進士。景德元（1004），遼軍攻宋，宋真宗親征。羅彧以太子贊善銜跟隨真宗征遼，并與寇准共商軍機，收復澶州。宋遼議和，羅彧爲報聘使前往遼營，訂下『澶淵之盟』。議和結束後羅彧告老還鄉。景德二年（1005），真宗封羅彧爲諸路提點使，賜『明時折桂』、『衣錦還鄉』二面錦旗。所住鄉仙桂裏改稱衣錦鄉。

黃連	金豐	梁野
寧化縣	上杭縣	武平縣
冶縣地。	冶縣地。	冶縣地。
新羅縣地。	爲新羅縣地。	爲新羅縣地。
本建州沙縣地。		
開元中置黃連縣①，天寶初改爲寧化縣，屬汀州。	爲漳州龍巖縣地，置太平場。	爲龍巖縣地，置武平場。
		南唐爲沙縣地，屬劍州。
仍舊。	淳化中，置上杭縣，屬汀州。初治語口市，乾道初徙治來蘇里。	淳化中置武平縣，屬汀州。
仍舊。	仍舊。	仍舊。
因之。	因之。	因之。

①寧化古稱黃連峒，以盛産黃連而名。隋大業末(618年)，巫羅俊在黃連峒築堡衛衆。

	三港 清流縣	文溪 連城縣	珩溪 歸化縣
初置			
春秋戰國			
秦			
漢	冶縣地。	冶縣地。	
晉	新羅縣地。	新羅縣地。	新羅縣地。
南北朝			
隋			
唐	本長汀、寧化二縣地。	本汀州長汀縣地，置蓮城堡于此。	本清流之明溪鎮巡司，當將樂、沙縣、寧化三縣之交。
五代			
宋	置清流縣，屬汀州。紹定中廢。	紹興三年析置蓮城縣，屬汀州。	
金			
元	復置。	至正六年，以討平草賊羅天麟，因改蓮爲連，取去艸之意。	
明			成化六年以其地曠民梗，因析四縣地置。

晏湖	南嘯
永定縣	興化府 今領縣二。
	《禹貢》：揚州域。
	周閩粤地。
	屬閩中郡。
治縣地。	屬會稽郡，吴屬建安郡。
新羅縣地。	屬建安郡。
	宋齊因之，梁屬南安郡，陳屬閩州。
	屬泉州，始置莆田縣。
爲龍巖縣地。	亦屬泉州。
	王審知、留從效、陳洪進相繼拔其地。
上杭縣地。	初屬平海軍，太平興國四年分置太平軍，又改爲興化軍。
	曰興化路。
本永安縣地，僻居萬山中。正統、天順間草寇時發，成化十四年渠魁鍾三嘯聚劫掠，事平，巡撫高明奏請立縣于溪南田心，名曰永定。	初改興化府。

	廣業 莆田縣	清源 仙遊縣	熙春 邵武府 今領縣四。
初置		以縣有兄弟登仙者故名。	《禹貢》：揚州域。
春秋戰國			周閩越地。
秦			屬閩中郡。
漢	冶縣地，三國吴爲東安縣地。	冶縣地。	屬會稽郡，三國吴屬建安郡。
晉	本晉安縣地。	以後爲晉安縣地。	以後因之。
南北朝			
隋	開皇十年置莆田縣屬泉州，大業初廢入南安縣。	爲南安縣地。	屬撫州，大業初屬臨川郡。
唐	武德五年復置，屬豐州，尋屬泉州。	聖曆二年析置清源縣，屬泉州。天寶初改曰仙遊縣。	屬建州。
五代			王閩因之。
宋	太平興國四年改屬興化軍，八年移軍治焉。	因之。	太平興國四年置邵武軍。
金			
元	仍舊。	因之。	曰邵武路。
明	因之，正統十三年省興化縣西南鄉地入焉。	因之，正統十三年省興化縣西北鄉地入焉。	爲邵武府。

烏阪①	財演	青簾
邵武縣	光澤縣	泰寧縣
冶縣地，東漢末爲建安縣地。三國吳始于此置昭武鎮，永安升昭武縣。	本邵武縣地。	冶縣地。
太康初避司馬昭諱改曰邵武，太寧初改曰邵陽。		
劉宋初復曰邵武縣，齊、梁因之。		本劉宋綏城縣地。
平陳，郡、縣俱廢。開皇十二年復置邵武縣，屬撫州。		爲邵武縣地。
武德七年析置綏城縣，尋省入邵武。		初亦爲綏城縣地，後爲將樂縣地。乾符二年析置歸化鎮。
晉天福初王閩又改爲昭武，開運二年屬于南唐，尋復曰邵武。		南唐廢鎮爲場，尋升爲歸化縣，屬建州。
爲邵武軍治。	初爲財演鎮，太平興國中即鎮置縣，析光澤、鸞鳳二鄉地以隷之，故名。	太平興國五年改屬邵武軍，元祐初改泰寧縣。
仍舊。	仍舊。	仍舊
爲邵武府。	因之。	因之。

①烏阪(wū bǎn)城，西漢元封元年(前110)，東越王餘善在閩北築六城抗漢，烏阪城爲其一。

	綏城	南州
	建寧縣	漳州府 今領縣七。
初置		《禹貢》：揚州域。
春秋戰國		周閩越地。
秦		屬閩中郡。
漢	本吴建安郡將樂縣地。	屬會稽郡，東漢因之。
晋		屬晉安郡。
南北朝	劉宋置綏城縣。	宋齊因之，梁屬南安郡。
隋		屬泉州，大業中屬建安郡。
唐	貞觀中省入邵武縣，唐末置義寧軍。尋廢爲永寧鎮。	初仍屬泉州，垂拱二年以漳水爲名，始置漳州。天寶初曰漳浦郡。乾元初復爲漳州。
五代	南唐升爲建寧縣，屬建州。	晉開運三年，南唐改曰南州。
宋	屬邵武軍。	仍曰漳州，亦曰漳浦郡。
金		
元	仍舊。	曰漳州路。
明	因之。	曰漳州府。州自隋以來地荒人稀，未沾王化。唐儀鳳三年始開屯列戍于漳水①北，尋于泉潮間建一州。

①唐儀鳳三(678)年，泉、潮州『蠻僚』嘯亂。陳政領兵戍閩。在柳營江畔紮營，且耕且守。

鄉江	綏安
龍溪縣	漳浦縣
治縣地。	治縣及南海郡揭陽縣地。
本晉安縣地。	義熙九年分置綏安縣，屬義安郡。
梁天監中，析置龍溪縣，屬南安郡。	宋齊以後因之，後并入龍溪。
屬建安郡。	
屬泉州，開元二十九年改屬漳州，乾元二年始爲州治。	垂拱二年，析置漳浦縣，爲州治，開元四年徙于今所。乾元二年州治龍溪縣屬焉。
仍舊。	仍舊。
仍舊。	仍舊。
仍舊。	因之。

	蘭永	長岡	南勝
	南靖縣	長泰縣	平和縣
初置			
春秋戰國			
秦			
漢	治縣地。	治縣地。	治縣地。
晉	以後爲晉安縣地。	以後爲晉安縣地。	以後爲晉安、新羅二縣地。
南北朝	本龍溪、漳浦、龍巖三縣地。	本泉州南安縣地。	梁爲龍溪縣地，後爲蘭水縣地。
隋			爲龍溪縣地。
唐		乾符三年始置武德場，以便輸納。	本漳浦、南靖二縣地。
五代		南唐保大元年升爲縣，改曰長泰，屬泉州。	
宋		太平興國五年改今屬，端平中始築土城。	
金			
元	至治中，以地險遠，難于控禦，割置南勝縣，至正十六年改今名。	至正十七年增拓城。	
明		初砌以石。	正德十四年，南贛撫臣王守仁討平象湖賊，上言宜設縣。因置今縣并築城。

懷恩	嵩嶼
詔安縣	海澄縣
南海郡揭陽縣地。	冶縣地。
爲綏安縣地。	以後爲晉安縣地。
	本龍溪縣濱海地。
本漳浦縣南詔地。	
爲南詔場，後爲臨海砦。	
至正中，右丞羅良命屯官陳君砌石爲城。	
初爲南詔把截所，廣寇爲患，置南詔守禦千户所。嘉靖九年析置縣。	正德間，土民以海市起寇，嘉靖三十年，置靖海館，尋爲寇焚，因築土堡爲防禦計。未幾，倭入寇，姦民盤踞。四十三年，寇平，議割龍溪、漳浦地置縣。

	温麻	長溪
	福寧府 今領縣五。	霞浦縣
初置	《禹貢》：揚州域。	
春秋戰國	周閩越地。	
秦	屬閩中郡。	
漢	會稽郡地，三國吳屬建安郡。	
晉	屬晉安郡，本温麻地。	本温麻縣地。
南北朝	宋、齊因之。	
隋	屬泉州，大業初屬建安郡。	
唐	仍屬泉州，開元初改屬福州。	武德中分置長溪縣，尋省入連江縣，而以縣治爲寧遠鎮。長安二年復置。
五代	王氏屬長樂府。	
宋	屬福州。	因之。
金		
元	至正升爲福寧州，屬福州路。	升爲州，改曰福寧。
明	洪武二年州廢，成化復升爲州，直隸布政司。	初復爲縣，後又升爲州。

北嶺	韓洋	東洋	犀溪
福鼎縣	福安縣	寧德縣	壽寧縣
本朝乾隆初析霞浦縣之望海、育仁、廉江、遥鄉地置。			
			三國吴建安縣地。
	温麻縣地。	温麻縣地。	
	長溪縣地。	本長溪、古田二縣地，開成中置感德場。	
		唐長興四年，王閩升爲寧德縣，屬長樂府。	
	淳祐四年析置福安縣，治韓陽坂。	屬福州。	本政和、福安二縣地。
	隸福寧州。	屬福寧州。	
	初屬福州府，成化九年復改今屬。	初仍屬福州府，成化九年復改隸今屬。	景泰六年析置壽寧縣①，治楊梅村。

①明景泰五年(1454)，鄭懷茂聚衆踞官臺山黑風洞，武裝開採銀礦，與官兵對峙。景泰六年劉廣衡、沈訥率兵征剿，滅鄭懷茂部，取安寧之義置壽寧縣。

	桃源 永春州 今領縣二。	龍潯 德化縣
初置		
春秋戰國		
秦		
漢		冶縣地。
晉		爲延平、晉安二縣地。
南北朝	本南安縣地。	宋、齊以後爲沙村、晉安二縣地。
隋		
唐	長慶二年析爲桃林場。	本福州永泰縣地，貞元中析置歸德場①。
五代	唐長興四年王閩置桃源縣，晉天福初又改爲永春縣。	唐長興二年，王閩升爲德化縣，屬長樂府。漢乾祐二年南唐改隸清源軍，又割尤溪縣二鄉地益之。
宋		仍屬泉州。
金		
元		
明	嘉靖初始建西、南、北門。尋爲倭所毁，始築城。	

①唐貞元年間，析永泰縣歸義鄉置歸德鹽場，五代閩國龍啟元年(933)析歸德場置德化縣。

均溪	藿溪
大田縣	龍巖州 今領縣二。
治縣地。	
晉宋以後爲沙村縣地。	本新羅縣之苦艸鎮。
本尤溪縣地。	開元二十四年置龍巖縣，大歷十二年改屬漳州。
	仍舊。
	仍舊。
嘉靖十四年，議以地界延、漳、泉三府之交，深阻，嘗爲盜薮，乃割尤溪之十四郡[①]益以永安、漳平、德化諸縣地置縣。	因之。

①「割尤溪之十四郡」有誤。《尤溪縣誌》載：明嘉靖十四年割尤溪縣十四都、永安縣一都、漳平縣一里十社建大田縣。「郡」應爲「都」。「都」爲明、清基層行政，相當於里上之鄉。《儒林外史》：「乃城中十二都鄉約」即此。

古際

	漳平縣	寧洋縣
初置	縣在漳上流千山中，地稍平衍，故名。	龍巖縣東北境有東西洋，界于漳平、永安、大田、連城四縣之間，深邃險峻，二百餘年鞠爲寇穴。
春秋戰國		
秦		
漢		
晉		
南北朝		
隋		
唐	本龍巖縣地。	
五代		
宋		
金		
元		
明	成化三年縣民林廷琥以地險遠、賦稅不供，請別置縣，從之，置以縣。	正統間立巡司以控制之。嘉靖間山賊廖選等聚衆爲亂，隆慶元年賊平，置縣。以巡司爲縣治，割龍巖、大田、永安縣益之。

東寧	赤嵌	半屏
台灣府 國朝新置，領縣四。	台灣縣	鳳山縣
本蠻地，四面皆海。東西距百里，南北距二千八百里。東界大山番，西界澎湖，南界海馬磯頭，北界雞籠城①。	本蠻地。	本蠻地。
東蕃地	東蕃地。	東蕃地。
紅夷地。	紅夷地。	紅夷地。

①以港外有小島形似雞籠而名。西班牙殖民者建城，鄭成功收復改名雞籠，置雞籠安撫司。

	武巒	磺溪
	諸羅縣	彰化縣
初置	本巒地。	本巒地，各縣與府建置同。
春秋戰國		
秦		
漢		
晉		
南北朝		
隋		
唐		
五代		
宋		
金		
元	東蕃地。	東蕃地。
明	紅夷地。	紅夷地。

歷代沿革表中卷（上）

偃師段長基編輯
洛書 侄丙書 參注
鼎鑰 孫鼎鈞 校梓

目録

湖北

河南省

○注：開封府爲省會，在京師西南一千五百四十里。東西距一千二百二十里，南北距一千二百九十里。東界江南碭山，西界陜西潼關。南界湖北黄安，北界直隸成安。東南界江南潁州，西南界湖北襄陽。東北界山東曹縣，西北界山西遼州。領府九，直隸州四，州六，縣九十七。

咽喉九州，闔域中夏。東連齊楚，西阻崤函。南接江淮，北帶河漳。《禹貢》：荆河惟豫州。《周禮·職方》：河南曰豫州。春秋爲周畿邑，又爲宋衛諸國地，又兼秦楚之疆。戰國爲韓魏列國地，自河以北則趙境也。《天官》柳、七星、張則周分野，房、心則宋分野，室、壁則衛分野，觜、參則魏分野，角、亢、氐則韓分野。秦并天下置三川、潁川、南陽等郡。○注：河北彰德府則邯鄲郡南境。漢武置十三州，此亦爲豫州，而半屬于司隸。後漢司隸改治洛陽，而别置豫州于譙。○注：今亳州。魏因之。晉亦分置司州及豫州。永嘉以後，中原蕪没，劉宋嘗置豫州于汝南，司州于義陽，○注：今正陽縣。後復失之。隋末爲李密、王世充等所據。唐分十道，此爲河南道。開元中爲都畿、○注：今河南府。河南、○注：治陳留。河北道。○注：治魏郡，今大名府。宋都汴，置京東、京西及河北路。○注：治大名。元豐中又分京東東西、京西南北等路。金爲汴京路，又改曰南京，亦分屬河北、河南等路。元置河南、河北行中書省，而河北爲腹裏地。明初爲河南等處承宣布政使司。

	大梁	浚儀	小黄
	開封府 今領州二，縣十七。	祥符縣	陳留縣
初置	《禹貢》：豫州之域。		古有莘城[①]。
春秋戰國	春秋時鄭地，戰國爲魏都。	戰國魏大梁。	春秋爲留地，屬鄭，後爲陳所并，故曰陳留。
秦	屬三川郡。		始置陳留縣。
漢	置陳留郡。	浚儀縣地，屬陳留郡。	爲陳留郡治。
晉	置陳留國。	以後因之。	晉末郡、縣皆廢。
南北朝	東魏廢國，置梁州及陳留、開封二郡。北齊以開封省入陳留郡。後周改梁州爲汴州。	東魏于此置梁州，後周改汴州。	
隋	初廢陳留郡，大業并廢其州，以其地入滎陽、梁、潁川等郡。	廢陳留郡，以縣屬鄭州。	初復置屬宋州，後屬梁郡。
唐	武德于此置汴州，徙宣武軍于此。	于此置汴州，以開封縣省入，尋復舊。	初屬杞州，又改屬汴州。
五代	梁都于此，號爲東京，置開封府。後唐復爲汴州及宣武軍。晉、漢、周皆爲東京開封府。		屬開封府。
宋	因之。	初改祥符縣。	仍舊。
金	以此爲汴京，貞元中又改爲南京。宣宗南遷，復都焉。	因之。	仍舊。
元	初改爲南京路，至元中又改爲汴梁路。	因之	仍舊
明	洪武元年又改爲開封府。	仍舊。	因之。

①《括地志》云：『古莘国在汴州陈留县东五里，故莘城是也』。

雍邱	咸平	祭阪
杞縣	通許縣	尉氏縣
古雍國，黃帝之後，殷周皆以封，夏後爲杞國。		
		本春秋鄭大夫尉氏之邑。
		始置尉氏縣。
置雍邱縣，屬陳留郡。	陳留、扶溝二縣地。	屬陳留郡。
		因之。
後魏屬陽夏郡。		後魏因之，北齊省。
初置杞州，大業初廢州，以縣屬梁郡。		復置屬許州，後屬潁川郡。王世充于此置尉州。
復置杞州，尋廢。		武德四年改屬南汴州，貞觀中州廢，縣屬汴州。
晉始改杞縣，漢、周仍曰雍邱。		
仍曰雍邱。	初始置通許鎮，咸平中升爲咸平縣，屬開封府。	屬開封府。
復爲杞縣。	改通許縣。	仍舊。
仍舊。	仍舊。	仍舊。
因之。	因之。	因之。

	洧川縣（宋樓）	鄢陵縣（彪岡）	中牟縣（圃田）
初置	以洧水爲名。		
春秋戰國	本春秋鄭之曲洧。	春秋鄭邑，鄭伯克段于鄢即此。戰國謂之安陵。	春秋鄭邑原圃地。
秦			
漢	陳留之尉氏，潁川之長社，河南之苑陵三縣地。	始置鄢陵縣，屬潁川郡。	始置縣屬河南郡。
晋			屬滎陽郡。
南北朝	劉宋爲南梁郡地，東魏爲許州地。	東魏屬許昌郡，北齊省入許昌縣。	後魏省，尋復置。東魏增置廣武軍治此，後周移縣治圃田。
隋		復置許州。	初郡廢，改縣曰内牟屬鄭州。開皇十六年改曰郟城。大業初又改爲圃田縣，仍徙舊治。
唐	置洧州，貞觀初廢。	因之。	初復改中牟，并置牟州。貞觀初罷州以縣屬晉州。龍翔初改屬鄭州。
五代			梁屬開封府，唐屬鄭州。
宋	爲宋樓鎮，屬尉氏縣。	屬開封府。	仍屬開封府。
金	始置洧川縣，屬開封府。	仍舊。	仍舊。
元	仍舊。	仍舊。	仍舊。
明	因之。	因之。	因之。

白溝	封父	東明	儀邑
陽武縣	封邱縣	蘭陽縣	儀封廳 國朝新改。
	本古封父國①。		
		春秋户牖地②。	本春秋衛邑，『儀封人請見夫子』即此③。
爲博浪沙地。		本東明鎮。	
始置陽武縣，屬河南郡。	始置封邱縣，屬陳留郡，尋析置平邱縣。	爲東昏縣地，屬陳留郡，三國魏廢縣爲鎮。	爲東昏縣地。
屬滎陽郡。	省平邱以縣屬陳留國。		
東魏屬廣武郡，北齊省。	後魏省入酸棗縣，尋復置，北齊省。		後魏爲考城縣地，屬北梁郡，北齊郡、縣俱廢。
復置，屬滎陽郡。	復置，屬滑州，後屬東郡。		
屬鄭州。	屬汴州。		
屬開封府。	屬開封府。		
仍舊。	仍舊。	初復置東明縣，屬開封府。	
		析東明六鄉爲縣，其首鄉曰蘭陽，以爲名。	爲考城縣之東安堡。
仍舊。	仍舊。	仍舊。	始置儀封縣屬睢州。
因之。	因之。	因之。	改今屬。

①户牖，(hù yǒu)春秋地名。《史记·陈丞相世家》：『陈丞相平者，阳武户牖乡人也。』即此。

②夏封父國。封方，傳炎帝裔孫钜之後，曾爲黄帝之師。

③《論語·八佾》『儀封人請見夫子』，即此。

	管城	成皋
	鄭州	滎陽縣
初置	上古高辛氏火正祝融之墟。周初封管叔於此，又爲虢鄶之地。	古東虢國地①。
春秋戰國	鄭武公從平王東遷，滅虢、鄶二國而有其地。韓滅鄭而徙都之。	春秋鄭京邑。
秦	屬三川郡，爲京、中牟二縣地。	
漢	屬河南郡。	置滎陽縣，屬河南郡。
晋	分置滎陽郡。	置滎陽郡。
南北朝	魏因之，後周置滎州，尋改鄭州。	北齊改郡曰成皋。
隋	置管州，大業初復曰鄭州，又爲滎陽郡。	初郡、縣俱廢，屬鄭州。
唐	亦曰鄭州，天寶初曰滎陽郡。乾元初復爲鄭州。	因之，武后天授二年分置武泰縣，屬濟州，尋又并入滎陽，而改滎陽爲武泰，神龍初復故。
五代		仍舊。
宋	因之，亦曰奉寧軍。熙寧五年州廢，屬開封府。元豐八年復置。	仍舊鄭州。
金	仍舊。	仍舊。
元	仍舊。	仍舊。
明	亦爲鄭州，以附郭管城縣附入。本朝改屬開封府。	因之。

①西周武王封虢叔雍地为虢国；虢仲封制地荥阳，称东虢。

廣武	東虢
滎澤縣	汜水縣
	古東虢國。
春秋滎澤地，戰國韓滎陽邑。	鄭之制邑。
	屬三川郡。
滎陽縣地，屬河南郡。後漢建安置滎陽郡尉。	置成皋縣屬河南郡。
屬滎陽郡。	因之。
	劉宋于此置司州，北魏太常中置豫州。後又置豫州于汝南，以虎牢曰北豫州。太和十九年，改置東中府，以縣屬滎陽郡。東魏太平中，復置北豫州，兼置成皋郡治焉。後周置滎州。
開皇四年置廣武縣。仁壽初改爲滎澤縣屬鄭州。	改鄭州，俱治于此，開皇十八年改成皋曰汜水縣，大業初屬滎陽郡。
因之。	初仍屬鄭州。顯慶中改屬洛州。垂拱四年改曰廣武。神龍初復曰汜水，會昌三年改屬孟州。
熙寧中省入管城，元佑中復舊。	初屬洛州，元豐初復屬孟州。
	屬鄭州。
屬汴梁路。	仍舊。
初改屬鄭州，國朝屬開封府。乾隆間省河陰縣入焉。	因之

	禹州（康城）	密縣（曲梁）
初置	本夏禹所封地。	古密國，亦鄶國地。
春秋戰國	春秋爲鄭之櫟邑[1]，戰國爲韓國。	春秋爲鄭新密邑。
秦	爲陽翟縣，兼置潁川郡。	
漢	初封韓王信于此，後仍爲潁川郡。	置密縣屬河南郡。
晋	移郡治許昌，以陽翟縣屬河南郡。	屬滎陽郡。
南北朝	東魏置陽翟郡。	後魏因之，後周屬滎州。
隋	廢郡，以縣屬襄城郡。	屬鄭州，後屬河南府。
唐	屬嵩州，後屬許州。	
五代		
宋	屬潁昌府。	屬鄭州，尋屬河南府。
金	置潁順州[2]，尋改爲鈞州，以州有鈞臺。	屬鄭州。
元		屬鈞州。
明	初因之，以陽翟縣省入。萬曆避諱[3]改曰禹州。	因之。

①春秋櫟邑爲鄭國别都，周襄王十六年（前636），翟人入櫟地，因據嵩山之陽，改稱陽翟。 ②古鈞臺又名夏臺，又因夏桀因商湯於鈞臺而名。 ③明避神宗朱翊钧名讳，改钧州为禹州。闯王李自成曾將禹州改均平府。

苑陵	安鎮
新鄭縣	陳州府 今領縣七。
周封黃帝後于此，爲鄶國。	古伏羲所都，周封舜後于此，爲陳國。
春秋時爲鄭武公之國，名曰新鄭，戰國屬韓，嘗都之。	春秋時楚滅陳，項襄王自郢①徙都于此。
置潁川郡。	爲潁川郡地。
始置新鄭縣，屬河南郡。	置陳縣，淮陽國治此。
省。	于此置豫州。
劉宋復置滎陽郡，後魏省。	後魏置陳郡，又置北揚州治項縣。北齊改爲信州，後周改曰陳州。
復置。	廢陳郡改縣曰宛邱，後改州爲淮陽郡。
屬鄭州。	復爲陳州。
	晉爲鎮安州，周爲鎮安軍。
屬鄭州。	宣和初升淮寧府。
屬鈞州。	復爲陳州，以宛邱縣附郭。
仍舊。	因之。
改屬開封府。	省縣入州。本朝改爲府。

①郢（yǐng）古代楚国的都城，在今湖北省江陵县附近。

	淮寧縣	商水縣	西華縣
	宛邱	溵水	長平
初置	古宛邱地。		
春秋戰國			戰國魏長平邑。
秦	置陳縣。		置長平縣。
漢	置陳縣爲淮陽國治，後漢爲陳國治。	汝陽縣地屬汝南郡。	長平、西華二縣地，屬汝南郡。
晉	屬梁國。		省西華，以長平屬梁國。
南北朝	劉宋并入項縣，爲陳郡治。		劉宋復置，北齊省長平入焉。
隋	改置宛邱縣，爲陳州治。	置溵水縣①屬陳州，大業初省汝陽縣入之。	初改爲鴻溝縣，後復名西華屬淮陽郡。
唐	因之。	建中二年隸溵州，興元初仍隸陳州。	改箕城縣屬陳州。
五代			
宋	因之。	改商水縣。	因之。
金			屬陳州。
元		元末徙治南頓縣②。	仍舊。
明	初省入州。本朝改置淮寧縣。	因之。	因之。

①溵(yīn)水，隋豫州置溵水、汝陽縣。大業初，廢汝陽入溵水縣。

②南頓縣出頓國，本在南頓北，頓子迫於陳而奔楚，自頓南徙，故曰南頓。

秣陵	平興	陽夏
項城縣	沈邱縣	太康縣
古項子國。	沈子國②。	本夏太康所築城。
	春秋楚寢邱邑。	
置項縣屬汝南郡。	爲寢縣屬汝南郡，後漢改曰固始③。	置陽夏縣屬淮陽國。東漢屬陳國。
屬陳國，復屬梁國。	屬汝陰郡，又屬新蔡郡。	屬梁國。
東魏置北揚州及秣陵縣。北齊爲信州治。後周爲陳州治。		後魏置陽夏郡。
始改爲項城縣屬陳州。	開皇十六年置沈州于此。	改縣曰太康屬匡城郡。後復置陽夏郡，改縣曰匡城縣，尋廢。
	州廢，神龍初置沈邱縣，屬潁州。	復置，屬陳州。
		梁屬開封府。
屬淮寧府。	因之。	宣和初屬拱州。
仍屬陳州。		屬開封府。
初省入商水縣後復置。		屬汴梁郡。
因之。	初縣廢，弘治十年復置。	仍舊。

①《水經·洧水注》載：扶溝縣因境内東有扶亭，西有洧水溝，各取一字，故稱扶溝。　②周姬載子孫封於沈國，厲王時被貶爲子爵，稱『沈子國』。　③東漢建武二年(26)，光武帝劉秀封大司農李通爲固始侯，建立固始國。

	光陳	許昌	隱強
	扶溝縣	許州 今領縣四。	臨潁縣
初置	以小扶亭有洧水之溝①因名。		以在潁水之上故名。
春秋戰國		春秋爲許國，戰國爲韓、魏二國境。	
秦		屬潁川郡。	
漢	舊縣屬淮陽國。東漢屬陳留郡。	初爲韓國地，尋屬潁川郡。東漢末獻帝都許，曹魏爲許都。	本舊縣屬潁川郡。
晋	省。	爲潁川郡治許昌，後移治長社①。	
南北朝	後魏復置。	後魏因之，東魏天平初置潁州，武定七年改曰鄭州，移治潁陰。後周曰許州。	
隋	屬潁川郡。	初廢潁川郡，大業初復改許州爲潁川郡。	屬許州。
唐	于此置北陳州。尋廢，以縣屬洧州，後屬許州。	復曰許州，亦爲潁川郡。	屬溵州，貞元初仍屬許州。
五代	梁屬開封府。	梁爲匡國郡。	
宋	仍舊。	仍曰許州，亦曰忠武軍。元豐三年升爲潁昌府。	仍舊。
金	仍舊。	復曰許州昌武軍。	仍舊。
元	仍舊。	亦曰許州，屬河南路。	仍舊。
明	因之。	初以州治長社縣省入。	因之。

①本春秋郑长葛邑，后因社庙树木猛长，改名长社，秦置长社县。

鄭汜	召陵	長社
襄城縣	郾城縣	長葛縣
	古郾子國①。	
春秋鄭汜地，以周襄王出居此故名。	春秋楚召陵邑。	春秋鄭邑，宋人伐鄭取長葛即此。
	置召陵縣。	
始置襄城縣，屬潁川郡。	置郾縣屬潁川郡。	爲潁川郡長社縣地。
置襄城郡。		因之。
後周置汝州。	北齊置臨潁郡。	後魏移潁川郡來治，東魏兼置潁州，後徙治潁陰，縣廢。
俱廢。	置道州，改縣曰郾城縣，後廢道州，以縣屬許州。	始置長葛縣屬潁川郡。
復置，尋廢，以縣屬許州。	復置道州，尋廢，以縣屬溵州，又屬許州。	屬許州。
屬汝州。	屬潁昌府。	屬潁昌府。
屬許州。	屬許州。	仍屬許州。
屬許州。	屬許州。	仍屬許州。
因之。	因之。	因之。

①郾子国又称郾国、南燕国。为夏皋陶之后封国。

	宋州	睢陽	己吾
	歸德府 今領州一、縣七。	商邱縣	寧陵縣
初置	《禹貢》：豫州之域。古商邱地，高辛氏子閼伯所居。商爲亳邑地，周武王以封微子，是爲宋國。	本高辛氏子閼伯之墟，相土代之，繼主火祀②。	本古葛伯國①。
春秋戰國	戰國齊滅宋，與楚魏三分其地。	春秋爲宋國。	春秋爲宋之甯邑，戰國屬魏。
秦	置陽郡。	爲碭郡。	
漢	改爲梁國。後漢因之。	置睢陽縣，屬梁國，後漢因之。	曰寧陵，元狩初置縣屬陳留郡，後漢屬梁國。
晉	因之。	因之。	因之。
南北朝	後魏曰梁郡。	劉宋改縣曰壽春，尋復爲睢陽。後魏置梁郡。	劉宋屬譙郡，後魏仍舊，北齊廢。
隋	初郡廢，開皇十六年置宋州。煬帝復曰梁郡。	開皇初改郡曰宋州，改縣曰宋城。大業初復置梁郡。	開皇六年復置屬宋州。
唐	初仍曰宋州。天寶初曰睢陽郡。乾元初復曰宋州。	爲睢陽郡治。	因之。
五代	梁爲宣武軍治。後唐改爲歸德軍，以滅梁袁象先入朝故名。		
宋	仍曰宋州，景德二年升應天府，以太祖由歸德節度受命也。大中祥符七年建爲南京。	爲宋城縣。	初屬拱州，後屬應天府。
金	曰歸德府。	爲睢陽縣。	屬歸德府。
元	因之。	以穀熟縣省入。	仍舊。
明	初降爲州。嘉靖二十四年復爲府。	初降府爲州，省睢陽縣。嘉靖二十四年升州爲府，置商邱縣。	因之

①夏启封伯益子大廉为葛伯。《孟子》：『汤居亳，与葛为邻。』即此。

②虞舜阏伯封于商做火正，葬于封地，墓冢被称为商丘。

真源	黍邱	太邱
鹿邑縣	夏邑縣	永城縣
	縣西南有黍邱亭，左襄[1]宋人圍曹，築五邑于郊，黍邱其一也。	
春秋晉邑，左傳諸侯侵陳至于鳴鹿即此。	戰國時下邑地。	春秋芒縣地，亦名太邱。
	屬碭郡。	
爲鄲縣地，屬沛郡。東漢析置武平縣，屬陳國。	置下邑縣，屬梁國。	爲芒、太邱二縣界。東漢改芒曰臨淮，太邱曰太丘，三國魏二縣俱廢。
屬梁國。		爲譙郡蘄縣地。
	後魏置碭郡于此，北齊以己吾縣省入下邑縣。	
始改鹿邑縣，屬陳州。	屬亳州，後屬宋州。	始置永城縣，屬譙州，後廢。
屬亳州。		復置，屬亳州。
仍舊。		仍舊。
仍舊。	始改夏邑縣，屬永州。	
仍舊。	初并入睢陽，尋復置，屬歸德府，以穀熟縣省入。	屬歸德府。
因之。	因之。	因之。

①「左襄」有誤，應爲「左哀」。《左傳·哀公七年》：「宋人伐之，晉人不救，築五邑於其郊。」即此。

	古虞	襄邑	古傿①
	虞城縣	睢州	柘城縣
初置	本古虞國，即禹封商均之地。		古朱襄氏邑。
春秋戰國		春秋宋、陳二國地。	春秋時爲陳株野地②。
秦		置襄邑縣。	
漢	置虞縣屬梁國。	屬陳留郡。	置拓縣屬淮陽。國以邑有柘溝故名，後漢屬陳國。
晋			廢。
南北朝	後魏屬沛郡，北齊省。	北齊并襄邑入雍邱。	
隋	復置，屬宋州。	復置襄邑屬宋州。	復置改曰柘城。縣屬宋州。
唐	置東虞州，尋廢，改縣曰虞城。	屬杞州，後仍屬宋州。	省入穀熟、寧陵二縣，尋復置。
五代	梁置輝州。		
宋遼	廢，以縣屬宋州，後屬應天府。	屬應天府，崇寧間建拱州以爲東輔，大觀中廢拱州，後復置。	屬應天府，崇寧中改屬拱州。
金	廢。	改睢州。	屬睢州，後省。
元	復置屬東平路，後屬濟寧路。	因之，并以襄邑縣爲附郭。	復置。
明	改屬歸德府。	省襄邑入州屬開封府，嘉靖二十四年改屬歸德府。	因之。

①傿（yān），古同『鄢』，即古鄢国。

②柘城，夏稱株野，戰國楚建柘城，因地生柘絲而名。秦置柘縣，屬陳郡。

鄴郡	
彰德府 今領縣七。	安陽縣
商河亶甲居相即此①。	本紂之朝歌地。
春秋爲晉之東陽地,戰國爲魏之鄴地。	七國時爲魏寧新中邑。
爲上黨、邯鄲二郡地。	更名安陽。
置魏郡,治鄴,東漢末冀州徙治鄴。魏曹操受封于此,後稱爲鄴都。	省入蕩陰縣。
仍爲魏郡,屬冀州,後趙石虎、前燕慕容儁并都之。	始置安陽縣,屬魏郡,又并入蕩陰,後復置,屬汲郡。
後魏于此置相州。东魏静帝徙都之,改曰司州。北齊武帝又都之,改为清都尹。后周復改爲相州及魏郡治。	後周末自故鄴城移相州治此,亦曰鄴縣。
初罷郡爲相州,大業初復改魏郡。	開皇十年復曰安陽。
爲相州,天寶初改鄴郡,乾元復爲相州。	仍舊。
梁置昭德軍節度。晉改彰德軍。	
復爲相州,屬河北郡。	仍舊。
升彰德府。	
改彰德路。	仍舊。
改彰德府。	因之。

①河亶(dǎn)甲时商衰,从嚣迁都于相。《尚書》『殷王河亶甲居相。』即其地。

	相州	滏水
	湯陰縣	臨漳縣
初置	古羑里地也①。	魏文侯始封于此。
春秋戰國	戰國爲魏蕩陰地。	春秋鄴邑屬晉，戰國屬魏。
秦		
漢	置蕩陰縣屬河内郡。	屬魏郡，東漢末魏公曹操居此。
晋		始改爲臨漳縣。
南北朝	後魏省。	東魏復增置鄴縣，後周移臨漳治于城東二十里，屬魏郡。
隋	于故縣東七十里置湯陰縣屬衛州，大業末省。	改爲靈芝縣，俄仍舊。
唐	初復置湯陰縣屬衛州，尋改屬相州。貞觀初復曰湯陰。	屬相州。
五代		
宋遼	宣和初改屬濬州，旋復故。	省鄴縣入焉。
金	屬彰德府。	仍舊。
元	仍舊。	仍舊。
明	因之。	因之。

①羑(yǒu)里，傳姬昌演繹伏羲八卦之地。《史記》：『紂王囚西伯姬昌於羑(yǒu)里』。即此。

林慮	繁陽	陽邑
林縣	內黃縣	武安縣
	殷河亶甲居相即此。	
戰國時韓臨慮邑，慮音廬。	春秋襄公時會于柯亦此。	戰國趙武安邑。
爲隆慮縣屬河內郡。後漢避殤帝諱改林慮。	置內黃縣屬魏郡，東漢及曹魏皆因之。	漢縣屬魏郡，曹魏屬廣平郡。
屬汲郡。	屬頓邱郡。	因之。
後魏省入鄴縣，太和中復置。永安初又置林慮郡，北齊郡廢，後周復置郡。	後魏省入臨漳。	後魏因之，東魏改屬魏尹，後周屬洺州。
罷郡置岩州。大業初州罷，仍屬魏郡。	復置，屬相州。	因之，大業初屬武安郡。
初復置岩州，尋罷以縣隸相州。	初屬黎州，貞觀還屬相州，天祐中屬魏州。	初屬洺州，後改屬磁州。
亦曰林慮縣。	屬大名府。	仍舊。
爲林州。	屬滑州。	仍舊。
因之。	仍舊。	初省入邯鄲縣，尋復置。
洪武三年以林慮縣省入州，又降州爲縣。	洪武改屬大名府，本朝改隸今屬。	因之。

	刈陵	朝歌
	涉縣	衛輝府 今領縣九。
初置		《禹貢》：冀州之域，殷紂所都。周滅殷，分殷都以北爲邶、西爲鄘、東爲衛。後以衛分康叔，居河淇之間，故殷墟也。
春秋戰國		春秋衛爲狄滅，齊桓公封衛于楚邱，而河内殷墟尋屬于晉，戰國屬魏。
秦		爲三川郡地。
漢	置沙縣，後因漳水溢入，民徙涉，遂名涉縣屬魏郡。	兩漢爲河内郡地，曹魏置朝歌郡。
晉	屬廣平郡。	改置汲郡治汲。
南北朝	後魏并入臨水縣，後周移臨水縣治涉城。	後魏因之，郡治枋頭城，即今濬縣。東魏置義州，後周改衛州。
隋	復于涉城置涉縣，隸潞州。	初郡廢，仍曰衛州，大業初復爲汲郡。
唐	初屬韓州，貞觀中改隸潞州。	復曰衛州，天寶初亦曰汲郡。乾元初復故。
五代		
宋遼	仍舊。	仍曰衛州，亦曰汲郡。
金	升爲崇州。	因之，亦曰河平軍，大定二十六年以河患徙治共城，尋復故。貞祐三年又徙治胙城縣。
元	罷州復置縣，屬真定路。	曰衛輝路。
明	隸磁州，本朝改隸今屬。	曰衛輝府。

牧野	新樂	甯邑
汲縣	新鄉縣	獲嘉縣
本殷牧野之地。		本明縣之新中鄉，周之修武地。
周爲鄘、衛，戰國魏汲邑。	周爲鄘國①。	
置汲縣，屬河内郡，魏屬朝歌郡。	本河内郡獲嘉、汲二縣地。	元鼎六年東巡至此，適滅南越，得呂嘉首，因置縣屬河内郡，自漢以後縣皆治新鄉縣西南十二里。隋始還今治。
爲汲郡治。	屬汲郡。	屬汲郡。
後魏爲義州，北齊置伍城郡及伍城縣。後周郡廢以縣屬衛州。		後魏因之，後周置修武郡。
開皇六年改爲汲縣，仍屬衛州。	于古新樂城置新鄉縣。	廢郡。開皇末置殷州于此，大業初州廢，仍屬河内郡，隋末王世充復置殷州。
初爲義州治，武德四年州廢縣屬衛州。貞觀初徙衛州治。	初屬義州，後屬殷州。貞觀屬衛州。	初仍置殷州，貞觀初州廢，以縣屬懷州。
仍舊。	因之，熙寧中省入汲縣，元祐初復置。	因之。
	仍舊。	
仍舊。	仍舊。	仍舊。
因之。	因之。	因之。

①武王滅紂，在朝歌以南建墉國，故有古墉、墉南之稱。

	古殷	共城
	淇縣	輝縣
初置	古朝歌地，周爲沬邑。	古共伯國，周鄘國地。
春秋戰國		春秋屬衛，戰國屬魏。
秦	屬三川郡。	
漢	置朝歌縣，屬河内郡，三國魏屬朝歌郡。	置共縣，屬河内郡。
晉	屬汲郡。	屬汲郡。
南北朝	後魏廢，東魏復置，又析置臨淇縣，屬林慮郡。	後魏因之，東魏改屬林慮郡。後齊廢。
隋	曰衛縣，移汲郡來治。	復置共城縣，屬懷州。
唐	初爲衛州治，貞觀元年仍移州治汲，以縣屬焉。	武德初置共州，四年州廢，以縣屬殷州。貞觀屬衛州。
五代		
宋遼		因之。
金		大定中徙衛州治此，以避河患，旋復舊。改縣曰河平，又改曰蘇門。貞祐中又置輝州治焉。
元	置淇州，又置臨淇縣，至元三年省臨淇縣入淇州。	省蘇門入州。
明	降爲縣。	改州爲縣。

酸棗	黎陽
延津縣 國朝新置。	**濬縣** 国朝改今屬。
古廩延①地，『鄭太叔收貳以爲己邑至于廩延』即此。	
春秋時屬鄭，戰國時爲韩所都。	本春秋衛邑。
置酸棗縣。	
南燕縣地，三國魏北救劉延至延津，即此。	爲黎陽縣屬魏郡。
	省。
	後魏置黎陽郡及黎州。
開皇十六年分東燕、酸棗二縣地置爲靈昌縣，以石勒改延津爲靈昌津故名。	初州、郡俱廢，尋復置黎州。大業初州廢，以縣屬汲郡。
因之。	復置黎州，貞觀廢以縣屬衛州。
後唐改曰靈河縣，仍屬滑州。	晉置濬州。
仍屬滑州，改爲延津縣。	改爲黎陽縣，升濬州爲濬川軍。
置延州，後廢。	復爲濬州。
仍爲延津縣。	以黎陽縣省入濬州，屬大名府。
因之。	初改爲縣。

①春秋郑国建廪延邑，因虚廪堆而名。虚廪堆为假粮囤，传因缺粮草，征战假囤惑敌。

	京城	戴國	殷國
	滑縣 國朝改今屬。	考城縣	懷慶府 今領縣七。
初置	本古豕韋氏之國①。	本周之戴國。	《禹貢》：冀州覃懷之地，商屬畿內，周亦爲王畿及衛、雍、邢諸國地。
春秋戰國	春秋爲衛地。	春秋時鄭取戴，改名穀城。	春秋屬晉，謂之南陽，後又爲魏、韓二國地。
秦	秦漢皆爲東郡地。	置甾縣。	滅韓爲三川郡，滅魏爲河東郡，今懷爲三川郡北境，河東郡東境。
漢		屬梁國，東漢始改考城屬陳留郡。	初爲殷國，項羽立司馬卬爲殷王，王河內，即此。
晋	爲濮陽國地。	省。	爲河內、汲二郡地。
南北朝	劉宋于此置兗州及東郡，後魏罷兗州以東郡屬司州。後周改杞州。	後魏置考陽縣，北齊又改爲城安縣屬濟陰郡。	後魏置懷州兼置河內郡。
隋	改滑州，大業改東郡。	復爲考城縣屬宋州。	初罷郡存州，大業州廢，復置河內郡。
唐	復爲滑州，天寶初改靈昌郡。乾元初復爲滑州，後置義成軍。	置東梁州，尋廢，以縣屬曹州。	初亦置懷州，天寶復曰河內郡，乾元中復故。
五代		晉漢屬開封府。	
宋遼	改爲武成軍，後改滑州。	屬拱州，後仍屬開封。	仍曰懷州。
金	初隸開封府，後隸大名府。	屬曹州，又改屬睢州。	改爲南懷州，又置沁南軍。
元	仍舊。	仍舊。	因之，尋改曰懷孟路，延祐中又改懷慶路。
明	洪武七年改爲縣，以白馬縣省入。	因之。國朝乾隆四十八年改今屬。	爲懷慶府。

①夏元哲受封于豕韦，称豕韦氏。《左传》杜预注：豕韦复国至商而灭。

邢邱	玉屋
河内縣	濟源縣
	本周爲原地，後更名軹。
春秋時野王邑。	春秋屬晉，戰國屬魏。
	軹縣地。
爲野王縣屬河内郡。	置沁水、軹二縣地屬河内郡。
河内郡治此，石趙嘗置野王郡，尋復爲河内郡治。	
後魏因之。	
改縣爲河内。	析置濟源縣屬懷州。以濟水發源故名。
爲懷州治，以太行、紫陵、忠義三縣省入。	初置西濟州，後省州、縣屬懷州，又屬孟州。
仍舊。	
仍舊。	因之。
仍舊。	
仍舊。	初改縣爲原州，尋復爲濟源縣，屬孟州。
因之。	初改今屬。

	原武縣（卷縣）	修武縣（山陽）	武陟縣（安昌）
初置	古陽池城,《竹書紀年》曰:『惠王遣將龍賈築陽池城以備秦』即此。	本商之甯邑,周武王勤兵于甯,故曰修武。	
春秋戰國		戰國魏爲南陽郡,郝王四十三年魏割南陽以和秦,是也。	春秋晉之懷邑。
秦		更名曰南陽城①。	
漢	舊縣屬河南郡。	置修武縣屬河内郡,三國魏爲山陽國。	爲懷縣,爲河内郡治。
晋		仍爲山陽縣屬汲郡。	移河内郡治野王,以懷爲屬縣。
南北朝	後魏屬滎陽郡,東魏改置廣武縣又屬焉。高齊天保七年郡、縣并廢。	東魏置廣寧郡,又置西修武縣尋省。北齊移縣治西修武故城。	
隋	重置原武縣屬鄭州。		析置武陟縣,屬殷州。
唐	武德四年改屬管州,貞觀元年復屬鄭州。	仍徙治西修武屬懷州。	初于此置陟州,後州廢,以縣屬懷州,省懷縣入焉。
五代			
宋遼	熙寧中省入陽武,元祐初復置。	省入武陟縣,尋復置。	仍舊。
金	屬鄭州。	仍舊。	仍舊。
元	因之。	仍舊。	仍舊。
明	初改屬開封,本朝改今屬。	因之。	因之。

①南陽城遺址位於修武縣古宣陽驛。《修武縣誌》載:『春秋南陽城在縣西北三十裏』。時南陽郡治宛城,不稱南陽城。

大基	平皋	東都
孟縣	温縣	河南府 今領縣十。
周武王會諸侯于孟津,即此。東周爲畿内地。	周爲蘇忿生之封邑,東周爲畿内地。	禹貢豫州之域,武王克商,定鼎于郟鄏①,成王營洛爲王城下都。至平王自鎬京東遷乃居王城。
春秋屬晉,爲河陽,戰國屬魏,爲恒雍。		
		置三川郡。
爲河陽縣。	爲温縣,屬河内郡,後廢。	置河南郡,東漢都于此置河南郡兼置司隸,三國魏置司州。
		都此,置河南尹,司州如故。
元魏始築城于此,北齊置河陽關。		宋初仍置司州,後魏改爲洛州,孝文自代徙都之,改司州爲河南尹。
仍爲河陽縣屬懷州。	復置,屬懷州。	爲洛州,煬帝徙都于此,改豫州,尋改爲河南郡。
初改大基縣,後復爲河陽縣屬河南府,後升孟州。	復置平州,尋復爲縣,屬懷州。改屬洛州,又屬孟州。	開元初改爲河南府,初高宗以此爲東都,光宅初改神都,神龍初復爲東都,天寶初改爲東京。
		梁爲西都,唐改東都,晉改西京。
置三城節度使。	仍舊。	因之。
仍爲孟州。	仍舊。	號中京,置金昌府。
屬懷慶路。	仍舊。	爲河南路。
改州爲縣,以河陽縣省入。	因之。	改爲河南府。

①南陽城遺址位於修武縣古宣陽驛。《修武縣誌》載:『春秋南陽城在縣西北三十裏』。時南陽郡治宛城,不稱南陽城。

	伊闕	緱氏
	洛陽縣	**偃師縣**
初置	本成周地，居洛水之北，故曰洛陽。	帝嚳②所都之地，商有三亳，湯居西亳即此。盤庚亦徙都焉，改號曰殷周。武王伐紂還息偃師，徙遂以爲名。
春秋戰國		周戶氏邑。
秦	置三川郡。	屬三川郡。
漢	爲河南郡，東漢改雒陽，魏復爲洛陽。①	置偃師縣屬河南郡，新莽改師成。東漢復舊。
晉	因之。	并入洛陽。
南北朝		
隋	遷郡治于河南縣，并移縣于城中。	復置，仍屬河南郡。
唐	神龍初改爲永昌，尋復舊。	仍舊。
五代		
宋遼	初河南、洛陽二縣并設，熙寧中省洛陽入河南。元祐復置。	仍舊。
金	以河南縣入洛陽。	
元	仍舊。	仍舊。
明	因之。	因之。

①雒(luò)陽，漢光武帝定居洛邑，以火德王，忌水，故去水而加佳，改洛爲雒。 ②郏鄏[jiá rǔ]，黄帝时，洛阳为斟鄩部落，因北郏鄏山而得名。

芝田	河清
鞏縣	孟津縣
周鞏伯邑，西周惠公封少子班于鞏，是爲東周。	周武王伐紂，師渡孟津即此。
始置鞏縣，屬河南郡，治故鞏城。	置河陽縣，屬河内郡，後廢。
因之。	
後魏屬成皋郡，北齊屬洛州。	
徙治洛口。	復置。
仍舊。	初析置河清縣，屬懷州，又改屬孟州，後屬河南府。
仍舊。	初置白波鎮。
仍舊。	徙置孟津，後改爲孟津縣。
仍舊。	仍舊。
因之。	因之。

	甘棠 宜陽縣	崇高 登封縣	熊耳 永寧縣
初置	周召伯聽訟之所。	禹避舜之子于陽城即此。	
春秋戰國			
秦			
漢	爲宜陽縣地，三國魏析置甘棠縣，後改曰宜陽。	置陽城、崇高二縣屬潁川郡。東漢省崇高入陽城。	爲澠池縣之西境，屬宏農郡。
晉		屬河南郡。	
南北朝	後魏置宜陽郡，後周改熊州，以縣屬焉。	後魏析置堙陽①縣，東魏于縣置中川郡，後周廢郡。	西魏置北宜陽縣，後改熊耳縣，屬宜陽郡。後周屬同軌郡。
隋	初因之，尋改穀州，後廢州屬河南郡。義寧初復置宜陽郡。	改曰武林，大業改曰嵩陽，與陽城并屬河南郡。	徙治永固城改永寧縣。
唐	初改郡曰熊州，改縣曰福昌。	初屬嵩州，尋改陽城曰告成，嵩陽曰登封，後又改告成曰陽邑。	初又移治同軌城，屬穀州，後移治鹿橋驛，屬洛州。
五代		周時省陽邑入登封。	
宋遼	熙寧中省入壽壽安縣，後復置。	仍舊。	屬河南府。
金	復改宜陽。	仍舊。	屬嵩州。
元	仍舊。	仍舊。	屬河南路。
明	因之。	因之。	因之。

①堙(yīn)陽縣，又稱瑶陽，即今登封潁陽鎮。北魏析分潁陽縣置，屬陽城郡。

東垣 新安縣	俱利 澠池縣	陸渾 嵩縣
	本韓地，後屬秦。	古伊闕地。
春秋時西周地。		
曰新安。		遷陸渾戎于此。
置新安縣。	置澠池縣，屬宏農郡。以地在崤澠間故名。曹魏徙治螽域。	置陸渾縣，屬宏農郡。
屬河南郡。		屬河南郡。
後周改東垣縣，置中州，後省州置新安郡。		東魏置伊川郡。
復改東垣爲新安縣。	徙治大塢城①。	改伊州，尋廢。
初屬洛州，後屬河南府。	貞觀初徙今治。	析置伊陽縣屬河南府。
		時以陸渾省入伊陽。
仍舊。	屬河南府。	又以伊闕縣省入伊陽，紹興初升爲順州。
仍舊。	置韶州。	改嵩州治伊陽縣。
仍舊。	省州復爲縣。	以縣省入州，屬南陽府。
因之。	因之。	改州爲嵩縣及今屬。

①大塢城，東漢楊騰置大塢鎮。《元和志》載：「大塢故城，在澠池縣北十五里。」

	硤石	恒農	湖城
	陝州 今領縣三。	靈寶縣	閿鄉縣②
初置	周爲虢國地，王季子虢仲封于此。周、召分治，以陝爲界，即此。		
春秋戰國	春秋時屬晉，後屬韓，韓滅入秦。		
秦	置陝縣，屬三川郡。	函谷關地。	
漢	置陝縣，爲宏農郡治，曹魏因之。	置宏農縣，兼置宏農郡治焉。	本湖縣之閿鄉，屬京兆。因津以名邑，後漢改屬宏農郡。
晉	因之。	因之。	
南北朝	後魏始置陝州。	後魏改縣曰恒農，爲西恒農郡治。後周郡廢。	後周于湖城故地置閿鄉郡。
隋	大業初州廢，以縣屬河南郡，後復置宏農郡。	開皇中析置桃林縣，屬陝州，後屬虢郡。	初廢郡，後遷今治，爲閿鄉縣。
唐	初復爲陝州，天寶初改陝府。乾元初改陝郡，天祐初升爲唐興府。	初屬陝州，天寶初得符于古函谷關，因改名曰靈寶①。	貞觀初置鼎州，尋廢州以縣屬虢州。
五代			
宋遼	改保平軍。	曰虢州虢郡，屬永興軍，又改宏農爲虢略，屬虢州，靈寶屬陝州。	屬陝州。
金	復爲陝州。	因之。	
元	因之。	因之，至元省靈寶縣，尋復置，并虢州虢略入之。	以湖城縣省入。
明	以陝縣省。	并屬河南府。	因之，屬河南府。

①唐天寶元(742)年，陳王府參軍田同秀奏夢函谷關丹風門紫氣縈繞。在尹喜故宅掘出桃木靈符，上書『桑』字，喻玄宗四十八年。唐玄宗即改年号天寶。桃林縣改爲靈寶縣。司馬光認爲，『時人皆疑寶符同秀所爲』。 ②閿(wén)鄉，《漢書·戾太子傳》：『以湖閿鄉邪里聚爲戾園。』注曰：『閿，古閺字，從門中旻。建安中，正作閿。』魏黄初七(226)年衛覬進封閿鄉侯，爲侯國，《晉書》作閿鄉侯。

欒州	宛州	杜衍
盧氏縣	南陽府 今領州二、縣十一。	南陽縣
本虢之莘地。	《禹貢》：豫州之域。本夏禹之國，在周爲申伯、鄧侯之封邑。	本周申伯國②。
	春秋并于楚，戰國屬韓。	戰國爲韓宛邑。
	取韓地，自漢江以北置南陽郡，治宛，以其在中國之南而居陽地，故名。	爲宛縣，南陽郡治此。
以盧敖得仙始置盧氏縣。	因秦制，領于荆州刺史。光武起兵舂陵，更始立于淯水，皆在此地。	因之。
屬上洛郡。	爲南陽國①。	
後魏置樂安郡，西魏改義川郡。	宋齊并爲南陽郡，後魏于穰縣置荆州，以郡屬焉。	後魏改上陌縣，後周改上宛縣。
初改虢州，俱治盧氏。	初罷郡，置鄧州治穰，改宛爲南陽縣。	初改南陽縣屬鄧州。
徙州治宏農。	初于南陽縣置宛州，尋罷。	初于縣置宛州，尋罷州，仍以縣屬鄧州，唐末以向城縣省入。
屬虢州。		
屬虢州。	因之。	因之。
屬虢州。	置申州。	爲申州治所。
屬嵩州。	升爲南陽府。	改爲南陽府，仍置縣屬焉。
初屬陝州，尋改屬河南府。	因之。	因之。

①漢建安五年(200)漢獻帝皇子劉馮南陽王，除建南陽國。西晉光熙元年(306)，司馬模，因曾參加平八王之亂，進封南陽王。司馬模，字元表，晉宣帝司馬懿四弟東武城侯司馬馗之孫，高密文獻王司馬泰第四子。

②周宣王封申伯於南陽謝邑建申國，稱南申國，時周穆王封叔齊子孫於平陽，爲西申國；信邑之申國爲東申國。

	鎮平縣	南召縣	唐縣
	涅陽	云陽	西淮
初置		本南陽縣地。	
春秋戰國		世傳楚王故城。	
秦			
漢	本安衆縣屬南陽郡。	屬西鄂州雉縣地。	置比陽縣屬南陽郡①。
晋	改安昌縣屬義陽郡。		
南北朝	廢爲穰縣北鄉地。		後魏置東荊州，西魏置淮州。
隋			初改顯州，後改淮安郡。
唐		屬向城縣。	初復爲顯州，尋廢州以縣屬泌州，又改泌州爲唐州治比陽縣。天寶改淮安郡。
五代			梁改泌州徙治泌陽。後唐復爲唐州，晉又改泌州。漢復舊。
宋遼		屬南陽府。	屬京西南路。
金	初置陽管鎮，後始置鎮平縣屬申州。		
元	屬南陽府。	因之。	屬南陽府。
明	初省入南陽縣尋復置。	初置巡檢司，成化十二年析爲南召縣，因地有南召店故名。	降州爲縣。

①比陽即泌陽，也作沘，泌河的原名，因邑在沘水之陽而名。

慈邱	復陽	臨湍②
泌陽縣	桐柏縣	鄧州
	本唐州地。	
		春秋時鄧侯國。
	屬南陽郡。	爲穰邑。
置舞陰縣屬南陽郡，亦爲湖陽縣地。	屬南陽郡，西漢始置復陽縣①，三國屬魏。	爲穰縣屬南陽郡。
屬南陽國。	屬南陽國。	初屬義陽郡，後改屬新野郡。
東魏改臨舞縣及置期城郡。	梁置淮安縣，又置華州及上川郡。西魏改州曰淮州，又改純州，尋廢。	後魏爲南陽郡治，又于此置荆州。
廢郡以縣屬顯州。	改復陽爲桐柏縣。	初罷郡改荆州爲鄧州，大業初復改南陽郡。
始改泌陽縣，乾元初屬曹州。	屬河南道。	爲鄧州，天寶初改南陽郡，乾元初復爲鄧州。
梁嘗以泌州徙治此。	因之。	梁置宣化軍節度，唐改威勝軍，周改武勝軍。
宋金俱屬唐州。	屬京西南路。	復爲鄧州屬南陽府。
		屬開封府。
初因之，後省。	省入唐州。	屬南陽府。
復置。	初置巡檢司，成化十二年復置爲桐柏縣，因縣東有桐柏山故名。	以穰縣省入，領縣三，本朝改屬南陽府。

①西漢元康元年（前65），封劉延年爲復陽侯。二年，改秦置胡陽縣爲復阳縣。

②臨湍（tuān），本漢冠軍縣地，劉宋廢帝以近湍水，改爲臨湍。唐天寶元年改爲臨湍縣。

	內鄉縣（菊潭）	新野縣（漢廣）	淅川縣（丹水）
初置	本楚之白羽地。		
春秋戰國	春秋屬楚改曰析。		
秦	置中鄉縣,屬南陽郡。		屬南陽郡。
漢	爲析縣,屬宏農郡。	舊縣屬南陽郡。	屬南陽郡。
晉	屬順陽郡。	爲義陽郡治,後改義陽爲新野郡治棘陽縣。	
南北朝	後魏以縣置淅陽郡,西魏改內鄉縣,後周廢。	西魏改郡曰黄岡,及改棘陽爲百寧縣。	北魏置淅川縣,屬鄧州,尋改淅陽縣屬荆州,後周廢。
隋	復置屬淅州。	仍爲新野縣屬鄧州。	因之。
唐	貞觀中州罷以縣,屬鄧州。	省入穰縣。	初置淅州領淅川縣,貞觀中州、縣俱省入內鄉。
五代		自此至金俱爲新野鎮。	
宋遼	析置順陽縣。		復置。
金			
元	以順陽省入,仍屬鄧州。	復置縣,屬鄧州。	省入內鄉縣。
明	因之,本朝改今屬。	因之。	成化復置,仍舊屬。

方城	定陵	汝墳
裕州	舞陽縣	葉縣
	以在舞水之陽故名。	古應子國①。周爲應鄉。
春秋楚之方城。	戰國魏舞陽邑。	春秋爲楚地，遷許于葉即此，後爲沈諸梁邑。
爲堵陽、葉二縣地，屬南陽郡。東漢爲順陽縣。	本舊縣屬南陽郡，東漢屬潁川郡。曹魏置舞陽郡，仍爲縣。	置葉縣。
	屬襄城郡，後改北舞縣。	屬南陽國。
西魏置方城縣及襄邑郡。	劉宋省。魏改定陵，置北舞陽縣，尋置定陵郡。	北齊置襄州。東魏置定南郡。後周廢襄州置南襄城郡，又廢定南郡爲縣。
初廢郡，以縣屬淯州。	屬潁川郡。	初郡廢以縣屬許州，後以定南縣省入。
初于此置北澧州，貞觀中改魯州，尋罷州，以縣屬唐州。	貞觀中屬許州，尋廢，開元中復置，仍曰舞陽。	初于此置葉州，州罷，仍以縣屬許州，後析置仙鳧縣屬仙州。尋罷仙州及省仙鳧縣。
	仍舊。	
仍舊。	仍舊。	屬汝州。
始置裕州治方城。	仍舊。	屬裕州。
屬南陽府。	初省入葉縣，後復置。	仍舊。
以方城縣省入。	因之。	因之。

①春秋周武王封子姬達爲應侯，立應國；武王代商，封其後於應；周公平武庚管叔之亂，封武王子叔韓於應。《括地志》載：『故應城，因應山爲名，在汝州葉縣。』

	汝南	保城
	汝寧府 今領州一、縣八。	汝陽縣
初置	《禹貢》：豫州之域。	周爲沈國地。
春秋戰國	春秋沈、蔡二國地。	
秦	屬潁川郡。	
漢	置汝南郡。	置汝陽縣，屬汝南郡。
晉		爲懸瓠城，東晉移汝南郡治懸瓠。
南北朝	劉宋立司州，號其城曰懸瓠①。後魏改爲豫州，後周改爲舒州，又改爲溱州。後改蔡州，而汝南郡如故。	劉宋屬汝陽郡，後魏又移上蔡縣于此。
隋	初廢郡，大業初廢州，復爲汝南郡，治汝陽縣。	初屬豫州，尋改爲溵水縣，屬陳州。又析上蔡縣地別置汝陽縣，省溵水縣入焉，即今縣。
唐	初置豫州，天寶初改汝南郡。乾元初復爲豫州，寶應初仍改蔡州。	爲蔡州治。
五代		
宋遼	爲淮康軍節度使。	
金	改鎮南軍。	仍舊。
元	爲蔡州，後升汝寧府。	省平輿入焉。
明	因之。	因之。

①懸瓠（xuán hù），《水經注》載：汝水東逕懸瓠城北，形若垂瓠，故取其名。

	慎陽 正陽縣	武津 上蔡縣
初置		古蔡國，武王封弟叔度于蔡。成王封其子蔡仲即此。
春秋戰國		
秦		置上蔡縣。
漢	慎陽縣地①。	置上蔡縣，屬汝南郡。
晋		
南北朝	東魏置義陽郡，北齊省入保城縣②。	後魏改臨汝縣，北齊省。
隋	廢保城置真邱縣，後改曰真陽。	初置武津縣，大業中復曰上蔡。
唐	改曰淮陽，尋復舊。	屬蔡州。
五代		
宋遼		仍舊。
金		仍舊。
元	省入息州。	仍舊。
明	初因之，弘治中復置，避讳改曰正。	因之。

①秦、漢設滇陽縣，屬汝南郡。漢高祖封樂説(欒説)滇陽侯，东汉因滇、慎，俱读真，讹曰慎陽县。

②此考有误，刘宋孝建三(456)年置宝城县，南齐省宝城县为保城县，北齐天保七年(556)改置高安县。

	新蔡縣 銅陽	西平縣 定潁	遂平縣 吳房
初置	古呂國①。	古柏子國。	
春秋戰國	春秋時蔡平侯徙都此，故曰新蔡。		春秋房子國。
秦			
漢	置新蔡縣，屬汝南郡。	置西平縣屬汝南郡，東漢末廢。	置吳房縣，屬汝南郡。
晉	屬汝陰郡。		
南北朝	劉宋屬新蔡郡，南齊置北新蔡郡，東魏置蔡州。北齊爲廣寧郡。	後魏復置，并置襄城郡，北齊改文成郡。	後魏改遂寧縣，屬襄城郡。
隋	初爲舒州及廣寧縣，尋改汝北縣。大業初州廢，縣仍舊名。	初郡廢，以縣屬蔡州，大業初縣廢。	復爲吳房縣，屬汝南郡。
唐	屬蔡州。	初復置，貞觀初省入郾城。開元間再置，屬蔡州。	貞觀縣廢，尋復置，屬蔡州。元和中改遂平縣屬唐州。長慶屬蔡州。
五代			
宋遼	因之。	因之。	仍舊。
金	屬息州。	因之。	仍舊。
元	省入息州。	因之。	初省入汝陽，太德間復置，屬汝寧府。
明	洪武四年復置，改今屬。	因之，改今屬。	因之。

①虞夏言伯夷佐禹有功封於呂，即春秋蔡平侯遷國時新建，稱東呂，爲呂國分支。春秋時，東呂爲宋所滅。工氏佐禹治水，封爲呂侯；呂國在今河南南陽西，春秋楚國所滅。

朗陵	平春
確山縣	信陽州
	周申伯所封邑，杜祐曰申國當在南陽①。
春秋江國。	
	屬南陽郡。
爲朗陵縣地，屬汝南郡。東漢末置朗山縣。	爲平氏縣地，三國魏析置義陽縣及義陽郡。
改安昌。	
梁屬陳州，後魏移縣治朗陵故城，屬初安郡。	劉宋置宋安郡，南齊置司州，梁曰北司州。後魏改郢州，後周改申州。
初復移縣治今所，屬豫州，仍改爲朗山縣。	改義州，尋復爲義陽郡。
屬蔡州。	初爲申州，後仍曰義陽郡。
改爲確山縣。	改義陽軍，又改信阳軍，屬鄧州。
因之。	
因之。	改信陽州。
初省入汝陽，洪武十四年復置。	初降爲縣，改今屬，成化十一年升爲州。

①唐杜祐《通典》所考不完整，春秋周穆王封叔齐子孙于平阳，为西申国；周宣王封公子诚申伯于宛邑为南申国；楚文王灭南申侯，南申国贵族东迁信邑，史称信阳之申，亦称东申国。

	實城	弋陽	西陽
	羅山縣	光州 今領縣四。	光山縣
初置		《禹貢》：揚州之域。	
春秋戰國	春秋時蔡地，戰國時爲楚地。	春秋爲弦、蔣、黄三國地，戰國屬楚。	春秋弦國。
秦	屬潁川郡。	屬九江郡。	
漢	爲鄳縣屬江夏郡。	屬汝南、江夏二郡。三國魏析置弋陽郡。	爲西陽縣地，屬江夏郡。
晋	屬汝南郡。	屬弋陽、汝陰二郡。	置光山縣。
南北朝	北齊置高安縣。	宋齊屬弋陽、新蔡、光城三郡，梁末置光州，治光城縣。	劉宋改爲光城縣，尋置光城郡，梁置光州。
隋	初罷，後復置，改爲羅山縣。	改弋陽郡。	改縣曰光山。
唐	初置南羅州，尋罷州，以縣屬申州。	復爲光州，徙治定城。天寶初改弋陽郡，後復爲光州。	改郡爲光州，徙治定城縣。
五代			
宋遼	初省入義陽，後復置，屬信陽軍。	升光山軍節度，後改蔣州，尋復爲光州。	改光山爲期思縣，尋復舊。
金			
元	屬信陽州，後遷州于故縣，以縣治移于西南，即今所也。	屬汝寧府，省定城縣入焉。	屬光州。
明	因之。	初改屬鳳陽府。洪武十三年改屬汝寧府。	因之。

蓼國	新息	雩婁
固始州	息縣	商城縣
春秋蓼國。	春秋息侯國。	春秋時爲黄國，戰國屬楚。
		屬九江郡。
爲寢縣，屬汝南郡，東漢初改曰固始①。	置息縣，屬汝南郡，後徙而南，改曰新息。	屬汝南郡，東漢屬淮陽郡。
屬汝陰郡。	爲汝南郡治。	屬汝陰郡。
梁曰蓼縣，北齊復名固始。置新蔡郡，後周改置澮州。	後魏置東豫州，梁曰西豫州，又改曰淮州，後周改息州。	劉宋置殷城縣。
初州、郡俱廢，以縣屬弋陽郡。	廢。	
屬光州。	復置，貞觀廢，以縣屬蔡州。	初改義州，尋廢，以其地屬弋陽郡。
以殷城縣省入。		復置蘭城縣，尋省入固始縣。
	復置息州。	仍舊。
仍舊。	屬汝寧府。	仍舊。
因之。	改州爲縣，初屬颍州，後改光州。	因之，成化十一年復置，改今屬。

①東漢初改寢縣爲固始縣，建武二年(26)，劉秀封李通爲固始侯，爲固始侯國。

	臨汝	魯陽	龍山
	汝州 今領縣四。	**魯山縣**	**郟縣**
初置	《禹貢》：豫州之域，周爲王畿地。	夏后時，劉累醢龍懼罪遷于魯，即此②。	
春秋戰國	春秋戎蠻子邑①，戰國屬韓，後屬魏。	春秋時爲鄭邑。	春秋時鄭邑，後爲楚邊邑，戰國屬韓。
秦	屬三川郡。		
漢	爲河南郡梁縣地，三國魏屬舞陽郡。	爲魯陽縣，屬南陽郡，三國魏爲廣州。	置郟縣，屬颍川郡。東漢省。曹魏復置。
晋	屬河南、襄城二郡。	復置縣，屬南陽國。	
南北朝	後魏屬汝北、魯陽二郡，東魏置北荊州，後周改和州。	後魏置魯陽郡，又置魯州。	後魏改龍山縣，屬襄城郡。東魏以縣置順陽郡。
隋	改汝州，尋改襄城郡治承休縣。	初郡廢，大業初廢州爲魯縣，屬襄城郡。	初改龍山爲汝南縣，尋改輔城縣，屬汝州，大業中又改都城縣，以期城縣省入。
唐	復爲汝州，改承休爲梁縣，天寶初改州爲臨汝郡。乾元初復爲汝州。	初復置魯州，改縣曰魯山，貞觀中州廢，以滍陽③縣省入，屬汝州。	因之。
五代	因之。		
宋遼	置陸海軍節度。	仍舊。	屬許州。
金	廢軍，州、縣仍舊。	仍舊。	屬汝州。
元	屬南陽府。	仍舊。	初省入梁縣，後復置郟縣。
明	初以梁縣省入，仍舊屬。成化十二年增置寶豐、伊陽二縣，直隸布政司。	因之。	因之。

①《正德汝州志》載：東周築蠻中聚，即戎蠻子國。古稱蠻城，亦曰鄤城，俗稱麻城。 ②《左傳》載：夏孔甲賜劉累禦龍氏，劉累喂死雌龍，懼罪遷於魯縣。取封號，收回封地。 ③滍(zhì)陽，夏、商古应国都，因古滍水而得名。

雉陽	練溪
寶豐縣	伊陽縣
春秋楚城父邑，戰國屬韓。	春秋秦晉遷陸渾[1]之城，創伊川即此，戰國屬韓。
秦漢俱屬汝州。	置新城縣，屬三輔郡。
置父城縣，屬潁川郡。	兩漢因之，三國屬魏。
改屬襄城縣，東晉廢。	復爲陸渾，屬河南郡。
後魏置汝南縣，尋僑置汝南郡。北齊郡、縣俱廢。	
開皇復置汝南縣，屬襄城郡。大業末廢。	
置龍興縣。	置伊州，陸渾隸焉，尋改爲伊陽縣。
	因之。
更名寶豐縣。	因之，隸河南府。紹興五年改爲順川，尋復伊陽。
因之。	
省。	改爲嵩州，屬南陽府。
初仍舊，成化十年復置寶豐縣。	洪武初改州爲縣，成化十一年仍置伊陽縣，改隸汝州。

①周襄王十四(638)年，秦逼西北戎人薑戎氏東遷洛陽，始建陸渾戎。

山東省　○注：濟南府爲省會，在京師南八百里，東西距一千六百四十里，南北距八百十里。東界大海，西界直隸元城。南界江南沛縣，北界直隸寧津。東南界江南海州，西南界河南商邱。東北界海，西北界直隸南宫。領府十、州十一、縣九十六。

兼青、兖、徐之境，接魏、宋、趙之郊。東有琅琊，西有濁河。南有泰山，北有渤海。《禹貢》：海岱惟青州，《周禮·職方》：正東曰青州。春秋時齊地，其在天文虚、危，則齊分野，亦兼魯、衛之疆。○注：今泰山以南兖州府至沂州之境。《禹貢》：徐州地。春秋屬魯，天文奎婁分野。濟河以北，東昌府及兖州府之西境，濟南府之北境《禹貢》：兖州地也。春秋屬衛，于戰國兼得魏、宋、齊、趙之郊。秦并天下，置齊郡、東郡、薛郡、琅琊及遼東等郡。漢置十三州，此亦爲青州及兖州地，後漢因之。魏晉亦置青、兖二州。永嘉以後陷于石勒及慕容皝。後又入于苻堅，堅敗歸于晉。○注：晉置幽州于廣固。尋復爲慕容德所據。義熙六年劉裕克南燕，復置青州及兖州。劉宋時兼置冀，○注：治歷城。其後入于魏，魏亡屬高齊，尋爲後周所并。其分析不可得而詳也。隋亦置十三郡而不詳所統。唐貞觀初，分天下爲十道，河濟以南屬河南道，以北屬河北道。宋初隸京東路及河北路，後又增置京東西路。○注：曹、鄆諸州屬京東西路。金人分山東東路，山東西路。○注：東路理益都，西路理東平。元亦置益都、濟南等路，直隸中書省。○注：謂之腹裏。明初置山東等處承宣佈政使司。

天文危分野。

	濟南府 今領州一、縣十五。	歷城縣	章邱縣
	齊州	平陵	朝陽
初置	《禹貢》：青州之域。		
春秋戰國	春秋戰國并屬齊。	齊歷下邑。	齊高唐邑。
秦	屬齊郡。		
漢	初屬齊國，文帝分置濟南國。景帝改爲濟南郡，後漢仍曰濟南國。	置歷城縣屬濟南郡，後屬濟南國。	爲陽邱縣地，屬濟南郡，東漢省。
晋	復爲郡。	初郡治東平陵，永嘉移治于此。	
南北朝	劉宋兼置冀州，後魏改爲齊州，兼置濟南郡，後齊、後周因之。		北齊移高唐治于此。
隋	初郡廢州存，煬帝又改齊州爲齊郡。	初罷郡，以縣屬齊州。	改爲章邱縣。
唐	復爲齊州，天寶曰臨淄郡，三載改曰濟南郡。乾元初復曰齊州。	以平陵縣省入。	屬齊州。
五代			
宋遼	因之，政和六年升爲濟南府。	仍舊。	增置清平軍。
金	仍舊。	仍舊。	廢軍以縣屬濟南府。
元	曰濟南路。	仍舊。	仍舊。
明	明初改爲府。	因之。	因之。

	鄒平縣（梁鄒）	淄川縣（般陽）	長山縣（武强）
初置	古鄒侯國。		
春秋戰國			
秦			
漢	置鄒平縣，屬濟南郡。	般陽縣屬濟南郡，東漢屬齊國。	濟南郡於陵縣地。
晋	爲鄒縣屬樂安國，後廢。	省。	
南北朝		劉宋置東清河郡及貝丘縣，北齊罷郡，以縣屬齊州。	劉宋于此僑置廣川郡及武强縣。北齊改廣川爲東平原郡。
隋	復置，屬齊州，後廢。	置淄州，改貝丘爲淄川縣，後州廢。	初郡廢，後改武强爲長山縣屬齊州。
唐	復置屬譚州，貞觀初州廢，屬淄州。	初復置淄州。	初屬鄒州，後屬淄州。
五代			
宋遼	景德初徙治，廢濟陽城。	因之。	因之。
金	仍舊。	因之。	因之。
元	屬濟南路。	改淄州爲淄萊路，後改般陽路，以縣附郭。	屬般陽路。
明	因之。	洪武初改路爲淄川州，以縣省入。尋又改州爲縣，屬濟南府。	改今屬。

	高苑	祝阿	固均
	新城縣	齊河縣	齊東縣
初置			
春秋戰國		春秋祝阿地①。	
秦			
漢	置高苑縣屬干乘郡，後漢屬樂安國。	平原郡祝阿縣地。	濟南郡鄒平縣地。
晉	爲樂安國治。		
南北朝	劉宋省。		
隋	爲長山高苑縣地。		
唐	唐以來長山縣地。	爲禹城縣地。	爲鄒平縣地。
五代			
宋遼		始爲齊河鎮。	于縣之趙巖口置齊東鎮。
金		大定中置爲縣，屬濟南府。	劉豫于此置夾河巡檢司。
元	初析置新城縣，屬般陽路。	屬德州。	改鎮爲齊東縣。屬河間路。
明	改今屬。	改今屬。	改今屬。

①祝阿，春秋稱祝柯。《左傳·襄公十九年》：『諸侯盟於祝柯。』即此。西漢改名祝阿縣。

著縣	源陽	漯陰
濟陽縣	**禹城縣**	**臨邑縣**
以在濟水之北故名。	以縣有禹息城而名。	
春秋齊著邑。	春秋周之祝國，後爲齊之祝阿邑。	春秋隰邑①。
置著縣屬濟南郡，後漢至魏皆因之。	置祝阿縣，後漢因之，屬平原郡。	漢置漯陰縣，屬平原郡。後漢因之。
	改屬濟南郡。	省。
北齊長樂縣地。	劉宋屬太原郡，後魏因之。	劉宋孝建二年僑立臨邑縣于此，屬魏郡。
改曰高苑縣，屬齊州。	屬齊州。	屬齊州。
析置濟陽縣，元和中省入高苑縣，屬淄州。	天寶初改曰禹城縣。	初屬譚州，又屬齊州。
爲章邱縣地。	仍屬齊州。	因之。
復析臨邑、章邱二縣地，置濟陽縣，屬濟南府		
仍舊。	改屬曹州。	屬河間路。
因之。	洪武二十年改今屬。	初改今屬。

①古濕邑，隰、漯相通，又稱漯（tà）邑。秦置漯陰縣，因縣在漯川以南而名。

	鬲縣	平昌	繹幕
	德州	德平縣	平原縣
初置	古有鬲氏之國。		
春秋戰國			
秦	齊郡地。		
漢	置鬲縣屬平原郡。後漢爲侯國。	爲平昌縣屬平原郡，東漢改曰西平昌。	置縣爲平原郡治所，東漢改郡爲國。
晉	置平原國。	因之。	因之。
南北朝	後魏改爲郡，又置安德郡。	復(後)魏復名平昌，省鬲、重平二縣入焉。鬲縣臯陶之後，即姓。	劉宋仍屬平原郡，後魏以平原郡治聊城，分置東平郡于此又置東青州治焉，旋廢以縣屬安德郡。
隋	置德州復爲平原郡。	屬德州。	屬德州。
唐	置德州，尋改平原郡。乾元初復爲德州治安德縣。	以般縣省入，般縣在縣東北三十里。	屬齊州，尋復舊屬。
五代	晉移治長河縣。	唐改爲德平縣。	仍舊。
宋遼	復移治安德縣。	省入安德縣，元符初復置。	仍舊。
金		仍舊。	仍舊。
元	因之。	仍舊。	仍舊。
明	洪武初省安德縣入州。尋廢，舊治爲陵縣，而州治于陵縣。	因之。	因之。

臨齊	茌山	汶陽
陵縣	長清縣	泰安府 今領州一、縣六。
	以界内清水爲名。	
	春秋齊盧邑①。	春秋戰國齊地。
		屬齊郡。
安德縣地，屬平原郡。	盧縣地屬泰山郡。	爲泰山郡地。
析置安陵縣。	屬濟北國。	因之。
	後魏分屬太原郡，北齊郡、縣俱廢。	後魏因之，北齊改曰東平郡。
又析置將陵縣。	置長清縣，屬濟州。	郡廢屬兗州，大業初屬魯郡。
屬德州。	屬齊州，元和以析置山茌縣省入。	武德五年置東泰州，貞觀初州廢，仍屬兗州，天寶初屬魯郡，乾元初復故。
周以安陵縣省入將陵。		
屬景州。	初因之，至道初徙今治。	仍屬兗州。
屬景州。		置泰寧軍，又改泰安軍。大定十三年，升爲泰安州。
升爲陵州屬濟南路，後屬河間路。	屬泰安州。	初屬東平路，後隸省部。
改爲縣，徙治德州故城。	改今屬。	初改屬濟南府，以州治奉符縣省入。

①春秋時期，齊國文公子高食采于盧邑。《管子·小匡》載：『國設三軍，有中軍之鼓，有高子之鼓，有國子之鼓。』《國語·齊語》載：『士商十五鄉，公帥五鄉焉，國子帥五鄉焉，高子帥五鄉焉。』即指此。

	梁父	須句
	泰安縣	東平州
初置	今府治。	取《禹貢》東原底平之義③。
春秋戰國	春秋齊之博邑①。	春秋之須句國④，戰國屬宋。
秦		屬碭郡又爲薛郡地⑤。
漢	置博縣，屬泰山郡。	爲東平國，後爲濟東國，又改大河郡。後漢仍爲東平國⑥。
晉	因之。	
南北朝	宋因之，後魏曰博平縣，泰山郡治此。北齊改郡曰東平。	後魏爲東平郡，後周置魯州。
隋	初郡廢，開皇十六年改縣曰汶陽，尋又改曰博城。	置鄆州，後改東平郡。
唐	于此置泰州。後廢，改博城曰乾封②。	復置鄆州，天寶初改東平郡，元和中置太平軍。
五代		
宋遼	徙縣治于此，又改奉符縣。	徙治州故城，政和中改東平府。
金	置泰安州。	
元	因之。	改爲東平路。
明	廢縣，國朝置今縣附郭。	洪武初復改爲府，八年降爲州，以須城縣省入，屬濟寧府。

①春秋戰國時期，齊國在徂徠山西北設博邑，秦改博邑置博陽縣。漢初改爲博縣，設博陽郡治縣。②唐干封元年（666），以年號而改爲干封縣。總章元年（668），復舊，神龍元年（705），又改爲干封縣。至北宋大中祥符元（1008）年，干封縣改爲奉符縣。③《尚書·禹貢》：『大野既豬，東原底平。』蔡沉集傳曰：『底平者，水患已去，而底於平也。』④須句，又作須朐。春秋前期封國，須句國爲風姓，太昊之後，故址在今山東梁山縣。西元前620年，魯文公出兵伐邾奪取須句，入於魯。⑤東平地，戰國爲齊無鹽邑。秦設須昌、無鹽、張縣。秦王政二十二年（前225），屬碭郡；二十三年置薛郡，三縣又爲屬縣。⑥西漢置富城、章縣，無鹽縣，先屬彭越梁國，中元五年（前145），景帝封三子劉彭離濟東侯國，治無鹽縣。元鼎元年（前116），廢爲大河郡。

穀鎮	榆山	平陽
東阿縣	平陰縣	新泰縣
春秋時齊柯邑①。	春秋齊地，魯襄公會諸侯伐齊，齊禦諸平陰即此	春秋魯平陽邑④。
置東阿縣，屬東平郡。	爲盧縣地。	泰山郡，東平陽縣地。
屬濟北國②。	因之。	泰始中置新泰縣，屬泰山郡，後屬東安郡。
		後魏屬泰山郡。
屬濟北郡。	置榆山縣，後改平陰縣，屬濟北郡。	屬琅琊郡。
初屬濟南郡，後屬鄆州。	屬鄆州。	屬莒州，後屬沂州。
徙治新橋鎮，③屬東平府。	屬東平府。	
仍舊。	仍舊。	屬泰安州。
仍舊。	仍舊。	省入萊蕪縣，後復置。
洪武八年還舊治。	因之。	因之。

①柯邑，原屬衛國，因境内大湖柯澤而得名。 ②西漢初（前206年），項羽封田安爲濟北王，置爲濟北國，漢文帝二年（前178年），立劉興居爲濟北王，前176年，謀反國除。前164年，封劉志爲濟北王。七國之亂後，衡山王劉勃爲濟北王。東漢和帝年以盧縣、蛇丘、剛縣置濟北國。封劉壽爲濟北王。 ③東阿縣宋以後縣治屢遷。宋開寶八年（975），徙縣治於南谷鎮，太平興國二年（977），徙治仁和鎮，金天會十一年（1133）徙治新橋鎮，明洪武八年（1375），徙治谷城。1949年後徙銅城鎮。 ④《讀史方輿紀要》：南平陽城縣西三十裏。春秋時郕地，後爲魯平陽邑。哀二十七年，越子使後庸來盟於平陽。即此。

	夾穀	蛇邱	棣州
	萊(萊)蕪縣	肥城縣	武安府 今領州一縣九。
初置		古肥子國[2]。	
春秋戰國	春秋時爲夾穀[1]地。		
秦			爲齊郡地。
漢	置萊，舊縣屬嵩山郡，東漢因之。	置縣屬泰山郡。東漢省入盧縣。	爲平原、渤海二郡地。三國魏分置樂陵郡。
晉	因之。		爲樂安、樂陵二國地。
南北朝	劉宋時省。後魏移怡嬴縣於此，仍屬泰山郡。	劉宋置碻磝，[3]後屬濟北郡。後周置肥城縣。	
隋	屬兗州。	屬濟州。	置棣州治陽信縣，後罷。
唐	初屬東泰州，貞觀初省縣入博城，後復置。	屬東泰州，貞觀初省入博城縣。	復置治樂陵，又移治厭次，天寶又改爲樂安郡。乾元復爲州。
五代			梁徙治城東南。
宋遼	因之。	为平陰縣地。	復徙治於此。
金	屬泰安州。	曰辛镇寨。	
元	因之。	至元十二年於寨置肥城縣，屬濟寧路。	置濱棣路，後改棣州屬濟南府。
明	洪武初屬濟南府，三年改今屬。	改屬濟南府。	洪武六年改爲樂安州，以厭次縣省入。宣德元年改爲武定州。

①《春秋·定公十年》：『夏，公會齊侯於夾谷。』其故址當在今山東省萊蕪縣夾谷峪。參閲清顧炎武《日知録·夾谷》。 ②西周白狄别種肥族人，南下占此建『肥子國』『肥累國』。春秋時晉國於魯昭公十二年派大將荀瑩滅之，擄其君綿臯，肥子國廢。《史記》載：『趙王遷三年，秦攻赤麗、宜安，李牧率師與之戰，肥却亡』，即此。 ③碻磝（qiāo áo）戍，一作敲嚚。故址在今山東茌平西南古黄河南岸，劉宋元嘉年間北伐，曾遣兵據此。北魏爲河南四鎮之一，又爲濟州治所，城西南當河水頂冲，自晉以來屢築屢毁，唐天寶十三年（754）爲河水冲毁，遂廢。

厭次	渤海	無棣
惠民縣	陽信縣	海豐縣
今府治。		
厭次縣。①相傳始皇東遊，厭氣于此，因置縣。		
高祖六年爲富平縣，後漢永平復改爲厭次縣。②	爲陽信縣，屬渤海郡，④後漢省，延光元年復置。	陽信縣地，後漢省，尋復置。
爲樂陵國治。	屬樂陵國。⑤	改屬樂陵國。
劉宋亦爲厭次縣，後魏因之。俱屬樂陵郡，後齊廢。	北齊始徙置于今縣界。	後魏因之，北齊徙廢。
開皇復置厭次縣，屬棣州。	以渤海郡治陽信縣。	置無棣縣。
貞觀十七年移縣治棣州郭内。	省縣，後復置，屬樂安郡。	省縣入陽信，後復置，屬滄州
因之。		周屬保順軍。
大中祥符八年，移置信陽于厭次古城。③	屬棣州，徙州及厭次縣于陽信縣界，而于厭次城置陽信縣。	仍爲縣屬滄州。
因之。	仍舊。	
因之。	仍舊。	省入樂陵縣，後復以其地之半屬滄州。
初省，國朝改置惠民縣。	因之。	洪武八年改爲海豐縣。

①齊國時曾是麥丘之地，秦始皇以東南有天子氣，乃東巡以厭(ya)之，置厭次縣，屬齊郡。縣治在今山東惠民縣桑落墅北。　②漢初侯元頃隨劉邦入漢中，以都尉堅守廣武等功。高祖六年(前201)封厭次侯，設厭次侯國。後厭次國謀亂，廢國改厭次縣爲富平縣。　③北宋大中祥符八年(1015)厭次縣治遷至陽信縣界喬子鎮之八方寺，即今山東惠民縣城址。明洪武元年(1368)，廢厭次縣。　④西漢高祖五年(前202)置陽信縣。《清史稿》曰：因治所爲韓信自燕伐齊屯兵之地，又居古篤馬河之陽，縣名由此而得。　⑤史高，漢武帝之衛太子婦史良娣兄子也，漢宣帝之表叔，西元前66年封樂陵侯。初建樂陵國。三國魏正始五年(244)，曲陽王曹茂徙封樂陵王國。晉泰始元年(265年)國廢。

	鬲津	大瑩	永門	將陵
	陵樂縣	濱州	利津縣	霑化縣
初置			本渤海縣之永利鎮。	本渤海縣之招安鎮。
春秋戰國		春秋時齊地。		
秦				
漢	爲都尉治。後漢建安末置樂陵郡。	爲千乘郡隰沃縣地[1]。	千乘郡隰沃縣地。	千乘郡隰沃縣地。
晉	初移郡于厭次，以樂陵爲屬縣。	屬樂陵國。		
南北朝	後魏初于縣置義興郡。太和中罷，仍移樂陵郡來治。			
隋	初郡廢，以樂陵縣屬滄州。	屬渤海郡蒲臺縣地[2]。	屬渤海郡蒲臺縣地。	渤海郡蒲臺縣地。
唐	屬樂安郡，後改屬滄州，自唐以來徙治不一。	屬樂安郡。	棣州、蒲臺二縣地。	
五代		唐置榷鹽務，漢改瞻國軍[3]，周改濱州治渤海縣。		
宋遼	始徙今治。	大觀二年賜名渤海郡，屬河北東路。	屬濱州。	慶歷三年析置招安縣。
金	因之。	屬山東東路。	明昌三年升永利鎮，置利津縣屬濱州。	改爲霑化縣。
元	因之。	合隶州爲濱隶路，至元初復爲州。	仍舊。	仍舊。
明	改今屬。	洪武初以渤海縣省入。	以渤海縣省入。	因之。

①隰(xí)沃，又稱濕沃。《説文》：「隰，阪下濕也」；《公羊傳·昭西元年》：「上平曰原，下平曰隰。」 ②隋開皇十六年(596)始設於蒲臺縣。《史記·秦本紀》載：「始皇東巡至海，縈蒲係馬，築臺望焉。」此臺世稱「秦臺」，故蒲臺縣而得名。 ③後漢昇榷鹽務置瞻國軍，治所在今山東濱州市北濱城鎮。後周顯德三年(956)昇爲濱州。

	隰沃 蒲臺縣	東鄒 青城縣	枋縣 商河縣
初置		本臨邑、寧津二縣地，舊名青城鎮。	
春秋戰國			
秦			
漢	隰沃縣屬千乘國。①	置東鄒縣，屬千乘郡，後漢省。	枋縣屬平原郡。②
晉	屬樂陵郡。	復置鄒縣，屬樂安國。	
南北朝	後魏因之，北齊廢。	宋省，後魏爲臨濟縣地。	後魏隰沃縣地，北齊省隰沃入商河，後廢。
隋	屬滄州，後改爲蒲臺，屬渤海郡，尋省。		復置商河縣，屬滄州。
唐	復置，屬淄州。	爲鄒平縣地。	屬德州，又改屬樂安郡。
五代	周屬濱州。		
宋遼	省。	鄒平縣地。	屬棣州。
金	復置。		屬棣州。
元	初屬濱棣路，尋屬淄萊路。	置青城縣屬濟南路。	屬棣州。
明	屬濱州。	初省入鄒平、齊東二縣，後復置屬濟南府。	屬武定州。

①東漢永平三年(60)，漢明帝封劉建爲千乘王。建初四年(79)漢章帝封長子劉伉千乘王，治千乘縣。②枋(lì)或作扐縣。西漢置，屬平原郡，治所在今山東商河縣。前176年，漢文帝封齊悼王子劉辟光爲枋侯。武帝時又封城陽頃王子劉讓爲枋侯，東漢初廢入般縣。

	東魯	瑕邱	闕里
	兗州府（今領州一、縣十三。）	滋陽縣	曲阜縣
初置	《禹貢》徐、兗二州之地。	本魯之負瑕①。	神農少昊徙都之地，周武王封周公是爲魯國。
春秋戰國	春秋時魯國，戰國屬楚。		
秦	爲薛郡。		爲薛郡治。
漢	爲魯國及泰山山陽郡地。東漢爲任城國山陽泰山郡地，兼置兗州。	置瑕邱縣，屬山陽郡。武帝時爲瑕邱侯國，東漢復爲縣。	置魯縣兼置魯國。
晉	改爲魯郡。	省入南平縣，屬高平國。	改國爲郡。
南北朝	劉宋元嘉末復置兗州于瑕邱，北齊改爲任城郡。	劉宋元嘉三十年始置兗州，治瑕邱故城。後魏因之。	
隋	罷郡爲兗州，大業初改爲魯郡。	開皇十三年，始復置瑕邱縣爲州治。	初廢郡，改縣曰汶陽，後又改曰曲阜。
唐	爲兗州，天寶初又爲魯郡。乾元初復爲兗州。後升爲泰寧軍。	爲兗州治。	貞觀初省，尋復置屬兗州。
五代	周復爲州。	因之。	
宋遼	改爲襲慶府。	避宣聖諱改爲瑕縣，又改曰滋陽縣，取山爲名。	改爲仙源縣。
金	仍爲泰寧軍，又改爲泰定軍。	因之。	復爲曲阜，以城內有阜委曲長數里故名。
元	復爲兗州，隷濟寧路。	因之。	仍舊。
明	初因之，洪武中升爲兗州府。	初省入兗州，洪武十四年復置。	因之。

①負瑕，古邑名。一作瑕丘、負夏。春秋魯地，今山東兗州北。《左傳·哀公七年(前488)》："魯季康子伐邾俘邾子益，『囚諸負瑕』"，即此。

平原	嶧山	卞縣
寧陽縣	**鄒縣**	**泗水縣**
本魯之闡邑①。	周時爲邾國，魯繆公改爲騶，因山名。	古卞縣。
		春秋時爲魯卞邑。
置寧陽縣，屬泰山郡，東漢屬東平國。	置騶縣屬魯國。	置卞縣屬魯國。
省。		屬魯郡。
後魏僑置平原縣于此。		劉宋因之。
改爲龔邱縣。	屬魯郡。	改爲泗水縣，屬兖州。
因之。	改爲鄒縣，屬兖州。	屬兖州。
		因之。
改曰龔縣，仍屬兖州。	屬襲慶府。	因之。
大定復爲寧陽縣。	屬滕州。	因之。
省入滋陽縣，後復置。	因之。	省入曲阜，尋復置，屬兖州。
因之。	改今屬。	因之。

①闡邑，古地名。《漢書·地理志》注：「剛古闡。水從汶出稱闡，即闡水。春秋哀公八年，齊人取闡，後歸於魯，何時闡又入齊及更名爲剛，不可考。」

	合鄉	蘭陵	東緡
	滕縣	嶧縣	金鄉縣
初置	古小邾子國，滕城在縣西南十四里，叔繡所封。薛城在縣南四十里，夏居正所封。		古緡國②。
春秋戰國		春秋時鄫國，鄫在縣東八十里。	春秋時宋邑。
秦	屬薛郡。		
漢	置蕃縣，屬魯國。	爲蘭陵、氶二縣地，屬東海郡。	置東緡縣，屬山陽郡。後漢析置金鄉縣，以山爲名。
晉	屬魯郡。	置蘭陵郡治氶城①。	以東緡縣省入，屬高平國。
南北朝	後魏置蕃郡。北齊發。		後魏以昌邑縣省入。
隋	開皇改爲滕縣，屬徐州。	罷郡置鄫州，大業中州縣并廢，而徙蘭陵縣于氶城，屬徐州。	
唐	因之。	初復置鄫州，又改蘭陵爲氶縣。貞觀中，州廢，以縣屬沂州。	于縣置金州，尋改戴州。州廢，以縣屬兗州。
五代			屬濟州。
宋遼	因之。	因之。	仍舊。
金	置滕陽軍，大定二十四年復改曰滕州，治滕縣。	屬邳州，後改氶縣爲蘭陵。興定中以縣置嶧州。	仍舊。
元	因之。	初以州屬益都路，至元初以縣省入。	屬濟寧路。
明	州廢，縣屬濟寧府。洪武十八年改今屬。	洪武改州爲縣。	洪武十八年改今屬。

①氶(zhěng)縣，境内有氶水，源出山東省，流入運河，縣因水而名。　②夏代之緡(mín)國，春秋時屬宋。

湖陵	上巡	平陵
魚臺縣	陽穀縣	汶上縣
春秋時魯棠邑，隱公觀魚于棠，即此。	春秋時齊地，僖公時齊、宋、江、黄會于陽穀，即此。	春秋時爲魯中都地。
置方與縣，屬山陽郡。	爲須昌縣地。	置東平陸縣。東漢省入須昌縣。
屬高平國。		
後魏屬高平郡，北齊省。		北齊置樂平縣。
	置陽穀縣，屬濟北郡。	後改平陸，屬魯郡。
置魚臺縣，屬山陽郡。	屬濟州，天寶後屬鄆州。	初屬兖州，後改爲中都縣。
唐屬單州。		
因之。		
因之。	仍舊。	改爲汶陽縣，又改曰汶上。
至元初省入金鄉縣，後復置。	仍舊。	屬東平路。
初屬徐州，又改屬濟南府，又改今屬。	因之	因之。

	濟寧縣（亢父）	壽張縣（竹口）	嘉祥縣（爰戚）
初置	古徐州之域。		本鉅野地，爰戚[1]在縣西南。秦縣名。
春秋戰國	春秋屬魯，戰國屬宋。	春秋時爲良邑。	世傳哀公西狩獲麟于此。
秦	屬碭郡。		
漢	屬山陽郡。	爲壽良縣，屬東郡，其治在今縣南九十里。東漢改爲壽張縣。	
晉	爲高平及任城國地。		
南北朝	劉宋屬濟北郡，後魏置濟州于碻磝城。		
隋	改爲濟北郡。	屬濟州，後屬鄆州。	
唐	初復爲濟州，後廢。	于此置壽州，并增置壽良縣，尋俱省。	唐、宋皆爲任城縣地。
五代	周復置濟州，治鉅野。		
宋遼		屬東平府。	
金	徙治任城。	仍舊。	大定中始置嘉祥縣，屬濟州，取獲麟之義。
元	初還置鉅野，而于任城置濟州。	仍舊。	屬東平路，至元初還屬濟州。
明	洪武改爲濟寧府。	洪武二年省入須城、陽穀二縣，十四年復置。	改屬濟寧州。

①爰戚縣，秦置。西漢爲侯國，漢高帝封趙成爲爰戚侯。

琅琊	即邱	東海
沂州府（今領州一、縣六。）	蘭山縣	郯城縣
		本郯子國地。
本齊魯二國之境。		
秦、漢、晉皆爲琅琊郡地。		
	臨沂縣，屬東海郡，東漢屬琅琊郡。	置郯縣，屬东海郡治。東漢徐州刺史治此。
	因之。	
後魏置北徐州，後周改曰沂州，以城臨沂水故名。	北齊省入即邱縣。	北齊省，後周復置。
置臨沂縣，改州爲琅琊郡。	復置臨沂縣，爲沂州治。	省，後復置。
復曰沂州，天寶初又爲琅琊郡。	析置蘭山、臨沭、昌樂三縣。武德六年俱省入臨沂。	因之。
仍曰沂州。	因之。	因之。
		因之。
屬益都路。	因之，并爲沂州治。	元末復置郯城縣，仍屬沂州。
洪武以州治臨沂縣省入，尋改屬濟寧府，又改屬濟南府。	以州治臨沂縣省入，國朝改置蘭山縣。	因之。

	費縣（顓臾①）	莒州（城陽）
初置	古費國地。	
春秋戰國	春秋時魯季孫氏之邑。	春秋時莒子國②，後滅于楚。戰國屬齊。
秦		屬琅琊郡。
漢	置費縣，屬東海郡。後漢屬泰山郡。	初爲齊國地，文帝置城陽國。後漢屬琅琊國，三國魏置城陽郡。
晋	屬琅琊國。	因之。
南北朝	後魏徙治縣北陽山口。	劉宋改置東莞郡，後魏因之。後齊郡廢，尋置義唐郡。
隋	初徙治枋城，屬沂州，後廢。	開皇初郡廢，改属莒州，大業初州廢屬琅琊郡。
唐	復置。	武德五年仍屬莒州，貞觀八年州廢屬密州。
五代		
宋遼	仍舊。	因之。
金	仍舊。	置城陽軍，尋升爲州，又改曰莒州。
元	仍舊。	仍舊。
明	因之。	初以州治，莒縣省入。

①顓臾(zhuān yú)，古國名，傳東夷部落首領太皞建立顓臾方國。西周成王封之爲『顓臾王』，主祭祀蒙山。②莒(jǔ)地，商爲姑幕國，春秋時期爲莒國。齊桓公爲公子時曾到莒國避難，『勿忘在莒』典故即出此。

東莞	新泰
沂水縣	蒙陰縣
春秋魯鄆邑。	春秋魯附庸顓臾國地。
置東莞縣，屬琅琊郡，後漢屬琅琊國，三國魏于此置東莞郡。	置縣，屬泰山郡，後漢省。
因之。	復置，屬琅琊國。
劉宋改屬東莞郡，後又兼置東徐州，後魏改爲南徐州①，而東莞郡如故。後齊改郡曰東安，後周又改州曰莒州。	後魏廢，東魏復置。高齊省入新泰縣。
郡廢，改縣曰東安，又改曰沂水。	
武德置莒州于此，貞觀州廢，縣屬沂州。	
因之，尋屬莒州。	
仍舊。	中統三年以其地置新寨鎮，皇慶二年復改蒙陰縣，屬莒州。
因之。	初改今屬。

①此記有誤，宋文帝元嘉八年（431），僑置徐州至江南，爲南徐州，北魏孝昌元年（525），魏孝明帝置東徐州。

	日照縣（海曲）	曹州府（葭密）今領州一縣十，國朝改爲府，析置菏澤縣附焉。葭密城在府西南八十里。
初置		《禹貢》：豫州之域，周武王封弟振鐸爲曹國地。
春秋戰國		戰國屬齊。
秦		屬碭郡。
漢	爲海曲縣地，置鹽官于此，名曰日照。	爲濟陰郡地。
晉	爲莒縣地。	爲濟陽郡。
南北朝		後魏于郡東北置北兗州，治定陶城，後徙治此，後周改爲曹州。
隋		改爲濟陰郡，治濟陰縣。
唐		復爲曹州。
五代		晉置威信軍，周改彰信軍。
宋遼		爲興仁府。
金	始置日照縣，屬莒州。	復爲曹州，大定末河決，徙治州東北七十里。
元	因之。	
明	仍隸青州府。	洪武四年改爲縣，正統復置曹州于古曹國，隸兗州，即今治。

菏澤縣	曹縣	濮州
呂都	己氏	鄄城
或曰漢高后割濟南郡爲呂，封呂台爲呂王，即都此。		古顓頊之墟，曰帝邱，夏爲昆吾氏所居。
		春秋衛成公遷都此地。
		屬東郡。
呂都縣地，屬濟陰郡，後漢省。	定陶縣地。	置鄄城縣，屬濟陰郡。東漢末于此置兗州。
	因之。	析置濮陽郡。
後魏太和十一年，始徙置乘氏縣于此，北齊、北周因之。	後魏孝昌置西兗州，興和增置沛郡。北齊郡廢，北周改西兗爲曹州。	後魏置濮陽郡，後周因之。
因之。	析置濟陰縣，爲曹州治。	置濮州，尋廢。
屬曹州。	因之。	復置，天寶初改爲濮陽郡，乾元初復爲濮州治鄄城。
因之。	晉置威信軍，周置彰仁軍。	
因之。	因之，建中靖國改曰興仁軍。	因之。
大定六年廢。八年改置濟陰縣，爲曹州治。	金人徙州治乘氏故縣，仍置濟陰爲附郭。	屬大名府路。
因之。	因之。	仍曰濮州，直隸省部。
縣省，尋州亦廢，正統復置。	初徙今治，四年改州爲縣，屬濟寧府。正統十一年復置曹州，以縣屬焉。	以州治鄄城縣，省入屬東昌府，景泰二年以河患，徙治王村，即今治。

	廩邱	衛國	武陽
	范縣	觀城縣	朝城縣
初置		本古之觀國。	以縣東古朝城爲名。
春秋戰國	春秋晉大夫士會之邑。	春秋爲衛地。	春秋衛之東鄙地。
秦			
漢	置范縣，屬東郡。	置畔觀縣，屬東郡。東漢更名衛國縣。	爲東武陽縣，東漢改爲郡，尋復爲武陽縣。
晉	屬東平國。	屬頓邱郡。	屬陽平郡。
南北朝	北齊廢。		北齊廢，後周復置，屬魏郡。
隋	復置，屬濟北郡。	改觀城縣，屬武陽郡。	屬莘州，後屬魏州。
唐	初于縣置范州，尋廢，以縣屬濟州。貞觀中改屬濮州。	屬澶州，貞觀中省，大歷中復置。	改爲武聖縣，又改爲朝城縣，元和屬澶州。
五代			晉屬大名府。
宋遼	仍舊。	省入濮陽縣，復置屬開德府。	屬開德府。
金	仍舊。	屬開州。	屬大名府。
元	仍舊。	屬濮州。	屬濮州。
明	因之。	因之。	因之。

清澤	單父	楚邱
鄆城縣	單縣	城武縣
本魯地。	本魯單父邑。	
		春秋時郜地，後屬宋。
		置成武縣。
爲壽良縣，東漢屬廩邱。	爲縣，屬山陽郡，東漢爲侯國。	亦曰成武縣，屬山陽郡，東漢屬濟陰郡。
	屬濟陽郡。	屬濟陽郡。
後周置清澤縣及高平郡。	後魏置北濟陰郡。	劉宋屬北濟陰郡，後魏因之，後齊置永昌郡。
廢郡改縣爲萬安，後改爲郡，以廩邱省入。大業初置鄆城縣屬東平郡。	初廢郡，以縣屬戴州，大業初州罷，以縣屬曹州。	初郡罷，開皇十六年置戴州治焉，大業初州廢，以縣屬曹州。
置鄆州，以縣屬焉。	屬宋州，後自碭山縣徙輝州治此。	貞觀中屬曹州。
周廢州，以縣屬濟州。	唐改爲單州。	唐屬單州。
因之。	因之。	因之。
以水患徙盤溝村。	屬歸德府。	因之。
屬濟寧路。	初以單父縣附郭，屬濟寧路。	因之。
因之。	洪武元年省縣入州，二年改州爲單縣，屬濟寧府。又改屬兖州。	洪武四年改屬濟寧府，十八年改屬兖州府。

	濟陰	乘氏
	定陶縣	鉅野縣
初置	唐堯初封夏爲三㚇國，周爲曹國都。	《禹貢》：『大野既瀦』即其地①，周屬魯。
春秋戰國	春秋末屬宋，戰國屬齊。	
秦	置定陶縣。	
漢	初封彭越爲梁王都此，後以縣屬濟陰國，宣帝時爲定陶國。	置鉅野縣，屬山陽郡。
晉	改爲濟陽郡治。	屬高平國，復罷。
南北朝	後魏爲西兗州治。	
隋	屬濟陰郡。	復置，屬東平郡。
唐	屬曹州，尋降爲鎮。	置麟州治此，尋廢州以縣屬鄆州。
五代		周于此置濟州。
宋遼	置廣濟軍兼置定陶縣。熙寧中軍廢，以縣屬曹州，後復置軍。	因之。
金	軍廢，仍以縣屬曹州。	徙州治任城縣，省鉅野縣入鄆州。
元		初爲濟寧路治，後徙路治任城，而此縣仍屬焉。
明	初省，洪武四年復置縣，屬濟寧府。正統改屬兗州府。	因之。

①瀦 zhū，《尚書·禹貢》：『大野既瀦，東原底平』。

南冀	武水	發于①
東昌府 今領州二，縣十。	聊城縣	堂邑縣
《禹貢》：兖州之域。		
春秋時齊西鄙聊攝地，戰國爲魏、齊、趙三國之境。	春秋時聊攝地。	春秋齊清邑。
爲東郡地。	置聊城縣，屬東郡。	
爲東郡地。	因之。	發干縣及清縣地，漢改清縣曰樂平。魏改屬陽平郡。
因曹魏，隸平原郡。	屬平原郡。	因之。
劉宋嘗置魏郡，後魏置南冀州及平原郡，治聊城，未幾州廢。	北齊改屬濟州。	後魏省發干入樂平，屬東陽平郡。北齊俱省。
初郡廢，後置博州。大業初州廢。	初屬平原郡，尋于此置博州。	始于此置堂邑縣，屬毛州，取西北有堂邑故城，故名。
初復置，天寶改爲博平郡，乾元初復爲博州。	爲博州治。	初屬毛州，貞觀屬博州。
晉徙治璅陵。	周省武水縣入焉。	晉改爲河清縣，尋復舊。
屬河北東路，淳化間移今治。	仍舊。	因之，熙寧初徙治于東十里即今治。
屬大名府路。	仍舊。	因之。
初隸東平路，至元初析爲博州路，尋改爲東昌路。	仍舊。	因之。
改爲東昌府。	因之。	因之。

①刻字之誤，應爲發干縣。

	博平縣（寬河）	茌平縣（重邱）	清平縣（貝邱）
初置			
春秋戰國	春秋齊之博陵邑。		
秦		舊縣屬東郡。	
漢	置博平縣，屬東郡。	因之，東漢屬濟北國。	置厝、貝邱二縣，屬清河郡。後漢改厝曰甘陵，移清河國治焉。
晉	屬平原國。	屬平原國，後移治聊城界。	改甘陵曰清河，爲清河國治。
南北朝	劉宋屬魏郡，後魏改平原郡。	劉宋仍屬平原郡，後魏因之，後齊廢入聊城。	魏因之，齊徙清河郡于信城，省貝邱入焉。改清河曰貝邱。
隋	仍屬毛州，後屬博州，大業初改屬清河郡。	復置屬貝州。	初徙貝邱縣治此，屬貝州，後改爲清平縣，後廢。
唐	仍屬博州，貞觀廢。天授二年復置。	屬博州，貞觀初省入聊城。	復置，屬博州。
五代			屬大名府。
宋遼	因之，景祐間徙治東南三十里寬河鎮，即今治。		徙治博平縣，明寧寨。
金	因之。	天會中劉豫復置茌平縣，屬博州。	屬大名府。
元	因之。		屬德州。
明	因之。		改今屬。

陽平	清泉	沙邱
莘縣	冠縣	臨清州
因縣北古莘亭爲名。		
春秋時衛邑。	春秋晉冠氏邑。	春秋衛地，戰國爲趙之東鄙。
		屬東郡。
陽平縣地，屬東郡。	爲魏郡館陶縣地。	爲清淵縣屬魏郡。
屬陽平郡。	屬陽平郡。	屬陽平郡。
北齊改縣曰樂平，後周于此置武陽郡。		後魏太和于縣西四十里置臨清縣，北齊廢。
初郡罷，復爲陽平縣。尋改青邑縣，又置莘州。大業改州爲縣，屬武陽郡。	析置冠氏縣，屬魏州。大業屬武陽郡。	初復置屬貝州，大業初屬清河郡。
武德復置莘州。貞觀初州廢，復以縣屬魏州。	初屬毛州，後屬魏州。	又析置永濟縣。
	屬大名府。	
	屬大名府。	初以永濟省入臨清，後廢爲鎮，尋復置。
屬大名府。	屬大名府。	屬恩州。
屬東昌府。	初屬東平路，後升爲冠州。	屬濮州。
因之。	降爲縣，改今屬。	初徙治縣北八里臨清間，景泰初又于縣東北三里築城，徙治焉。

	邱縣（平恩）	館陶縣（毛州）	恩縣（漳南）	夏津縣（貝州）
初置				
春秋戰國		春秋晉冠氏邑地。	春秋齊貝邱。	
秦			爲鉅鹿郡地。	
漢	本漢館陶縣之別鄉，析置邱縣屬魏郡。	置館陶縣屬魏郡。	屬清河郡東陽縣地，後漢省。	鄃縣屬清河郡，後漢省爲甘陵縣。
晉	屬廣平郡。	石趙徙陽平郡治此。	爲東武城縣地。	因之。
南北朝	北齊移治斥漳城。	後周置毛州。		北齊省入平原縣。
隋	又徙治平恩川爲平恩縣，屬武安郡。	廢毛州，以縣屬武陽郡。	置歷亭縣屬貝州。	復置，屬貝州。
唐	屬洺州。	屬魏州。	因之。	改爲夏津縣。
五代				漢改屬大名府。
宋遼	因之。	屬大名府。	屬恩州。	屬魏州。
金	廢爲鎮隸曲周縣。	屬大名府。	徙州治此。	屬大名府。
元	初省人堂邑縣，後復置屬東昌府。	屬濮州。	因之，以州治歷亭縣省入。	屬高唐州。
明	初因之，弘治二年割屬臨清州。	弘治二年割屬臨清州。	降州爲縣。	因之。

侯城	靈縣	北海
武城縣	高唐州	青州府 今領縣十一。
		《禹貢》：青州之域。武王封太公望于此爲齊國。
趙平原君封邑地。	春秋戰國齊地。	
	屬東郡。	置齊郡。
置東武城縣。	屬平原郡，後漢因之。	分置北海郡，屬青州。東漢爲齊、北海、樂安三國地，以青州治臨淄。魏爲益都城。
武城縣。	屬平原國。	爲齊、樂安二國地，永嘉末陷于石勒，其後南燕慕容德建都于此。
後魏因之，北齊天保徙廢。	後魏置南清河郡，北齊罷郡。	劉宋仍曰青州，後魏治東陽，又改益都郡，後周改爲齊郡。
	初以縣屬貝州，後屬清河郡。	復爲青州，尋復改北海郡。
移治永濟渠西，屬貝州。	改爲崇武縣，後復爲高唐縣。	初爲青州，尋改北海郡。乾元初復爲青州，又升平盧軍節度。
	梁改魚邱縣，後唐復舊。晉改齊城縣，漢復爲高唐縣。	因之。
屬恩州移今治。	仍屬博州。	仍曰青州，淳化五年改軍名曰鎮海。
仍舊。	仍屬博州。	爲益都府。
屬南昌州。	初屬東平路，至元中改爲州。	爲益都路。
因之。	省縣入州。	改青州府。

	柳泉 益都縣	顏神 博山縣
初置	古臨淄地。	本淄川縣之顏神鎮，本朝雍正割益都、淄川、萊蕪三縣地置。
春秋戰國		
秦		
漢	廣縣地，東漢爲益都侯國，三國魏置益都縣屬齊國。	萊蕪縣地。
晋	前趙築廣固城，羊穆之築東陽，皆其地。	
南北朝	宋置益都縣，後魏屬齊郡。北齊移縣治郡城北。	北魏以後爲貝邱縣地。
隋	爲北海郡治，自是州郡皆治此。	
唐	屬青州。	
五代		
宋遼	屬青州。	
金	屬益都府。	
元	屬益都路。	初嘗置行淄川縣于此，至元二年縣廢，以鎮隸益都。
明	因之。	嘉靖十七年設通判駐此。

營邱	博昌	建信
臨淄縣	博興縣	高苑縣
本古營邱地，周公封太公望爲齊國。獻公自薄姑徙都于此，曰臨淄。	周薄姑地，東南有薄姑城。	古苑牆地。
		戰國齊千乘狄邑。
初齊悼王都此，後置齊郡。東漢爲齊國青州治，置臨淄縣。	爲博昌縣，屬千乘郡。东漢屬樂安國。	初封丙猜爲高苑侯，後爲高苑縣，屬千乘郡。東漢屬樂安國。
因之。		因之。
元魏爲齊郡，高齊废入益都縣。	北齊改爲樂安縣。	劉宋析置長樂縣。
復置臨淄縣，屬北海郡。	復改曰博昌。	改曰會城。大業初復曰高苑，屬齊郡。
屬青州。	省樂安、安平二縣入焉。	屬淄州。
	唐始改曰博興。	
屬青州。	屬青州。	屬淄州。
屬益都府。	屬益都府。	
廢入益都縣，後復置。	升爲州。	屬行淄州，後行淄州廢，始來隸。
因之。	因之。	因之。

	琅槐	閭邱	營陵
	樂安縣	壽光縣	昌樂縣
初置	古廣饒地。	古斟灌國，禹後①。	本古營邱地。
春秋戰國			
秦			
漢	置樂安縣，元帝封匡衡爲樂安侯即此。東漢屬樂安國。	置壽光縣屬北海郡。文帝置菑川國。後漢并入北海。	爲營陵縣地。
晉	屬樂安郡。		因之，初屬東莞郡，屬高密國。
南北朝			宋因之，魏改屬平昌國，齊省。
隋	省入千乘縣，開皇三年移千乘于廣饒城屬青州，今縣理也。	開皇六年，于縣北十里博昌故城置壽光縣。大業初以閭邱縣省入。	改置營邱縣，屬濰州，後廢。
唐	置乘州，尋罷州，以縣屬青州。	初屬乘州，後屬青州。	復置，又廢。
五代			
宋遼	屬千乘縣。	因之。	于此置安仁縣，尋改爲昌樂縣。
金	屬益都府。	屬益都府。	屬濰州。
元	仍舊。	因之。	初并入北海縣，後復置屬濰州。
明	因之。	因之。	改今屬。

①斟(zhēn)灌，亦称斟鄩国，夏仲康之子所建，遗址在潍坊。传夏仲康先建都斟鄩(洛阳偃师)，而后到北方建国。称斟鄩故国。，夏後相曾居此國。《左傳·襄公四年》：『滅斟灌及斟鄩氏。』即此。

朱虛	輔唐	姑幕
臨朐縣	安邱縣	諸城縣
古伯氏駢邑，縣北七里有伯氏冢。	古莒之渠邱地。	古魯諸邑，古城在縣西。
		置琅琊郡。
置臨朐縣，屬齊郡，以縣東朐山取名。	置安邱縣，屬琅琊郡，東漢屬北海郡。後廢。	初置東武縣，後漢改置琅琊國，于開陽以東武章三縣爲屬。
省入昌國縣。	初屬東莞郡，惠帝改置平昌郡。	屬東莞郡。
	宋魏因之，北齊郡、縣俱廢入昌安。	後魏于此置高密郡，北齊省入東武縣。
改爲蓬山縣，後復舊，屬北海郡。	置牟山縣，後改安邱縣，屬高密郡。	改爲諸城縣。
屬青州。	改曰輔唐縣。	置密州治此。
	晉省入膠西縣。	
屬青州。	復置安邱縣。	初置安化軍。
屬益都府。	屬密州。	
省入益都縣，後復置。	屬密州。	仍爲密州治。
因之。	改今屬。	省州改今屬。

	東牟	間山
	登州府 今領州一、縣九。	蓬萊縣
初置	《禹貢》：青州嵎夷之地。	
春秋戰國	春秋時牟子國，戰國屬齊。	
秦	屬齊郡。	
漢	屬東萊郡，後漢因之，建安中置長廣郡。	黄縣地，漢武于此望海中蓬萊山，因築城以爲名。
晋	因之。	
南北朝	伐魏析東萊地置東牟郡，北齊省東牟入長廣郡。	
隋	郡廢，置牟州，大業三年廢。	
唐	復置牟州，後因文登縣人不從賊黨，遂于縣理置登州。貞觀牟、登二州俱廢。如意初又於牟平縣置登州。神龍三年，自牟平徙登州治于蓬萊鎮，析黄縣地置蓬萊縣，今州治是也。	貞觀八年置蓬萊鎮，神龍三年析黄縣置蓬萊縣，登州治焉。
五代		
宋遼	屬京東路。	爲登州治所。
金	屬山東東路。	爲登州治所。
元	屬益都路，後屬搬陽路。	爲登州治所。
明	初屬萊州府，洪武九年升爲登州府。	因之。

徐鄉	育犁
黃縣	**福山縣**
古萊子都此，故城在縣東南二十五里。	
秦欲伐匈奴，使天下飛芻輓粟[①]，起于黃腄，琅琊負海之郡，腄即文登。黃即此縣。	
置黃縣，屬東萊郡，其治在今縣東二十五里。	腄縣地，屬東萊郡。
	廢，後復置。
高齊天保七年移今治。	劉宋因之，後魏爲東牟郡治。北齊郡廢。
因之。	仍屬東萊郡。
初屬牟州，神龍三年改屬登州。	以後屬登州，皆爲蓬萊縣地。
宋、金、元、明俱屬登州。	
	僞齊劉豫始析登州之兩水鎮置福山縣，屬登州。
	仍舊。
	仍舊。

①飛芻輓(chú wǎn)粟，《漢書·主父偃傳》：「又使天下飛芻挽粟。」顏師古注：「運載芻槁，令其疾至，故曰飛芻也。輓謂引車船也。」

	楊疃	羅峯	昌陽
	棲霞縣	招遠縣	萊陽縣
初置			
春秋戰國			
秦			
漢	腄縣地，屬東萊郡，舊爲楊疃鎮，後漢爲黄縣地。	本東萊郡之掖縣地，置曲成縣，仍屬東萊郡，後漢因之。	本東萊郡之昌陽縣地，後漢因之。
晋		因之。	初廢，元康中于故城西七十里復置昌陽縣，屬長廣郡。
南北朝	後魏屬東牟郡。	後魏析置東曲成縣，北齊并東、西曲成入掖縣。	北齊屬東萊郡。
隋	復屬東萊郡。		初屬萊州。
唐	以後屬登州。	唐宋以來爲羅峯鎮。	以盧鄉縣省入。
五代			唐改爲萊陽縣，仍屬萊州。
宋遼			因之。
金	析登州之楊疃鎮，置棲霞縣。	劉豫始置招遠縣，屬萊州。	因之。
元	因之。	因之。	因之。
明	因之。	改今屬。	洪武九年改今屬。

寧海州（牟平）	文登縣（不夜）
《禹貢》：嵎夷①。《周禮》：幽州。	本古不夜城②。
春秋萊國。	
齊郡之東腄。	
東牟不夜縣地。後漢爲牟平侯國，并屬東萊郡。	置不夜縣，屬東萊郡。
爲縣。	
北齊移縣治于黄縣東北七十五里屬長廣郡。	高齊分牟平置文登縣屬長廣郡，以地有文山，始皇召佳士文人登之，號曰文登。
改郡爲牟州，仍以牟平爲屬縣。	屬萊州。
初州縣俱廢。後析文登縣復置牟平縣，又于縣置登州。神龍中移州治于蓬萊縣。	于此置登州，尋廢，後復置登州于牟平縣，文登屬焉。
	因之。
	因之。
劉豫于牟平縣置寧海軍，又改軍爲州。	屬寧海州。
至元九年直隸省部，以牟平爲治所。	因之。
初以牟平縣省入寧海州屬萊州府，洪武中改今屬。	因之。

①嵎(yú)夷，《尚书.尧典》载：『分命羲仲，宅嵎夷，曰旸谷』。孔安国注：『东夷之地称嵎夷。』 ②《太平寰宇记》载：『古有日夜出，见于东莱，故莱子立此城，以不夜为名』。清张嵩持近日说。认为此地近于日出之处，因此以『不夜』为名。

	成山	大嵩	東萊
	榮城縣 國朝改。	海陽縣 國朝改。	萊州府 今領州二、縣五。
初置	在文登縣東百二十里。	在萊陽縣東南一百三十里。	《禹貢》萊夷。《周禮·職方》:幽州周武王封太公于營丘,萊侯聞之争,則萊侯爲殷時侯國也。
春秋戰國			春秋爲萊子國,齊侯遷萊于郳在國之東,故曰東萊。
秦			屬齊郡。
漢	不夜縣地。	昌陽縣地。	高祖以韓信虜齊王廣,分齊置東萊郡屬青州,初治掖,後治黄。魏因之。
晉		以後因之。	改東萊國,復治于掖。
南北朝	北齊置文登縣。		劉宋仍改爲郡,徙治曲城。後魏分青州,置光州,領東萊郡,同治于掖。
隋			罷郡,改光州爲萊州,大業初復爲東萊郡。
唐	因之。	改名萊陽。	武德初改爲萊州。天寶改東萊郡。乾元初復爲萊州。
五代			
宋遼	因之。	因之。	屬京東東路。
金		因之。	于州置定海軍。
元	因之。		初廢軍,以州屬益都路,後屬搬陽路。
明	洪武三十一年置成山衛,領左前二千户所,城周六里有奇。國朝改爲縣。	洪武三十一年置大嵩衛,國朝改爲縣。	洪武九年升爲萊州府。

當利	膠東	平壽
掖縣	平度州	濰縣
古過國，寒浞封子奡之地①。		
戰國齊田單封掖邑即此②。	春秋齊地。	春秋戰國皆屬齊。
		屬齊郡。
置縣爲東萊郡治。	平度縣地，東漢置膠東縣屬北海郡。	平壽縣屬北海郡，後漢初廢，復置，屬北海國。
屬東萊國。	屬濟南郡。	屬濟南郡。
北齊以曲城、當利二縣省入。	後魏屬北海郡，後齊改置長廣縣，屬長廣郡。	宋屬北海郡，後魏因之，高齊改爲高陽郡。
爲萊州治。	改爲膠水縣，屬東萊郡。	改北海縣。
爲萊州治。	屬萊州。	置濰州治北海縣，尋廢州，以縣屬青州。
爲萊州治。	屬萊州。	建北海縣，尋復爲濰州。
爲萊州治。		屬山東東路。
爲萊州治。	屬萊州。	屬益都路。
因之。	洪武中升縣爲平度州，屬萊州府。	省縣入州，又改州爲縣。

①奡(ào)又作『澆』(ào)，傳説夏代過國寒浞(zhuó)的兒子。記載見《論語·憲問》：問於孔子曰：『羿善射，奡蕩舟。』即此。②掖縣古作掖邑、夜邑。《戰國策》：齊襄王『益封安平君(田單)夜邑萬户』。

	下密 昌邑縣	黔陬 膠州	夷安 高密縣
初置			本晏平仲封邑。
春秋戰國		春秋介國地，戰國屬齊。	
秦			
漢	都昌縣地，屬北海郡。	屬琅琊郡，爲黔陬縣地①。	置高密縣，取境内密水爲名。文帝置膠西國，宣帝改高密國。
晋		屬城陽郡。	屬城陽郡，惠帝復置高密郡。
南北朝	後魏省。	後魏置膠州，取境内膠水爲名。	宋屬高密郡，後魏因之。
隋	復置屬青州。	置膠西縣，以黔陬縣省入。	屬密州。
唐	廢。	省州，入高密縣。	屬密州。
五代			
宋遼	始置昌邑縣屬濰州。	置臨海軍。	因之。
金	因之。	改爲膠西縣，屬密州。	
元	因之。	復置膠州。	屬膠州。
明	屬平度州。	省縣入州。	因之。

①黔陬(zōu)縣，夏、商为莱夷之地，秦置黔陬县。

不其
即墨縣
本齊國地，以其地臨墨水故名。
置縣爲膠東國治，東漢屬北海郡。
屬濟北國。
北齊省。
復于不其故城東北二十七里復置即墨縣，即今治。
屬膠州。
改今屬。

山西省

○注：太原府爲省會，在京師西南一千二百里。東西距八百八十里，南北距一千六百二十里。東界直隸井陘，西界陝西吴堡。南界河南陝州，北界長城殺虎口。東南界河南輝縣，西南界陝西朝儀。東北界直隸懷安，西北界陝西府谷縣。領府九、直隸州十、州六、縣八十七。

居京師上游，表裏山河。東據太行，西薄大河。南通孟門，北邊沙漠。古曰冀州，舜分置十二州，此爲并州。《禹貢》仍曰冀州。《周禮·職方》正北曰并州。成王封弟叔虞于此，爲唐國。春秋時爲晉國，戰國時爲趙地，亦兼韓魏之疆。○注：今平陽府，故魏地。潞安府遼、澤二州，故韓地。後皆入于秦。其在天文昴畢則趙分野。秦并天下，置太原、河東、上黨、代、雁門、雲中等郡。漢武置十三州，此亦爲并州。後漢以并州治晉陽，獻帝時省入冀州。魏黄初中，復置并州，自經嶺以北并棄之。晉亦置并州，惠帝時爲劉淵所殘破，其後劉曜徙都長安，平陽以東没于石勒。及苻堅、姚興、赫連勃勃之際，并于河東置并州。姚興時又嘗分河東，置并、冀二州。及後魏以後分析益多，不可得而詳也。隋亦置十三部，而不詳所統。唐貞觀初置河東道，天寶初又置河東節度使于并州。及五代時，李克用、石敬塘、劉知遠代有其地，并主中國。周廣順初，劉崇據其地。宋太平興國四年始克平之，仍置河東路，而雁門以北則屬于契丹，爲西京路。金人分置河東北路、河東南路及西京路。○注：北路治太原，南路治平陽，西京路治大同。元亦分爲冀寧、晉寧、大同等路，直隸中書省。○注：謂之腹裏。明洪武元年置山西行中書省于太原，九年改爲山西等處承宣布政使司。

天文參井分野。

	并州	狼孟
	太原府 今領州一、縣十。	陽曲縣
初置	《禹貢》：冀州之域。舜初以冀州地廣，分置并州，後復省入冀州。周置并州，成王封弟叔虞于此，爲唐。	
春秋戰國	春秋屬晉，戰國屬趙。	
秦	置太原郡，治晉陽。	太原郡狼孟縣地。
漢	兼置并州，東漢末省，并入冀。三國魏復置并州，改太原郡爲國。	置陽曲縣，在今定襄縣境，漢末移治太原縣北境。魏又徙于狼孟縣南境。
晉	爲劉淵所據，後没于石勒，又爲慕容燕所據，苻堅復取之。	因之。
南北朝	後魏仍爲太原郡，兼置并州。北齊、後周皆因之。	後魏以陽曲縣屬永安郡。
隋	初郡廢，大業初罷州爲太原郡。	改曰陽直，屬并州，又徙治汾陽故城，曰汾陽。煬帝復曰陽直。
唐	爲并州，後置大都督府。開元中改并州爲太原府，又置北都。天寶改北都爲北京，寶應始復曰北都。	于故陽曲城置汾陽縣，尋省陽直，改汾陽曰陽曲。
五代	唐爲西京，又改北京。	
宋遼	以榆次縣置并州，後徙治陽曲縣，唐明鎮，即今治。嘉祐中復爲太原府，兼河東節度使。	屬太原府。
金	改軍曰武勇，後復曰河東。	始移置郭下。
元	改置太原路，大德中改冀寧路。	因之。
明	仍爲太原府。	因之。

晉陽	中都	陽邑
太原縣	榆次縣	太谷縣
周叔虞始封地。		
春秋、戰國皆曰晉陽。	春秋晉之涂水邑，戰國屬趙，曰榆次。	晉大夫陽處父邑。
置晉陽縣，爲太原郡治。		屬太原郡。
以後因之，後漢兼爲并州治。	置榆次縣，屬太原郡，東漢因之。	爲陽邑縣。
因之。	仍舊。	屬太原國。
後魏因之，北齊分置龍山縣。	北魏太武時并入晉陽，後復置。北齊省入中都縣。	後魏屬太原郡，後周徙治今縣地。
開皇十年改龍山縣曰晉陽，改舊晉陽曰太原，皆爲并州治。	改中都曰榆次，尋復移治故城，屬并州。	開皇初郡廢，以縣屬并州，後改爲太谷縣，以縣有太谷，故名。
徙縣治汾水東。	屬太原府。	初置太州，尋廢州，以縣屬太原府。
		因之。
初以縣爲平晉軍，尋罷軍爲縣，後又徙治永利監，屬太原府。	太平興國中，嘗爲并州治，後仍屬太原府。	因之。
因之。	因之。	因之。
屬太原路。	因之。	因之。
初復移縣于汾水西，洪武八年復爲太原縣。	因之。	因之。

	雲州 祁縣	涂水 徐溝縣	靈川 交城縣
初置			
春秋戰國	春秋晉大夫祁氏邑。		
秦	屬太原郡。		
漢	爲祁縣，治祁城村。	榆次縣地。	晉陽縣地，縣西境。
晉			
南北朝	後魏徙今治，北齊省。		北齊置牧宮于此[①]。
隋	復置，屬并州。	清源縣之徐溝鄉，屬并州。大業初省入晉陽。	開皇十六年置交城縣。
唐	初屬太州。開元仍屬太原府。	開元復置屬太原府。	因之。
五代			
宋遼		因之。	置大通監[②]。
金	屬晉州。	大定中析平晉、榆次、清源三縣地置此縣，屬太原府。	廢監，縣仍屬太原。
元	屬冀寧路。	因之。	因之。
明	屬太原府。	因之。	因之。

①牧宮，指夏桀王宮。任启运曰：『牧宮，汤祖庙。汤为牧伯，故祖庙称牧宮。段注『北齊置牧宮』於交城，应为建汤祖之庙。

②《太平寰宇记》称：大通监管东、西二冶，西山冶取狐突山铁矿烹炼。七年移往唐明镇，金废。

大陵	嵐谷	合會
文水縣	岢嵐州	嵐縣
春秋晉平陵邑，趙曰大陵。	春秋屬晉，後爲樓煩所據，趙滅樓煩以爲名①。	
屬太原	屬太原郡。	
爲太原郡，大陵縣地。	汾陽縣地，後漢建安末爲新興郡地。	汾陽縣地，屬太原郡。漢末地空②。
屬太原國。		
後魏置受陽縣。	後魏于此置嵐州，因山爲名。	後魏爲嵐州地。
始改曰文水，取縣西文谷水爲名。	爲岢嵐鎮，屬樓煩郡。	置樓煩郡。
初屬汾州，尋屬并州。天授初改爲武興縣，神龍初復舊。	置嵐谷縣及岢嵐軍。	置東會州，尋改嵐州。天寶初改樓煩，乾元復爲嵐州，治宜芳縣。
		因之。
徙于今治，屬太原府。	仍爲軍。	亦曰嵐州樓煩郡，屬河東路。
仍舊。	改爲州。	升爲鎮西軍節度使。
仍舊。	省入嵐州，後省入營州。	復爲嵐州。
仍舊。	洪武八年改岢嵐縣，九年改縣爲州。	改爲縣。

①樓煩是北狄一支，戰國樓煩威脅趙國，武靈王推行『胡服騎射』拒之。

②東漢末年，匈奴侵邊，自定襄以西，雲中、雁門、西河遂空，平城毀於兵火。

	臨泉		皐州
	興縣	平定州今領縣三。	樂平縣
初置			
春秋戰國		春秋時晉地。	
秦		屬太原、上黨二郡。	
漢	汾陽縣地。	爲上艾縣地，東漢屬恒山國。	沾縣地屬上黨郡。
晉		屬樂平郡。	析置樂平郡治樂平縣。
南北朝	後魏置蔚汾縣，屬神武郡。	後魏爲西陽郡，改上艾爲石艾縣。	後魏孝昌，郡、縣俱治沾城。
隋	罷郡改爲臨泉縣，屬樓煩郡。	屬遼州，後屬太原郡。	郡廢，以縣屬遼州，大業初改屬太原郡。
唐	改爲臨津縣，屬東會州。貞觀初改爲合河縣屬嵐州。	屬遼州，後屬并州，又改爲廣陽縣。	初置遼州于樂平，後徙州治遼山。
五代			
宋遼	元豐間遷治于蔚汾水北。	改爲平定縣，建平定軍。	升爲平晉軍，尋廢，復爲樂平縣，屬平定軍。
金	改爲興州，屬太原府。	改軍爲平定州。	升軍爲皐州，尋廢，以縣屬平定州。
元	因之。	省平定、樂平二縣入焉，尋復立樂平縣。	仍舊。
明	改爲縣。	因之。	因之。

烏河	受州	秀容
孟縣	壽陽縣	忻州 今領縣二。
春秋仇猶國，晉爲大夫孟丙邑，名曰孟。戰國屬趙，爲源仇城。	春秋爲馬首邑①。	春秋屬晉，戰國屬趙。
		爲太原郡之陽曲縣地。
置孟縣屬太原郡。	爲榆次縣之東境。	因之，東漢末于此置新興郡。
	始置壽陽縣，屬樂平郡。晉末省。	改曰晉昌郡。
後魏省入石艾縣。		後魏置肆州。
分石艾置原仇縣，屬遼州。大業初改爲孟縣，屬太原郡。	初復置，屬并州。	復立新興郡，尋廢郡，置忻州。大業初州廢，後復立新興郡。
初屬受州，貞觀中以烏河縣省入，屬并州。	于此置受州，貞觀中州廢，縣仍屬并州，開元屬太原府。	初爲忻州，天寶初爲定襄郡，乾元初復爲忻州。
貞祐中升爲孟州。	興定二年割屬平定州。	屬太原府。
因之。	因之。	改爲九原府，尋復舊。
改爲縣。	因之。	以秀容縣省入。

①《左傳·襄公十四年》：荀偃令曰：『雞鳴而駕，塞井夷灶，唯餘馬首是瞻！』。馬首邑以『馬首是瞻』典故而名。

	晉昌	汾源	雁門
	定襄縣	静樂縣	代州 今領縣三。
初置			
春秋戰國			春秋時晉地，戰國屬趙。
秦			爲雁門郡。
漢	陽曲縣地，東漢末于此置定襄縣，屬新興郡。	汾陽縣地，屬太原郡，東漢末廢入九原縣。	漢治陰館即此地。三國魏徙雁門郡南度句注①，治廣武縣。
晉	改曰晉昌。		
南北朝	後魏復爲定襄縣。	後魏爲永安郡地，北齊于今嵐縣地置岢嵐縣。	後周移肆州治此。
隋	省定襄入秀容。	爲岢嵐縣，改曰汾源。大業初又改静樂縣，置樓煩郡。	初郡廢，置代州，及改廣武縣曰雁門縣。大業改州爲雁門郡。
唐	初復析置定襄縣，屬忻州。	于縣置管州，後廢以縣屬嵐州。	改代州。天寶初改雁門郡，乾元初復爲代州。
五代			
宋遼	省，元祐初復置。	置静樂軍，尋廢軍，徙憲州治此。熙寧中省憲州入静樂縣，後復置。	因之。
金	因之。	改爲管州。	置鎮武軍。
元	因之。	因之。	罷軍，仍爲代州，以雁門縣省入，隸太原路。
明	因之。	洪武二年省入静樂縣。	洪武二年改代縣，八年復改爲州。

①雁門山，古稱句(gōu)注山，《大明一統志》載：『徙雁門郡南渡句注，治廣武縣』即此。

臺州	唐林	鹵城
五臺縣	崞縣	繁峙縣
慮虒縣①屬太原郡。	舊縣屬雁門郡，東漢末廢。	舊縣屬雁門郡。
省。	復置，仍屬雁門郡。	
後魏復置，屬新興郡，北齊改屬雁門郡。	後魏改爲石城縣，東魏置廓州于此。北齊改爲北顯州，後周廢。	後魏置繁峙縣。後周郡縣并廢，東魏置武州于此，北齊改爲北靈州，尋廢。
改爲五臺縣，因山以名。	改爲平寇縣，大業初改崞縣。	移縣于武州城屬雁門郡。
屬代州。	屬代州。	又移今治。
	梁析置白鹿縣。	
	省入崞縣。	屬代州。
升爲臺州。		改爲堅州。
仍舊。	升崞州。	仍舊。
洪武二年改爲五台縣。	洪武二年改州爲縣。	洪武二年改今縣。

①慮虒(lǘ yí)縣，因城西慮虒山、慮虒水而名。北魏太和十年(486)置驢夷縣。《漢書·地理志》：『太原郡慮虒縣』，顏師古注：『音廬夷』。

	定羌	陝州
	保德州 今領縣一。	河曲縣
初置		
春秋戰國	春秋屬晉,戰國屬趙,爲樓煩地。	
秦	屬太原郡。	
漢	兩漢因之,魏新興郡地。	太原郡地。
晉	新興郡地。	
南北朝	後魏永安郡地。	
隋	爲嵐州地。	
唐	爲嵐州地。	嵐州宜芳縣地。
五代		漢劉崇置雄勇鎮。
宋遼	淳化四年置定羌軍,景德初改保德軍,尋立爲州。	太平興國七年置火山軍,後置火山縣,尋廢。
金	置保德縣附郭。	改爲火山州,後改曰陝州①,貞元初增置河曲縣。
元	初縣廢,至元初又省陝、邑二州入焉,屬太原路。	至元州縣俱省入保德州。
明	洪武七年改州爲縣,九年又改爲州。	復置河曲縣。

①陝(yù),《汉书·地理志》作『四奥』,西南隅谓之陝,尊长之处也。金改火山州置陝州。

平河	白馬	禽昌①
平陽府今領州一、縣十。	臨汾縣	洪洞縣
《禹貢》：冀州之域，堯都平陽即此。	古堯都。	
春秋屬晉，戰國屬魏，後屬趙。	春秋晉平陽邑。	春秋時楊侯國，晉滅之，以賜羊舌肸。
爲河東郡地。		
两漢因之，曹魏始置平陽郡。	置平陽縣，屬河東郡，後漢爲平陽國。魏爲平陽郡治。	置楊縣，屬河東郡。三國魏屬平陽郡。
因之，永嘉三年劉淵僭號建都于此，其後石趙及慕容燕、苻、姚之徒相繼有其地。	因之。	因之。
後魏亦爲平陽郡，兼置東雍州。孝昌中改唐州，又改晉州。東魏、北齊皆爲重鎮。後周亦曰晉州。	後魏兼置晉州于此。	後魏改屬永安郡。
改平陽郡曰平沙郡，旋廢郡而州如故。煬帝改州爲臨汾郡，義寧初復曰平陽郡。	改曰臨汾縣，爲平和郡治。後改郡曰臨汾。	屬晉州。義寧初改爲洪洞縣。
改爲晉州，天寶初改平陽郡。乾元初復爲晉州。	分置西河縣，尋省入臨汾，屬晉州。	因之。
梁置定昌軍節度，後唐改建雄軍。政和中升州爲平陽府。	因之。	
州、軍如舊改。	爲平陽府治。	以趙城縣省入。
屬河東南路。	因之。	屬平陽府。
初爲平陽路，大德中改晉陽路。	因之。	因之。
復改平陽。	因之。	因之。

①禽通『擒』。禽昌，北魏神䴥年(428)，禽獲夏主赫連昌，爲炫耀武功，築禽昌城，又析平陽置禽昌郡。

	神山	安澤	沃國
	浮山縣	岳陽縣	曲沃縣
初置			
春秋戰國			春秋晉文侯弟成師封曲沃即此。
秦			
漢	河東襄陵縣地。	上黨郡穀遠縣地。	爲河東郡絳縣地。
晋	屬平陽郡。		屬平陽郡。
南北朝	北齊省入禽昌縣。	後魏置安澤縣，屬義寧郡。	後魏始置曲沃縣，屬正平郡，後周移治樂昌堡。
隋		屬沁州，大業初改岳陽縣，屬臨汾郡。	屬絳州，又移治絳邑。
唐	武德初始析置浮山縣，尋改神山縣屬晉州。	屬晉州。	因之。
五代			
宋遼	因之。		因之。
金	大定復曰浮山縣。	屬平陽府。	因之。
元	因之。	省入冀氏縣，尋復置，以冀氏省入。	因之
明	因之。	因之。	改今屬。

北絳	東敬	乾壁
翼城縣	太平縣	襄陵縣
	以太平故關城因名[①]。	以襄公陵在此因名。
春秋晉絳邑，後更曰翼。		春秋晉大夫郤犨食邑[②]。
爲絳縣地。	河東郡臨汾縣地。	始置襄陵縣，屬河東郡，三國魏屬平陽郡。
後魏置北絳郡及北絳縣。	後魏始置太平縣，屬平陽郡，以在太平故關城因名。	後魏分置擒昌縣。北齊移擒昌治此。
初郡廢，又改爲翼城縣，屬絳州。義寧初于縣置翼城郡。	初屬晉州，尋移于關東北屬絳州。	復爲襄陵縣。
初郡廢，置會州，後廢州，復屬絳州。	復移原治，又移敬堡。	徙治于汾水之西。
仍曰翼城。	屬絳州。	晉屬絳州，改屬河中府。
因之。		屬晉州。
改翼州。	屬絳州。	屬平陽府。
復爲翼城縣，屬絳州。	屬絳州。	因之。
洪武二年改今屬。	洪武二年改今屬。	因之。

①『以太平故關城因名』，考據有誤。北周避太祖宇文泰名諱改泰平縣爲太平縣。縣由此而名。《太平寰宇記》：『故治在襄汾縣汾城太平故關城。』而北周尚無『太平故關城』之名，無以爲因。 ②郤犨（xì chōu），春秋時晉國人，又稱苦成叔，食邑襄陵。

	㶏縣	屈	耿州
	汾西縣	鄉寧縣	吉州
初置			
春秋戰國			春秋時晋屈邑，即公子夷吾[1]所居。
秦			
漢	河東郡㶏縣地，東漢爲永安縣地。	河東郡臨汾縣地。	爲北屈縣，屬河東郡。魏屬平陽郡。
晋	屬平陽郡。		
南北朝	後魏置臨汾縣及汾西郡。	後魏分置太平縣，又分太平置昌寧縣，屬定陽郡。	後魏置定陽郡及定陽縣，東魏置南汾州，後周改汾州，北齊改西汾州。
隋	初郡廢，改縣曰汾西，屬汾州。大業初屬臨汾郡，義寧初屬霍山郡。	屬汾州。	改耿州，及改定陽爲吉昌縣，大業初置文成郡。
唐	遷縣治于厚義村，屬晋川。	屬慈州。	爲南汾州治吉昌，後改慈州，復改文成郡，又改慈州。
五代		唐改昌寧爲鄉寧縣。	
宋遼	歸舊治。		熙寧中州罷，以縣屬隰州，尋置吉昌軍，復置慈州。
金	屬平陽府。		改耿州，復改吉州。
元	因之。	初省入吉州。	仍舊以吉鄉縣省入。
明	因之。	因之。	因之。

①春秋晋公子姬夷吾封地，封國産良馬。《左傳·僖公二年》載：『屈産之乘。』即此。

呂鄉	永安
霍州 今領縣二。	趙城縣
《禹貢》：岳陽即此地，境有霍山。	周穆王封造父之地。
	春秋時趙簡子居之。
彘縣屬河東郡，東漢改永安縣，三國魏屬平陽郡。	爲河東郡彘縣地。
仍屬平陽郡。	
後魏初省，後復置，兼置永安郡。	
初罷郡置汾州，又改呂州，并改縣曰霍邑。義寧初置霍山郡。	霍邑縣地，隋末始析置趙城縣，屬霍山郡。
初復置呂州，貞觀州廢，縣屬晉州。	屬呂州，後屬晉州。
因之。	省入洪洞縣，尋復舊。政和中升爲慶祚軍。
仍屬平陽府，貞祐置霍州。	復爲趙城縣，屬平陽府。
因之。	割屬霍州。
初以州治霍邑縣省入。	改今屬。

	冷泉	河中	蒲坂
	靈石縣	蒲州府 今領縣六。	永濟縣
初置		古蒲坂，舜都也。①	
春秋戰國		春秋屬魏，晉獻公滅魏，以封大夫畢萬，後遂爲魏氏地。	
秦		置河東郡。	蒲坂縣地，屬河東郡。
漢	太原郡介休縣地。	南漢因之，魏因之。	兩漢以後因之。
晉		因之。	
南北朝		後魏兼置雍州，東魏初改置秦州，西魏因之。後周改曰蒲州，河東郡皆如故。	
隋	傍汾水開道，得端石，因置靈石縣，屬介州。	初郡廢，仍曰蒲州，大業初仍改曰河東郡。	開皇十六年析置河東縣。大業初爲河東郡治。
唐	初屬呂州，貞觀州罷，以縣屬汾州。	復曰蒲州，開元升州爲河中府，旋罷，仍曰蒲州。天寶初曰河東郡，乾元初復曰蒲州，尋改河中府。	武德初蒲州治桑泉縣，三年還治河東，自是常爲州郡治。
五代		梁置護國軍節度。	
宋遼	仍舊。	仍舊屬陝西路。	
金	仍舊。	爲蒲州，天德初復爲河中府，屬河東南路。	
元	屬霍州。	因之。	
明	萬曆中改屬汾州府。	洪武二年復爲蒲州，以河東縣省入。	初省河東縣入蒲州。國朝改蒲州爲府，設永濟縣附郭。

①《竹書紀年·義證》曰：『蒲阪舜舊都，其北有長版，爲邑之險要，故曰蒲版（阪）。』

北解	南解
臨晉縣	虞鄉縣
	堯以二女嬪于虞。武王求泰伯仲雍之後，封虞仲于周之北，故夏墟。
春秋時晉桑泉縣地。	
築壘以臨晉地，因名臨晉。	
爲河東郡解縣地。	解縣地①。
後魏爲北解縣地。	後魏分置虞鄉縣。
置桑泉縣，屬蒲州義寧，蒲州徙治此。	
遷蒲州舊治于此，改置臨晉縣，仍屬蒲州。	武德初改虞鄉爲解縣，即今之解州，而于解縣西別置虞鄉縣。貞觀省入解縣，尋復置。
仍舊。	因之。
仍舊。	因之。
以虞鄉縣省入。	省入臨晉。
因之。	因之。

①解(hài)州，『解』源出解地，《禮記·孔子三朝記》載：『黄帝殺之(蚩尤)於中冀，身首異處，血入池化爲鹵水，則解之鹽池也。因其屍解，故名爲解。』

	榮河縣（寶鼎）	萬泉縣（薛通）	猗氏縣（桑泉）
初置		以縣東谷中多泉故名。先赫連侵河外，時有縣人薛通率族築城自固在此。	古郇國，文王子所封地。
春秋戰國	戰國爲魏汾陰地。		春秋屬令狐地。
秦			
漢	置汾陰縣屬河東郡。	河東郡汾陰縣地。	置猗氏縣屬河東郡，因猗頓所居而名[1]。
晉	劉淵省入蒲坂縣。		
南北朝	後魏復置屬汾陰郡。		西魏改曰桑泉，後周復曰猗氏，屬汾陰郡。
隋	屬河東郡。	屬河東郡。	屬蒲州，自故城徙今治。
唐	屬泰州，尋改屬蒲州，開元中改寶鼎縣。	武德中置萬泉縣，貞觀初屬泰州，尋屬絳州。大順初改屬河中府。	屬河中府。
五代			
宋遼	真宗祀汾陰，改曰榮河縣，置慶成軍，尋廢。	仍舊。	因之。
金	貞祐三年升爲榮州。	仍舊。	因之。
元	仍爲榮河縣。	省入猗氏，後復置。	因之。
明	因之。	因之。	因之。

①《史記》載：魯國寒生得範蠡速富之法，徙西河猗地畜牧。『十年之間，貲擬王公。』遂號猗頓。

解梁	虞州	翠岩
解州 今領縣四。	**安邑縣**	**夏縣**
	故夏都也。	本禹所都之地。
春秋晉之解梁城，戰國屬魏。	春秋屬晉，戰國爲魏都，後入于秦。	
	爲安邑縣，河東郡治焉。	
爲解縣，屬河東郡。	兩漢及魏因之。	爲安邑縣境。
	仍舊。	
後魏析置安定縣，西魏改曰南解縣，屬綏化郡。	後魏太和始分置南安邑縣，屬河北郡。	後魏太和中別置北安邑縣，改爲夏縣。
改爲虞鄉縣，屬蒲州。	置虞州，大業初州罷，屬河東郡，後置安邑郡。	初屬虞州，後屬河東郡。
初改曰解縣，貞觀省入虞鄉。後復置，屬河中府。	初郡罷，復置虞州，至德改虞邑縣，屬陝州。大歷中復名安邑，屬河中府。	屬絳州，乾元初改屬陝州。
漢始置解州，治解縣。		
屬河東路，後改屬陝西路。	屬解州。	
于州置解梁軍，後改保昌，屬河東南路。	屬解州。	屬解州。
仍爲解州，屬平陽路。	屬解州。	屬解州。
因之，以解縣省人。	因之。	因之。

	大陽	洹水	東雍
	平陸縣	芮城縣	絳州 今領縣五。
初置		古芮國。	
春秋戰國	春秋虞國地，戰國屬魏爲吴城。	春秋時魏國，後屬晉。	春秋時屬晉，即故絳與新田之都。戰國屬魏。
秦			
漢	爲河東郡大陽縣地。東漢置河北縣。	爲河東郡河北縣地。	爲河東郡臨汾縣地。魏屬平陽郡。
晋			因之。
南北朝	後魏置河北郡治此。	西魏置安戎縣，後周改曰芮城。又置永樂郡于此。	後魏置正平郡，兼置東雍州治柏壁，後周改爲絳州，徙治玉壁。
隋	初罷郡以縣屬蒲州。	省郡，縣屬蒲州。	初郡廢，徙州治東雍州城，後改絳郡，治正平縣。
唐	貞觀初改屬陝州，天寶初開漕瀆得古刃，有篆文曰『平陸』，遂改平陸縣。	初置芮州，貞觀中州廢，縣屬陝州。	復爲絳州。
五代			
宋遼	因之。	因之。	仍舊。
金	改屬解州。	改屬解州。	置絳陽軍節度，後升晉安府。
元	因之。	因之。	復爲絳州。
明	因之。	因之。	因之，以正平縣省入。

亳城	左邑	南絳
垣曲縣	聞喜縣	絳縣
即周召分陝之處。		因縣有絳山故名。
戰國魏王垣邑。	春秋晉曲沃地。	春秋晉都新田。
	改爲左邑，屬河東郡。	
爲垣縣地，屬河東郡。	武帝經邑之桐鄉，聞破南粵，因置聞喜縣。	爲絳縣，屬河東郡。
		屬平陽郡。
後魏置邵郡及白水縣，後周兼置邵郡，改縣曰亳城。	後魏屬正平郡。	後魏置南絳縣，又置南絳郡治焉。後周廢郡，改縣曰絳縣。
改爲垣縣屬絳郡，義寧初置邵原郡。	初郡廢，縣屬絳州。	屬絳州。
改邵州，貞觀初州廢，以縣屬絳州。	因之。	改屬澮州，後仍屬絳州。
改曰垣曲縣。	屬解州。	因之。
仍舊。	因之。	因之。
省入絳縣，尋復置。	因之。	因之。
因之。	因之。	因之。

	高涼	龍門
	稷山縣	河津縣
初置	以山爲名。	古耿國，殷王祖乙所都。
春秋戰國	春秋晉侯治兵于稷即此。	春秋時屬晉大夫趙夙采邑，戰國魏皮氏邑。
秦		置皮氏縣。
漢	爲河東郡聞喜縣地。	屬河東郡。
晉		屬平陽郡。
南北朝	後魏置高涼縣，屬龍門郡。後周移縣治玉壁，北齊置勳州。	後魏改龍門縣，及置龍門郡。
隋	屬絳州，遷治于汾水北，改曰稷山縣。	初郡罷，以縣屬蒲州。
唐	屬河中府。	置泰州，貞觀州廢以縣屬絳州。元和中屬河中府。
五代	唐同光二年還屬絳州。	
宋遼	因之。	宣和初改爲河津縣。
金	因之。	屬榮州，後復屬河中府。
元	因之。	因之。
明	因之。	因之。

龍泉	五城	昌州
隰州 今領縣三。	大寧縣	蒲縣
春秋時晉蒲地，戰國屬魏爲西河地。		春秋時晉蒲城。
屬河東郡。		
爲河東郡蒲子縣。	爲河東郡北屈縣地。	爲河東郡蒲子縣地。
時劉淵據此。	屬平陽郡。	
後魏改長壽縣，後周于此置汾州及龍泉郡。	后魏置伍城縣及郡，後周始改大寧縣。	後魏置石城縣，後周置石城郡。周末廢，又置蒲子縣。
初廢郡改西汾州，又改隰州，後又改縣曰隰川。大業初復爲龍泉郡。	初廢郡，大業初縣亦廢。	以蒲子縣移治故箕城，大業改爲蒲縣屬龍泉郡。
初復爲隰州，後改大寧郡。乾元初復爲隰州。	初置中州及大寧縣，貞觀初州罷以縣屬隰州。	移今治。
仍舊。	仍舊。	
仍舊。	仍舊。	
仍舊。	初省入隰川縣，後復置屬隰州。	省入隰川縣，尋復置，屬隰州。
以隰川縣省入。	因之。	屬平陽府。

	樓山	上黨	夾寨
	永和縣	潞安府 今領縣七。	長治縣
初置		《禹貢》：冀州地，商周時爲魏國，後爲赤狄潞子國。	商黎國地。
春秋戰國		春秋晋滅之，地入于晋。戰國初爲韓之別都，後屬趙。	春秋屬晋。
秦		秦取之置上黨郡。	爲上黨郡地。
漢	河東郡狐讘縣地①，魏置永和縣。	兩漢因之，魏因之。	爲壺關縣地，屬上黨郡，後漢末爲上黨郡治。
晋	屬平陽郡。	因之。	初廢。
南北朝	後魏廢，北齊于狐讘城置臨河郡及臨和縣。	後魏亦曰上黨郡，後周兼置潞州。	後魏復爲上黨郡治。
隋	初罷郡，改縣曰永和，屬隰州。	郡廢州存，煬帝復曰上黨郡。	初置上黨縣，潞州治焉。屬上黨郡。
唐	初移治仙芝谷，置東和州，貞觀州罷以縣屬隰州。	復曰潞州，天寶初曰上黨郡，乾元初復故，尋置昭義軍節度。	屬潞州。
五代		梁改匡義軍，唐曰安義軍。晋復曰昭義軍。	
宋遼	仍舊。	仍爲潞州，崇寧三年升爲隆德府。	屬隆德府。
金	仍舊。	復爲潞州。	
元	仍舊。	初亦曰隆德府，尋復爲潞州屬平陽路。	屬潞州。
明	仍舊。	洪武二年以上黨縣省入，九年直隸山西布政司。	初省入州，嘉靖中復升州爲府，析置長治縣。

①狐讘(niè)，《前漢書·地理志》：『狐讘(niè)縣，屬河東郡』。西汉置，东汉初废。

樂陽	余吾	史水	黄泉
長子縣	屯留縣	襄垣縣	潞城縣
周史辛甲所封之地。		以趙襄子所築，故名襄垣。	
《左傳》『晉人執衛行人石買于長子』即此。	春秋晉余吾邑，亦曰純留①。		春秋時潞子嬰兒國②，晉滅之。
		始置縣屬上黨郡。	
置長子縣上黨郡治。	置純留縣屬上黨郡。	因之。	置潞縣屬上黨郡。
太元中西燕慕容永都此。			
後魏分置樂陽縣，北齊縣廢。	北齊省。	後魏兼置襄垣郡，北齊郡廢，後周置韓州。	後魏改刈陵縣屬襄垣郡。
開皇置冀氏縣屬潞州，尋改爲長子縣。	復置屬潞州。	大業初州廢，以縣屬上黨郡。	初廢，後復置潞城縣，屬潞州。
仍舊。	自霍壁移今治，避諱改曰屯留。	初復置韓州，貞觀中州罷，以縣屬上黨郡。	唐末改爲潞子縣，復改爲潞城縣。
仍舊。	屬隆德府。	屬隆德府。	仍舊。
仍舊。	屬潞州。	屬潞州。	仍舊。
仍舊。	至元初并入襄垣縣，尋復置。	因之。	仍舊。
仍舊。	因之。	因之。	仍舊。

①純留，春秋为赤狄留吁国，晋灭之，更名纯留，西汉置屯留县。

②潞子婴儿，春秋潞国君。娶晋景公姐为妻，依晋韦山。《春秋》：『晋师灭赤狄潞氏，以潞子婴儿归。』即此。

	壺口	刈陵	汾陽
	壺關縣	黎城縣	汾州府 今領州一、縣七。
初置	古黎國地。	古黎侯國。	《禹貢》：冀州之域。
春秋戰國	春秋屬晉。		春秋屬晉，戰國屬趙。
秦	爲上黨郡地。		屬太原郡地。
漢	始置壺關縣，漢末嘗移上黨郡治此。	爲上黨郡之潞縣地。	兩漢屬太原郡。魏置西河郡，治茲氏縣。
晉			爲西河國。
南北朝	後魏移縣治潁陽岡。	後魏爲襄垣郡之刈陵縣地，北齊屬武鄉郡，後周屬襄垣郡。	後魏置汾州，治蒲子城，後移治西河，北齊改置南朔州，後周改爲介州。
隋	分置上黨郡，大業初省入上黨。	始置黎城縣。	初郡廢，大業中州廢，復爲西河郡，治隰城縣。
唐	初復置壺關于高望堡。貞觀又移治清流川，即今治。	屬潞州。	初改浩州，尋改汾州。天寶初改西河郡，乾元初復爲汾州，屬河東道。
五代		因之。	
宋遼	仍舊。	熙寧中省入潞城，元祐初復置。	
金	仍舊。	因之。	置汾陽節度。
元	仍舊。	因之。	復爲汾州，屬太原路。
明	仍舊。	因之。	以西河縣省入，直隸山西布政司。

茲氏	吐京[①]
汾陽縣	孝義縣
茲氏縣屬太原郡，魏置西河郡于此。	茲氏縣地，魏置平陽縣，屬西河郡。
改曰隰城屬西河國。	因之，永嘉後省入隰城縣。
後魏亦爲西河郡治，又置汾州治蒲子城。孝昌中移治隰城。	後魏又分置永安縣。北齊省入介休縣，後周復置。
仍爲介州治。	屬汾州。
上元初改曰西河縣。	貞觀改孝義縣，以旌縣人鄭興也。
宋以後因之。	改曰中陽縣，尋復爲孝義。
	因之。
	因之。
初省，萬曆中建汾州府，因改置今縣。府城一名四陽城，四面向日，世傳曹魏所築。	因之。

①漢高帝十一年(前196)，封宣义为土军侯，后汉废。亦曰吐京城，音讹也。

	平遥縣（清世）	介休縣（隨城）
初置		
春秋戰國		春秋晋大夫士彌牟邑。
秦		置介休縣，以介山爲名。
漢	太原郡平陶縣，東漢屬西河郡。	屬太原郡。
晋	屬太原國。	屬西河國。
南北朝	後魏以太武名，尋改爲平遥，屬西河郡，後周省。	後魏于此置定陽郡，改縣曰平昌。北齊以永安縣省入，後周改郡曰介休。
隋	復置，屬介休郡。	開皇初郡廢，復改縣曰介休。義寧初于縣置介休郡。
唐	屬汾州，後屬太原。	初改郡爲介州。貞觀初州廢，以縣屬汾州。
五代		仍舊。
宋遼		仍舊。
金	因之。	仍舊。
元	屬汾州。	仍舊。
明	因之。	仍舊。

土軍	北和	西河
石樓縣	臨縣	永寧州
		春秋白翟地，戰國爲趙之離石邑。後爲秦、魏二國境。
		屬太原郡。
西河郡土軍縣地，後漢省。	離石縣地屬西河郡。	兩漢爲西河郡。
		屬西河國，劉淵倡亂于此。後趙石勒置永石郡。
後魏置嶺西縣，屬吐京郡，太和二十年改縣曰吐京。	後周置烏突縣，兼置烏突郡治焉。	後魏爲離石鎮，北齊置懷政郡，又改爲離石郡，兼置西汾州。後周改西汾爲石州，而郡如故。
開皇郡廢，又改縣爲石樓縣，屬隰州。	郡廢，改縣曰太和，屬石州。	初郡廢州存，煬帝又改爲離石郡。
初于縣置西德州，貞觀初州廢，縣屬東和州。	初改爲臨泉縣，置北和州治焉，貞觀州廢，仍屬隰州。	復爲石州，天寶初曰昌化郡，乾元復故。
以後屬隰州。	初因之，乾符改屬晉寧軍。	因之。
	仍屬石州。	屬太原府。
	改屬太原府，後升爲臨州。	屬太原路。
萬曆二十三年改屬汾州府。	改爲臨縣。	洪武以州治離石縣省入，仍曰石州。萬曆二十三年改曰永寧州。

	中陽	陽城	穀遠
	寧鄉縣	沁州今領縣二。	沁源縣
初置		《禹貢》：冀州域。	
春秋戰國	戰國趙中陽邑。	春秋晉地，後屬韓，又屬趙。	
秦		秦、漢俱屬上黨郡地。	
漢	置中陽縣，屬西河郡。後漢省入離石。		置穀遠縣，屬上黨郡。
晋			省。
南北朝	後周置，又析置平夷縣，屬離石郡。	後魏置義寧郡。	後魏建義初置沁源縣，兼置義寧郡治焉。
隋	大業省入離石縣。	初郡廢，置沁州，治沁源縣。大業初州罷，義寧初復置義寧郡。	初郡廢，開皇十六年置沁州治此，大業初州廢，縣仍屬上黨郡。義寧初復爲義寧郡。
唐	屬石州。	初復爲沁州屬河東路，天寶初改陽城郡。乾元初復曰沁州。	初復置沁州治此。
五代			
宋遼	仍舊。	于銅鞮縣①界置威勝軍，尋以州省入。	改置威勝軍，縣屬焉。
金	改曰寧鄉縣。	復改沁州。	因之，元光二年升爲穀州。
元	屬太原路，至元初改屬石州。	隸平陽路。	復故。
明	因之。	洪武以附郭銅鞮縣，省入直隸布政司。	因之。

①铜鞮（dī），古晉邑，以铜鞮水而得名。《汉书·高帝记》：『上自將击韩王信于铜鞮。』即此。

皇氏	長平
武鄉縣	澤州府 今領縣五。
	《禹貢》：冀州域。
	春秋屬晉，戰國屬韓，後屬趙。
	爲上黨郡高都縣地。
湼氏縣地屬上黨郡。	爲上黨、河東二郡地。
析置武鄉縣仍屬上黨郡，石勒置武鄉縣于此。	
後魏改爲鄉郡，縣亦爲鄉縣。	後魏置建興郡，治高都城兼置建州。北齊又置長平、高都二郡，後周并爲高平郡。
初郡廢，縣屬潞州。	廢郡改建州爲澤州，治丹川縣[1]。大業初廢州置長平郡。
初屬韓州，州廢仍屬潞州。武后時仍曰武鄉縣。	初復改置建州，又于高平縣置蓋州。尋廢建州，徙蓋州治晉城縣，又置治端氏縣，貞觀初廢蓋州而以澤州治晉城。
改屬威勝軍。	屬河東道。
屬沁州。	屬平陽府。
屬沁州。	屬平陽路。
因之。	以晉城并入，洪武九年改直隸布政司。

①丹川隋置，因丹河而得名。丹河源於丹朱嶺，傳爲長平之戰秦坑殺趙卒，血染河水而名。

	丹川	泫氏
	鳳臺縣 國朝升澤州爲府，新設鳳臺附焉。	**高平縣**
初置		
春秋戰國		戰國長平地。
秦		
漢	高都縣地屬上黨郡。	置泫氏縣，屬上黨郡。
晉	太元中屬建興郡。	
南北朝	後魏永安中爲高都郡治，後州爲高平郡治。	後魏改玄氏屬建興郡，後屬長平郡，北齊省玄氏移治高平縣，屬高都郡。後周改郡曰高平。
隋	丹川縣地。	初郡廢，以縣屬澤州。
唐	武德三年，析置晉城縣爲建州治，六年廢建州，自高平移蓋州治此。貞觀廢蓋州，自端氏移澤州治焉。	于縣置蓋州。貞觀州罷，縣仍屬澤州。
五代	唐復曰晉城。	仍舊。
宋遼	以後因之。	仍舊。
金		仍舊。
元		仍舊。
明	初省入澤州。	因之。

濩澤	光狼
陽城縣	陵川縣
戰國魏濩澤邑。	
河東郡濩澤縣。	泫氏縣地。
屬陽平郡。	
後魏屬安平郡。	
屬澤州。	初爲高平縣地，開皇十六年析置陵川縣屬澤州。
武德初置澤州于此，八年移澤州治端氏。貞觀又移州治晉城，縣屬焉。天寶初改爲陽城縣。	屬葢州，貞觀初屬澤州。
因之。	
因之。	仍曰陵川縣。
因之。	仍舊。
因之。	仍舊。
因之。	因之。

	端氏 沁水縣	遼陽 遼州 今領縣二。
初置		《禹貢》：冀州域。
春秋戰國	戰國趙端氏邑。	春秋屬晉，戰國初屬韓，後屬趙。
秦		屬上黨郡地。
漢	舊縣屬河内郡。	爲涅縣地屬上黨郡。
晋		屬樂平郡。
南北朝	後魏于此置廣寧郡及東永安縣，北齊廢郡改縣曰永寧。	後魏置遼陽縣，北齊省。
隋	初復改沁水縣屬澤州。	改置遼山縣屬遼州，大業初州廢以縣屬并州。
唐	仍舊。	初復置遼州治樂平縣，尋移治遼山，改爲箕州，先天初又改儀州。
五代		梁復改遼州。
宋遼	仍舊。	熙寧中州廢入平定軍，元豐中復置遼州治遼山縣。
金	仍舊。	仍舊。
元	省端氏入焉。	屬平陽路。
明	因之。	以遼山縣并入，直隸布政司。

梁榆	偃武	雲中
和順縣	榆社縣	大同府 今領州二、縣七。
因界内古和順城而名。		《禹貢》：冀州域，虞周屬并州。
春秋晉大夫梁餘子食邑，亦名榆城①，戰國韓閼與邑。		春秋時北狄所居，戰國屬趙。
		爲雲中、雁門、代郡地。
爲上黨郡沾縣地。	上黨郡涅縣地。	東漢末郡廢，三國魏屬新興郡。
屬樂平郡。	爲武鄉縣地。	改屬雁門。
北齊爲梁榆縣。	後魏爲鄉縣地。	後魏徙都平城，置司州牧及置代尹。後周并廢。
始改曰和順縣，屬并州。	始置榆社縣，屬韓州，大業初廢，義寧初復置。	以其地屬代、朔、雲三州。
初屬并州，尋改屬遼州。	初于縣置榆州，尋罷州，以縣屬遼州。	初復置北恒州，治雲中縣，尋廢。開元中置雲州，天寶初改雲中郡，乾元復爲雲州。
		唐以雲州置大同軍節度，遼升爲西京府。
熙寧中省入遼山縣，元祐復置。	熙寧初州、縣俱省，元豐中復置遼州及榆社縣。	
仍舊。	仍舊。	因之。
仍舊。	省入遼山縣，未幾復置。	改置大同路。
仍舊。	因之。	改爲大同府。

①榆城，晉梁餘子養封地。後稱梁餘城，亦作梁榆城、榆城。《征艱賦》《水經注》認爲梁榆城與閼與故城兩名實爲一地。

	恒安	錦屏
	大同縣	懷仁縣
初置	周大同川地。	遼置，因阿保機與晉王李克用面會東城，取懷想仁人之義。
春秋戰國	戰國屬趙，置雲中縣。	
秦		雲中縣地。
漢	爲雁門郡平城縣地，東漢末廢。曹魏復置，屬新興郡。	置沙南縣，屬雲中郡。
晉	屬雁門郡。	
南北朝	後魏屬代郡，北齊置雲中縣。	後魏廢。
隋	初改爲雲内縣，屬朔州，後屬馬邑郡。	初爲雲州地，大業初置大利縣，屬定襄郡。
唐	初廢，貞觀中置雲襄縣，尋廢。開元中復置，改縣曰雲中，爲雲州治。	屬雲州。
五代	遼析雲中，置大同縣，爲西京大同府治。	遼始析雲中縣地，置懷仁縣。
宋遼		
金	因之。	升爲雲州。
元	因之。	復爲懷仁縣，屬大同路。
明	因之。	因之。

崞山	金城	汪陶	白登
渾源州	應州	山陰縣	陽高縣 國朝置。
			白登山有白登臺，故名。即匈奴冒頓單于圍漢高祖處。
戰國時屬趙代郡。	戰國趙地。		
屬雁門郡。	屬雁門郡。	雁門郡陰館縣地。	
爲平舒、崞二縣地，屬雁門代郡。東漢末廢。	兩漢因之。	東漢末廢。	置高柳縣，屬代州。後漢爲代郡治，縣尋廢。
屬新興郡。	爲新興郡地。		復置。
後魏屬神武郡。	後魏爲神武郡地。	後魏置平齊郡。	後魏永熙于縣置高柳郡。北齊郡、縣俱省。
屬雁門郡。	初屬朔州。	爲神武縣地，屬馬邑郡。	
置渾源縣，以川爲名，屬應州。	爲雲州地。	廢。	
	唐置應州，天成初又爲彰國軍。晉天福元年入遼。	遼置河陰縣，屬應州。	遼置長青縣。
	遼因之，屬西京道。宋宣和屬雲中路。		
以縣置渾源州。	仍舊。	改山陰縣，屬忠州。	改曰白登。
初改縣曰恒陰，至元初省入州。	仍爲應州。	并入金城縣，後復置。	
因之。	因之。	因之。	省。

	天鎮縣國朝置。（廣牧）	廣靈縣（平舒）	靈邱縣（莎泉）
初置			
春秋戰國			
秦	雲中縣地。		
漢	置陽原縣，屬代郡，後漢省。	代郡延陵縣地。東漢廢。	舊縣屬代郡，東漢廢。
晋			
南北朝	後魏置廣牧縣于此。	後魏天平復置，北齊省入靈邱縣。	後魏復置，屬靈邱郡。後周兼置蔚州。
隋			初郡罷，以縣屬蔚州，大業初州罷，以縣屬雁門郡。
唐	爲雲中縣地，置天成軍。	爲安邊縣地，後改安邊曰興唐，屬蔚州。	復置，屬蔚州。
五代	遼析置天成縣，屬大同府。	唐置廣靈縣。遼屬蔚州。	遼因之。
宋遼			
金	屬大同府。	仍舊。	置成州。
元	省。	仍舊。	復爲靈邱縣，屬蔚州。
明	因之。	因之。	因之。

神武	樓煩
寧武府 今領縣四，國朝雍正三年改爲府。	寧武縣
春秋樓煩地，戰國屬趙。	
爲應門郡地，魏隸新興郡。	汾陽縣地。
屬新興郡。	
後魏置廣寧、神武、太平三郡，屬朔州。北齊廢。	後魏爲石門縣，地屬廣寧郡。北齊廢。
爲馬邑、樓煩、雁門三郡。	爲馬邑郡神武縣，樓煩郡静樂縣地。
分屬憲嵐、管武諸州，後置寧武軍。	唐末置寧武軍，後廢。
置寧化軍，後入于遼。	
爲武、隩、寧化三州地。	
爲憲武、保德、寧邊諸州地。	
置寧武關，屬代州崞縣。	景泰元年置寧武關，弘治十六年置寧武所。

	偏關縣	神池縣	五寨縣
	美稷	武州	秀容
初置			
春秋戰國		戰國趙武州塞。	
秦			
漢	置美稷縣，屬西河郡，後漢末省。	武州縣屬雁門郡，後漢末廢。	樓煩縣地，建安以後爲新興郡地。
晋			
南北朝		後魏置神武郡，屬朔州，北齊置朔州于新城，後徙馬邑。	後魏爲神武郡地。
隋		屬馬邑郡。	隋唐以後屬馬邑郡。
唐	隸嵐谷縣。	省入善陽。	
五代	漢置偏關砦①。	《續通考》善陽縣有武周塞。遼于此置神武縣，屬朔州。重熙九年置武州治焉。	
宋遼	屬火山軍。		熙寧置寧遠縣，遼置寧遠縣，尋廢入寧武縣。
金	屬隩州。	省縣入州。	復置，屬武州。
元	改砦爲偏頭關。	因之。	省。
明	初屬河西衛，成化二年置偏關所。	初廢。	爲岢嵐州地，嘉靖建五寨堡，屬鎮西衛。

①偏關縣始稱偏頭關，北漢乾佑四年(951年)，劉崇於韓光嶺建偏頭寨，五代置偏頭砦，元改偏頭關。

朔方	玉林
朔平府 今領州一、縣四。	**右玉縣**
《禹貢》：冀州域。	
周并州地，戰國屬趙。	
爲雁門郡地。	
置朔方郡，後漢改定襄郡，靈帝末廢。建安中置新興郡。魏因之。	爲楨陵縣境，屬雲中郡，後漢爲定襄郡治。建安末郡、縣俱廢。
因之。	
後魏置善無郡，北齊省。	後魏置善無縣，兼置善無郡。北齊省。
爲馬邑郡地。	隋唐以後爲朔州地。
以州爲朔州地。	
遼置順義軍。	
屬西京路。	
屬大同路。	爲豐、淨二州境。
洪武置定邊衛，後裁。永樂設大同衛，正統以玉林衛并入，名右玉林衛。	洪武置定邊衛于此，永樂改置大同右衛，正統改名右玉林衛。

	鄯陽①	寰清
	朔州	馬邑縣
初置		
春秋戰國	戰國時趙地。	
秦	置馬邑縣。	
漢	屬雁門郡，後漢末廢，建安中復置，屬新興郡。	馬邑縣地②。
晉	仍屬雁門郡，永嘉初地入于代。	
南北朝	後魏僑置朔州及大安、廣寧二郡。北齊置北朔州及廣安郡，又置招遠縣爲郡治。	
隋	開皇初郡廢，置總管府，大業初州府俱廢，改縣曰善陽，置代郡，尋改爲馬邑郡。	善陽縣地。
唐	武德初復曰朔州，天寶初復曰馬邑郡。乾元初仍爲朔州，屬河東道。天祐改置振武軍于此。	貞觀中置大同軍，開元五年于城置馬邑縣，屬朔州。建中中嘗爲州治，旋復屬朔州。
五代	晉割入遼，升爲義順軍節度，屬西京道。	梁、唐因之，晉天福初入于遼。
宋遼	宜和五年復歸于宋，改朔寧府，屬雲中路。	
金	仍爲朔州屬西京路。	貞祐二年升爲固州。
元	屬大同路。	復爲馬邑縣，仍屬朔州。
明	初省州治鄯陽縣入州，屬大同府。	屬大同府。

①鄯(shàn)陽縣，後晉天福元年(936)，把包括朔州、寰州在内的十六州割讓給契丹。　②秦置马邑县，蒙恬筑城养马，故名马邑。李世民诗：『都尉反龙堆，將军旋马邑』。即指此。

雲川	中陵
左雲縣	平魯縣
爲陶林縣南境，屬雲中郡。後漢末廢。	爲武州縣地，屬雁門郡，後漢屬定襄郡。建安末省。
後魏爲善無縣境，屬善無郡。北齊省。	後魏爲武川鎮地。
	以後爲武州北境。
會昌中置宣德縣。	
遼爲昭勝軍。	
改曰宣寧。	寧遠縣地。
隸大同路。	
洪武二十五年設鎮朔衛，永樂改設大同左衛，正統移雲川衛，并入名左雲川衛。	正統三年置平魯衛于大同城西，嘉靖中移此。

歸化城六廳

〇注：在省北八百九十里。東西距四百零三里，南北距三百七十里。東至藩部四子部落[1]界一百三十八里，西至鄂爾多斯左翼前旗界二百六十五里。南至朔平府右玉縣邊城界二百十里，北至喀爾喀右翼界一百六十里。東南至鑲藍旗察哈爾界，西南至鄂爾多斯左翼前旗界一百八十里。東北至四子部落界一百十里，西北至毛明安郡一百七十里。至京師一千一百六十里。

漢定襄、雲中二郡地，後漢屬雲中郡。後魏初建都于此，號盛樂郡，後置雲州領盛樂、雲中等郡，隋復置定襄郡。唐置單于大都護府。五代後唐時，八遼置豐州天德軍，屬西京道。金因之。元屬大同路。明宣德初築玉林、雲川等城，設兵戍守，後爲蒙古所據。嘉靖間諳達〇注：舊作俺答，今改正。築城于豐州灘，採木架屋以居，謂之板升。〇注：板升，漢言屋也。是爲西土默特。隆慶間封諳達爲順義王，名其城曰『歸化』。

本朝天聰六年，太宗文皇帝親征察哈爾，駐蹕歸化城，土默特部落悉歸順。九年命貝勒岳脱駐守歸化城。康熙三十五年聖祖仁皇帝自白塔駐蹕于此，其官制共爲六廳。

①《清史稿·列傳·藩部》載：『四子部落在張家口外，至京師九百六十里。』

歸化城

在殺虎口邊城①外二百里，蒙古名庫庫河屯。

定襄、雲中二郡地，後漢屬雲中郡。

雲州地。後魏初建都于此，號盛樂城。後置州，領盛樂、雲中等郡。

爲定襄郡，後復置。

爲單于大都護府。

後唐時入于遼。

遼置豐州天德軍，屬西京道。

豐州天德軍。

豐州天德軍屬大同路。

宣德初築玉林、雲川等城，設兵戍守，後爲蒙古所據。嘉靖間諳達居此，是爲西土默特，隆慶間封爲順義王，名其城曰歸化。

①殺虎口，清代内蒙古五路驛道之一。康熙年建，稱邊城、西口。清從京至殺虎口九百三十裏設十四驛站，爲西部軍事重地。

	綏遠城	清水河	薩拉齊
初置	在歸化城東北五里。	在歸化城西南一百二十里，即前明互市清水營之地。	在歸化城西一百二十里，有蘇爾哲河經亘其地。
春秋戰國			
秦			
漢			
晉			
南北朝			
隋			
唐			
五代			
宋遼			
金			
元			
明	玉林、雲川二衛地。	清水營。	玉林、雲川二衛地。

和林格爾	托克托城
在歸化城南一百八十里，南近邊牆即蒙古五藍木倫地。	在歸化城西南一百四十里。
	雲中故城地。
	東受降城地。
	東勝州地屬西京道。
玉林、雲川二衛地。	洪武初設左、右二衛于此，後廢。

湖北省

〇注：武昌府爲省會，在京師西南三千一百五十五里。東西距二千四百四十里，南北距六百八十里。東至江南安慶府宿松縣界五百五十里，西至四川夔州府巫山縣界一千八百九十里。南至湖南岳州府臨湘縣界四百里，北至河南汝寧府羅山縣界二百八十里。東南至江西九江府瑞昌縣界四百五十里，西南至四川重慶府彭水縣界二千五百十五里。東北至江南廬州府霍山縣界四百六十里，西北至陝西商州山陽縣界一千四百七十里。領府十、州八、縣六十。

東連溢浦，南距湘湖。西據三峽，北帶漢川。《禹貢》：荆州之域。周亦爲荆州。春秋爲楚國及隨、鄧、弦、黄、唐、鄖、庸、穀、夔州、絞、盧、鄾①、鄀、貳、軫、權、厲諸小國地。戰國屬楚。漢初項羽建衡山、臨江二國，尋并於。漢高帝，分置江夏、南郡二郡，武帝元封五年置十三部刺史，此爲荆州北境，後漢因之。建安中分屬劉先主、孫權、曹操。三國分屬吴、魏。晉平吴并荆州爲一。南北朝宋亦爲荆州，增置郢州，齊并因之。梁亦爲荆州、郢州，增置北江、義岐、綏南、洛北、新南、司土、應宜等州，而漢東之地尋入西魏，浸及荆、襄，旋爲周有，亦置荆、襄諸州。陳承梁緒，僅有郢州，別置荆州。隋仍周舊，置荆州都督府，開皇九年并有陳地，大業初改爲南郡、夷陵、竟陵、沔陽、清江、襄陽、漢東、安陸、永安、義陽、江夏等郡，俱屬荆州。唐武德初，復改諸郡爲州，五年置荆州大總管府。貞觀初，諸州分屬淮南及山南道。開元二十一年，又分屬江南西及淮南山南東黔中道。至德二載，置山南東道及荆南節度使。元和初置武昌軍節度使。五代時爲楊行密、高季興所分據。宋建隆三年平高季興，八年滅南唐，置湖北及京西路。元豐中，改荆湖北路，分置京西南路、淮南西路、夔州路。元置湖廣等處行

①鄾(yōu)国，春秋邓大夫食采南鄙鄾邑。《左传》杜预注：『鄾在邓 县南，河水之北，鄾，邓之分也。安养有鄾聚。』《水经注》：『鄾城古鄾子国，是鄾以地为氏者。』

中書省，亦分屬河南行省。明洪武初仍設湖廣行省，九年改置湖廣等處承宣布政使司。

天文翼軫分野。

	鄂渚	少羨
	武昌府 今領州一、縣九。	江夏縣
初置	《禹貢》：荆州之域。	
春秋戰國	春秋屬楚，謂之夏汭①。	
秦	屬南郡。	
漢	置江夏郡，後漢因之。吴分江夏，更置武昌郡治武昌縣。	本沙羨縣地。羨音夷，屬江夏郡。三國吴屬武昌郡，後省。
晋	以武昌隸江州，江夏隸荆州。江夏郡移治安陸縣。	太康中，置沙羨縣。太元初改爲汝南縣，復隸江夏郡。
南北朝	劉宋改置江夏郡治汝南，即故沙羨，兼置郢州，齊因之。梁分置北新州，而江夏如故。	
隋	平陳，後郡廢改置鄂州，煬帝初改爲江夏郡。	初廢，郡改縣曰江夏。
唐	武德四年復置鄂州，天寶初改江夏。乾元初仍爲鄂州。	仍舊。
五代	唐遥改武清軍，南唐因之。	
宋遼	仍曰鄂州，亦曰江夏郡武昌軍。	仍舊。
金		
元	置鄂州路，大德五年曰武昌路。	仍舊
明	初改爲武昌府	因之

①夏汭(ruì)，即今湖北汉水，古称夏水。《左传·昭公四年》：吴伐楚，『楚沈尹射奔命于夏汭。』

樊山	沙陽	上寯
武昌縣	嘉魚縣	蒲圻縣
	其地有魚嶽山，取南有嘉魚之意。	以湖畔多蒲故也。
春秋時，楚熊渠封中子紅爲鄂王于此①。		
爲鄂縣，屬南郡。		
屬江夏郡，後漢因之，三國吴改武昌縣，置武昌郡治焉。	沙羨縣地。	沙羨縣地，孫吴赤烏九年分武昌爲兩部。自武昌至蒲圻爲右部，始置蒲圻縣。
太康初分置鄂縣，并隸武昌郡。	沙陽縣地。	屬長沙郡。
劉宋以後因之。	梁又置沙州，旋廢。	劉宋元嘉中，改屬巴陵郡。孝建初改屬江夏郡。梁屬上寯郡。
廢郡，又省鄂縣入武昌。	以沙陽并入蒲圻，復于其地置鲇湊鎮。	屬鄂州。
亦爲武昌縣屬鄂州。	因之。	仍舊。
	南唐改鎮爲場，保大中始升爲嘉魚縣。	
仍舊，南渡後升爲武昌軍，後又更名壽昌軍。	仍舊。	仍舊。
改武昌縣。	仍舊。	仍舊。
因之。	因之。	因之。

①熊红，又名熊挚红，楚王熊渠二子。熊渠自称楚王，封熊红鄂王。周厉王姬胡登基，熊红降爵为鄂。

	淦川 咸寧縣	唐年 崇陽縣	下嶲 通城縣	富川 興國州
初置				
春秋戰國				春秋時楚地。
秦				屬南郡。
漢		長沙郡下嶲縣地。	下嶲縣地。	兩漢屬江夏郡，三國吴屬武昌郡。
晋				以後因之。
南北朝		蕭梁置上嶲郡，陳置嶲州。		
隋	江夏縣南境。	廢，以其地入蒲圻。		屬鄂州，大業中屬江夏郡。
唐	大歷二年置永安鎮。	天寶開山洞置唐年縣。	爲唐年縣地，元和中置通城鎮。	仍舊。
五代	楊吴曰永安場，南唐保大中升爲縣。	楊吴改曰崇陽，朱梁改曰臨夏，石晋改曰臨江，南唐復曰唐年。		
宋遼	景德四年改曰咸寧。	仍爲崇陽縣。	熙寧中始升爲縣，紹興中廢爲鎮，旋復爲縣。	太平興國二年置永興軍，明年改興國軍。
金				
元	仍舊。	仍舊。	仍舊。	爲興國路。
明	因之。	因之。	因之。	初曰興國府，洪武九年，以州治永興縣省入，改爲州。

梅山	鎮南	江漢
大冶縣	通山縣	漢陽府 今領州二，縣四。翼軫分野。
		《禹貢》：荆州之域。
		春秋鄖國地，戰國屬楚。
		屬南郡。
		兩漢屬江夏郡，三國初屬魏，後屬吴，皆爲重鎮。
		仍屬江夏郡，初立沔陽縣，爲江夏郡治，後郡治移安陸縣。
		宋、齊、梁皆因之，後周屬竟陵郡。
武昌縣地。		屬復州，大業初屬沔陽郡。
永興縣地，置大冶青山場院①。	永興縣之新豐鄉。	置沔州，治漢陽縣，天寶初改漢陽郡，乾元初復爲沔州，尋廢。
南唐保大中升爲大冶縣，屬鄂州。	楊吴武義中置軍山鎮，周顯德六年南唐始置通山縣。	周世宗平淮南，以漢陽縣置軍。
屬興國軍。	因之，屬興國軍，紹興四年廢爲鎮，復爲縣。	熙寧廢爲縣，紹興中復置軍。
仍舊。	仍舊。	至元中升爲漢陽府。
因之。	因之。	因之，洪武九年省入武昌，十三年復置。

①唐哀帝天祐二年，吴王楊行密置青山場院，爲採礦、開爐冶煉基地，位於鄂州永興、武昌一帶。

	沔陽 漢陽縣	江川 漢川縣
初置		
春秋戰國		
秦		
漢	安陸縣地，屬江夏郡。東漢于臨嶂山下置沔陽縣，後廢。	安陸縣地。
晋		
南北朝		梁置梁安郡，西魏改曰魏安郡，兼置江州，尋改郡曰汊川，後周置甑山，廢江州①。
隋	開皇十七年置漢津縣，屬復州。大業初改曰漢陽，屬沔陽郡。	初郡發，以縣屬沔州，後廢。
唐	初于此置沔州，後廢州以縣屬鄂州。	析漢陽置汊川縣，屬鄂州。
五代	周爲漢陽軍。	周屬安州。
宋遼	廢軍，紹興中復置。	初改爲義川縣，後改曰漢川，屬漢陽軍。熙寧中并入漢陽縣，元祐初復置縣。
金		
元	爲漢陽府治。	屬漢陽府。
明	因之。	因之。

①甑(zèng)山，因山形如甑而得名。梁天监中置甑山县。

孝昌	黃城
孝感縣	黃陂縣
以孝子董永故名。	
安陸縣地。	西陵縣地，後漢末劉表使黃祖築城于此鎮遏，因名黃城鎮。
	因之。
劉宋置孝昌縣，屬江夏郡，齊梁因之。西魏于縣置岳州及岳山郡，後周州、郡俱廢。	宋因之，高齊于鎮置黃陂縣及南司州，後周改曰黃州。
大業初屬安陸郡。	初因之，大業初移州治黃岡，改曰永安郡縣屬焉。
武德四年置澴州，尋廢。	武德三年置南司州，尋州廢，仍屬黃州。
唐改縣曰孝感。	
仍屬安州。	端平中移治鄂州青山磯。
	復舊治。
洪武九年省入安德州，尋復置。	因之。

	陵州	中郢
	沔陽州	安陸府 今領州一、縣五。翼、軫分野。
初置		《禹貢》：荆州之域。
春秋戰國	春秋戰國楚地。	春秋戰國屬楚，爲鄖郢名都。
秦	爲南郡地。	屬南郡。
漢	屬江夏郡，東漢因之。	爲雲杜縣地，屬江夏郡。
晉	惠帝時，分江夏西部置竟陵郡。	爲石城重鎮，惠帝元康間分置竟陵郡。
南北朝	梁又置沔陽郡，後周置復州。	宋齊并爲竟陵郡地，梁爲南司、北新二州之境。後周分置石城郡，兼置郢州。
隋	初郡廢州存。大業初改州曰沔州，尋又改曰沔陽郡。	煬帝改郢州曰竟陵郡。
唐	武德五年又改爲復州，天寶初改爲竟陵郡。乾元初復故，治竟陵。	武德四年復置郢州，天寶初曰富水郡，乾元仍曰郢州。
五代	因之。《寰宇記》：晉改景陵郡，漢復故。	因之。
宋遼	仍曰復州，熙寧六年廢，屬安州。元祐初復故。	仍曰郢州。
金		
元	爲復州路，又改爲沔陽府。	改爲安陸府。
明	洪武九年降爲州，以州玉沙縣省入。嘉靖改屬承天府。	洪武降爲州，以附郭長壽縣省入。嘉靖十年，以世宗肅皇帝龍飛于此，改爲承天府。

萇壽	角陵	白伏
鍾祥縣	京山縣	潛江縣
雲杜縣地屬江夏郡。	本雲杜、安陸二縣地。東漢爲雲杜、新市二縣境。	江陵縣地。
劉宋泰始六年置萇壽縣,屬竟陵郡。齊因之,西魏改曰長壽,爲石城郡治。	梁置新州及新陽縣。西魏改縣曰角陵,改州曰温州。	
爲郢州治。	廢州改爲京山縣,屬安陸郡。	
初因之,貞觀初廢郢州,縣屬鄀州。十七年仍屬郢州,後又爲州治。	復爲温州治,尋廢州以縣屬郢州。	大中間置征科巡院于白洑鎮。
因之。	以富水縣并入焉。	初曰安遠鎮,乾德二年升爲潛江縣,屬江陵郡。
因之。	屬安陸府。	因之。
初省,嘉靖十年復置,賜名鍾祥。十八年,析荊門北境馬良望鄉境益焉。	初屬安陸州,嘉靖十年改屬府。	嘉靖十年改今屬。

	天門縣（竟陵）	荊門州（長林）	當陽縣（麥城）
初置			
春秋戰國	楚竟陵邑，封大夫鬬辛于此①。	春秋時楚地。	
秦	白起攻楚，拔郢東至竟陵，亦此地。		
漢	始置竟陵縣，屬江夏郡。	爲南郡地。	本舊縣屬南郡。
晋	因之。	因之，隆安五年，析置長寧、武寧二郡。	
南北朝	西魏改曰霄城縣，後周復曰竟陵。	宋泰始中，改長寧郡曰永寧，齊梁因之，後周郡廢。	後周于此置平州及漳川郡。
隋	初于此置復州，後徙治沔陽。	屬荊州。	開皇七年改州爲玉州，九年州郡俱廢。
唐	初復移復州，治竟陵。	武德四年置基州，治章山縣。七年州廢，仍屬荊州，貞元中屬江陵府。	初復置平州，又改爲玉州，尋省。
五代	晉改曰景陵縣。	高氏置荊門軍，尋廢。	高氏置荊門軍于此。
宋遼	隸安州，又仍隸復州，端平中縣隨州徙沔陽鎮。	開寶五年復置軍。	紹興中以縣省入長林，後復置。
金			
元	仍舊治。	至正升爲荊門府，大歷初降爲州。	因之。
明	初因之，嘉靖十年隨沔陽屬承天府。	初以州治長陵縣省入，嘉靖十一年改今屬。	初隸荊州府，後改屬荊門州。

①鬬（dòu）辛，《元和郡縣誌》載：『春秋時鄖子國，楚滅鄖，封鬬辛爲鄖公，即其地。』

漢川	南鄉
襄陽府 今領州一、縣六。翼軫分野。	**襄陽縣**
《禹貢》：荆、豫二州之域。	
周爲穀、鄧、鄾、盧、羅、鄀之地，春秋時屬楚。	
爲南郡、南陽郡地。	
漢因之，東漢末劉表爲荆州刺史，徙治襄陽縣。三國魏始置襄陽郡治宜城。	舊縣屬南郡，新莽改爲相陽，東漢復舊。建安中置襄陽郡，以縣屬焉。
亦爲荆州治所。	
初郡廢，州存，煬帝時復置襄陽郡治襄陽縣。	爲襄州治。
初復置襄州，後爲襄陽郡，又爲襄陽府。	爲襄州治。
梁、唐置忠義軍。	
復爲襄陽府。	仍爲襄州治。
改爲襄陽路。	仍舊。
復爲襄陽府。	因之。

	鄢陵	臨沮
	宜城縣	南漳縣
初置		
春秋戰國	楚鄢縣，古燕國。	
秦	爲邔縣①地，屬南郡。邔音忌。	
漢	置宜城縣。	南郡臨沮縣地。
晋	襄陽郡治此。	屬襄陽郡。
南北朝	劉宋屬華山郡，梁改爲率道縣。	西魏置重陽縣，又置南襄陽郡治。後周置沮州，州尋廢，改縣曰思安。
隋	屬襄州。	初郡廢，縣屬襄州，十八年改縣曰南漳縣。大業末王世充復置沮州。
唐	屬鄀州，尋改屬襄州，以漢南縣省入。天寶復改爲宜城縣。	武德四年州廢，縣仍屬襄州。貞觀八年省入義清縣，開元移荆州縣于南漳故城，復曰南漳縣。
五代		
宋遼	仍舊。	省中廬縣入焉。春秋時廬戎國，楚爲廬邑，漢置中廬縣。
金		
元	仍舊。	仍舊。
明	因之。	因之。

①邔（qǐ）縣，秦置，《後漢書》誤作卬縣，漢屬南郡。

蔡陽	筑陽	乾德
棗陽縣	**穀城縣**	**光化縣**
	本春秋穀國地。	春秋爲穀國地。
		秦、漢爲陰、酇二縣地。酇即蕭何封邑，屬南陽郡。
南陽郡蔡陽縣地，東漢分立襄鄉縣。	爲筑陽地，屬南陽郡。	
亦爲蔡陽縣地，屬義陽郡。	屬順陽郡。	屬順陽郡。
宋齊因之，後周置廣昌郡，改縣曰廣昌。	梁置義城縣及郡，後周廢郡。	西魏置陰城縣，屬酇城郡，後周郡廢。
初郡廢，改曰棗陽縣，因棗陽村爲名。大業初置春陵縣。	開皇十八年改曰穀城縣，屬襄州。	以縣屬襄州。
屬唐州，後改屬隨州。	初置酇州，尋罷，以縣屬襄州。	廢爲陰城鎮。
升爲棗陽軍。	屬襄陽府。	置光化軍領乾德縣，熙寧中軍廢，改乾德爲光化縣。
復爲縣，屬南陽府，尋改屬襄陽府。	仍舊。	屬襄陽府。
因之。	因之。	因之。

	武當 均州	魏興 鄖陽府 今領縣六。
初置	《禹貢》：豫雍二州之境。	《禹貢》：梁、荊二州之域。
春秋戰國	春秋屬麇。戰國屬韓，及楚謂之均陵。	春秋時麇、庸二國地，後屬于楚。戰國爲秦、楚二國之境。
秦	秦漢爲武當縣，屬南陽郡。	爲漢中郡地。
漢		始置錫縣于鄖，仍屬漢中郡。東漢置房陵、上庸二郡。三國魏改置新城郡。
晉	屬順陽郡。	爲魏興、上庸、新城三郡地。
南北朝	後魏置武當郡，尋廢。南齊置始平郡，後改齊興郡。梁置興州，後周改豐州。	宋因之。齊置齊興郡。
隋	初廢郡，改州爲均州。大業初州廢，改爲淅陽郡。	更長利爲鄖鄉縣，屬淅陽郡。
唐	武德初復爲均州。貞觀初州廢，屬淅州。八年復置均州，天寶初，亦曰武當郡。乾元初，復爲均州。	初置南豐州，尋省州而以縣屬淅川縣，尋又更爲均州，縣屬焉。
五代	因之。	
宋遼	仍爲均州。	初屬武當軍節度。
金		
元	爲襄陽路。	初復爲鄖縣，屬均州。
明	初，以州治武當縣省入。	初隨州屬襄陽府。成化中升爲鄖陽府。

鄖鄉	房陵	上庸
鄖縣	房縣	竹山縣
	舜封堯子丹朱于房，即此地。	本周之庸國。
春秋時曰錫穴，爲錫之西鄙。	春秋爲房子國。	
	爲房陵縣，屬漢中郡。	置上庸縣。
錫縣，屬漢中郡。	置房陵縣。	屬漢中郡。
屬魏興郡。		爲上庸郡治。
	魏改新城縣。後周郡縣并改曰光遷，兼置遷州。	梁析置安城縣。西魏始改竹山縣。
爲鄖鄉縣，屬淅陽郡。	初郡廢，後改州爲房陵郡。	屬房陵郡。
初于此置南豐州。尋省州以縣入淅州，又改屬均州。	改郡爲房州，又改縣曰房陵。	初房州治此，後徙治房陵。
仍舊。	置保康軍。	以上庸縣省入。
改爲鄖縣。	廢軍仍爲房州，屬襄陽路。	仍舊。
因之。	省房陵縣，改州爲房縣，屬襄陽府。成化中改今屬。	初并入房州，後復置縣。

①谿：同『溪』。

	安城	光遷	上津
	竹谿①縣	保康縣	鄖西縣
初置	古庸國地。	古房國地。	古麇國地。
春秋戰國		戰國屬楚。	
秦	屬漢中郡。	屬漢中郡。	
漢	屬上庸郡。	爲房陵郡地。東漢爲上庸郡地。三國魏爲新城郡。	屬漢中郡，後漢省。
晉	仍舊。	爲房陵地。	復置，屬魏興郡，後又省。
南北朝	仍舊。		宋爲北上津縣地。
隋	仍舊。	因之。	爲鄖鄉、上津二縣地。
唐	仍舊	爲遷州地。	爲上津縣地。
五代	仍舊。		
宋遼	仍舊。	爲保康軍。	爲均州地。
金			
元	仍舊。	爲房縣地。	爲商州、鄖縣地。
明	初爲竹山縣地。成化中，析竹山縣之尹店社置竹谿縣。	初爲房縣地。成化中析房之宜陽等鄉，置縣治潭頭坪。	初爲鄖鄉、上津縣地。成化中析鄖之武陽里、上津之津陽里置鄖西縣，改屬鄖陽府。

安洲	吉陽	曲陽
德安府 今領州一、縣四。	安陸縣	雲夢縣
《禹貢》：荆州之域。		
春秋時鄖子國，後屬楚。		
屬南郡。		
屬江夏郡，東漢因之。	舊縣屬江夏郡，東漢因之。	西陵、安陸二縣地，屬江夏郡。
亦屬江夏郡。	爲江夏郡治。	
宋置安陸郡，齊因之。梁置南司州。西魏改置安州。後周末改鄖州，而安陸州如故。	劉宋以後爲安陸郡治。梁爲南司州治，自是州郡皆治此。	西魏大統十六年，于雲夢古城置縣，因以爲名，屬城陽郡。
初廢郡，煬帝改鄖州爲安陸郡。		屬鄖州。
武德四年，復曰安州。天定初，曰安陸郡。乾元初，復曰安州。		屬安州。
梁置宣威軍。後唐改安遠軍，晉復爲州治。後漢仍爲安遠軍。周顯德初，復爲州。		
仍曰安州。熙寧初升爲安德①府，以舊爲潛邸也。		因之。熙寧四年省入安陸，元祐初，復置。
因之。		仍舊。
明吴元年，改德安州。後復爲德安府。	初省入德安州，尋復置。	因之。

①原文『安德』有误，应为『德安』。

	應陽	烈山
	應城縣	隨州
初置		《禹貢》：荆豫二州之地。
春秋戰國		春秋隨侯國，後屬楚。
秦		屬南陽郡。
漢	安陸縣地。	兩漢因之。三國魏屬義陽郡。
晉		初因之。太康中分置隨國。
南北朝	宋置應城縣，屬安陸郡。齊因之。西魏置城陽郡。	劉宋泰始五年改爲隨陽郡，尋曰隨郡。齊梁因之。西魏置并州于此，改曰隨州，而隨郡如故。
隋	初郡廢，縣屬郧州。大業初，改縣曰應陽，屬安陸郡。	初郡廢，州曰隨州。大業初，改置漢東郡。
唐	武德四年，復曰應城縣，仍屬安州。元和二年，省入雲夢。太和二年，復置。	武德三年，復爲隨州。天寶初，復曰漢東郡。乾元初復舊。
五代	唐亦曰應城縣。	
宋遼	因之。	仍曰隨州。
金		
元	因之。	因之，屬德安府。
明	洪武十年并入雲夢縣，十三年復置。	洪武初，以州治隨縣省入，又改州爲縣。十三年，復置隨州。

永陽	齊安
應山縣	黃州府 今領州一、縣七。
古應國地。	《禹貢》：荆州之地。
	春秋爲邾國，後爲黃國之境。楚滅黃而并其地。
	屬南郡。
爲隨縣地。	兩漢屬江夏郡。三國魏爲重鎮，後屬吳。
	爲西陽國。
梁置永陽縣及應州。	宋爲西陽郡。齊又分置齊安郡。
大業初，廢州改爲應山縣，屬安陸郡。	開皇五年改黃州。大業初改永安。
武德四年復置應州，七年州廢，縣屬安州。	復爲黃州。天寶改齊安郡。乾元初，復曰黃州。
初因之。嘉定中，改屬隨州。	因之。
因之。	爲黃州路。
洪武九年，省入隨縣。十三年，復置屬隨州。	爲黃州府。

	西陵	邾城
	黄岡縣	黄安縣
初置		本黄岡、麻城、黄陂三縣地。
春秋戰國		
秦		
漢	邾縣①屬江夏郡，後漢因之。	
晋	初屬弋陽郡，尋屬西陽國。咸康初，豫州寄治于此，尋陷于石趙。	
南北朝		
隋	黄岡縣故城在府西北一百二十里。開皇五年置。今謂之舊州城。	
唐	中和三年遷黄州治此，附郭縣亦移治此，仍曰黄岡。	
五代		
宋遼		
金		
元		
明		嘉靖四十三年，析麻城之新安、姜家畈置今縣，以地僻多盗也。

①邾：讀zhū。古邑名，戰國楚地，楚宣王滅邾國，遷其君於此，故名。

蘭溪	義城	蘄春①
蘄水縣	**羅田縣**	**蘄州**
		《禹貢》：揚州地。
		春秋以來楚地。
		屬九江郡。
江夏郡，蘄春縣地。	蘄春縣地。	屬江夏郡。東漢因之。建安十二年，吳分置蘄春郡。
		郡廢，改屬弋陽郡。惠帝分置西陽郡。
劉宋于此立希水縣及永安郡。齊梁因之。	梁置縣，又置義州及義城郡，皆治此。	宋齊因之。北齊曰齊昌郡。後周改曰蘄州。
郡廢。改縣曰浠水縣，屬蘄州。	初州、郡俱廢。縣屬蘄州。	初郡廢，州存。煬帝改州曰蘄春郡。
武德四年改曰蘭溪縣。天寶初改爲蘄水。	武德四年，省浠水縣。	武德四年，復曰蘄州。天寶初，曰蘄春郡。乾元初，復曰蘄州。
仍舊。	元祐八年，升石橋鎮爲羅田縣，咸淳中廢。	因之。
仍舊。	復置。	曰蘄州路。
初改今屬。	初改今屬。	初改爲蘄州府。洪武九年降爲州，以州治蘄春縣省入，改屬黃州府。

①蘄：古州名，在今湖北省蘄春县。

	信安	甲州
	麻城縣	廣濟縣
初置	《志》云：城本石勒將麻秋所築故。	
春秋戰國		
秦		
漢	西陵縣地。	蘄春縣地。
晉		
南北朝	梁置信安縣。	
隋	開皇十八年改曰麻城縣，屬黃州。大業中，屬永安。	
唐	武德三年，于縣置亭州。八年州廢，仍屬黃州。元和三年省入黃岡，尋復置。	武德中析置永寧縣，屬蘄州。天寶初，徙治大江洲中。
五代		
宋遼	因之。端平中，移治于什子山。	
金		
元	復舊治。	還故治。
明	因之。	

①原文误为『僑治』应为『僑置』。

新蔡	荆南
黄梅縣	荆州府 今領縣八。
	《禹貢》：荆州地。
	春秋時，爲楚郢都。
	秦拔郢，置南郡。項羽時，爲臨江國。
蘄春縣地。	漢高元年，爲臨江郡。五年，復曰南郡。景帝二年，爲臨江王國，尋復曰南郡。後漢因之。三國初屬蜀漢，尋屬吴。
東晉置南新蔡郡及永興縣。	平吴初改新郡，尋復曰南郡。東晉以後常爲重鎮。
劉宋因之。梁末，魯悉達爲北江州刺史，寄治新蔡。陳永定二年爲齊所取，廢郡，仍爲永興縣。	宋齊因之，仍曰南郡。梁元帝都此，爲西魏所陷，還。後梁居之，爲藩國，又置江陵總管府監之。
開皇初，復曰新蔡，屬蘄州。十八年改曰黄梅。	開皇初府廢，七年并梁，又置江陵總管府，二十年改爲荆州。大業初，復曰南郡。及蕭銑據此，亦稱梁。
武德四年于縣置南晉州。八年州廢，仍屬蘄州。	武德四年，平銑，仍曰荆州。天寶初，改曰江陵郡。乾元初，復故。上元初置南都，升江陵府，尋復爲荆州。
	高季昌據之，稱南平。
仍屬蘄州。嘉熙中，僑治①中州。	亦曰江陵府。建炎中，改荆南府。淳熙中，復曰江陵府。
復舊治。	爲江陵路，大歷二年改中興路。
因之。	明吴元年改爲荆州府。

①原文误为『僑治』应为『僑置』。

	郢都	南平
	江陵縣	公安縣
初置		
春秋戰國		
秦	本南郡之郢縣地，分爲江陽縣。	
漢	景帝三年，改曰江陵，爲臨江國治，尋爲南郡治。東漢省郢縣入江陵。	武陵郡孱陵縣地。建安十四年，孫權表劉備領荆州牧，分南郡之南岸地給備。備營油口，改名公安。後吳徙南郡治焉。
晋	以後皆爲州郡治。	平吳，分孱陵，置江安縣，又置南平郡治焉。
南北朝		宋齊因之。梁改縣曰公安。陳失江陵，與後梁分江爲界，亦置荆州治此。
隋		開皇九年廢郡，又以州并入江陵，縣仍屬焉。
唐	以安興縣省入。	因之。
五代		
宋遼	仍舊。	屬江陵府。建安中升爲公安軍，尋復舊。
金		
元	仍舊。	仍舊。
明	因之。	因之。

建寧	豐都	高城
石首縣	監利縣	松滋縣
南郡華容縣地。	南郡華容縣地。三國吳置監利縣，尋省。	南郡高成縣地。
置石首縣，仍屬南郡。	太康四年復置，屬南郡。	東晉咸康中，以廬江郡松滋縣流民避兵至此，乃僑置松滋縣，屬南河東郡。
劉宋省。	劉宋孝建初，改屬巴陵郡。齊因之。梁置監利郡，後周郡廢，縣屬復州。	宋齊因之。梁陳時爲河東郡治。
	因之。	廢郡，改屬荆州。
武德四年復置，屬荆州。	仍屬復州。	因之。
	梁改屬江陵府。	
因之。	因之，咸淳中廢。	因之。
因之。	復置。	因之。
因之。	因之。	因之。

	旌陽	夷都
	枝江縣	宜都縣
初置	以蜀江至此分枝爲諸洲而名。	
春秋戰國		
秦		
漢	置縣屬南郡。後漢因之。	彝道縣屬南郡。後漢因之。建安中，先主置宜都縣屬焉。
晉	因之。	仍舊。太和中，桓温以父嫌名，改曰西遵[②]。尋復舊。
南北朝	宋齊因之。	宋齊因之。陳改曰宜昌。
隋	屬荊州。	開皇九年，置松州。十一年州廢，縣屬荊州。
唐	因之。上元[①]二年，省入長寧縣。大歷六年復置。	武德二年，置江州于此。改縣曰宜都。六年，改江州爲東松州。貞觀八年州廢，縣屬峽州。
五代		
宋遼	屬江陵府，寄治于此。紹興六年，還舊治。嘉熙初，縣徙治漸洋。咸淳六年，又徙白水鎮。	
金		
元	還舊治。	
明	洪武三年，以客美等峒蠻出入，置枝江千户所于城内，以縣并入松滋。尋復置。	

①应为唐肃宗年号，公元761年。

②原書誤爲「西遵」，應爲「西道」。《水經·江水注》：「桓温父名彝，改曰西道」。見《水經注》卷三十四。

高安	彝陵
遠安縣	宜昌府 國朝新改，今領州二、縣五。
	春秋戰國，楚地西陵邑。
	置縣，屬南郡。
臨沮縣地，屬南郡。	兩漢因之。魏武平荆州，置臨江郡。蜀漢改爲宜都郡。吴改爲西陵，爲重鎮。
晉末置高安縣。	爲宜都郡。
劉宋初，汶陽郡治此。齊、梁因之。後周改爲遠安縣。	宋齊因之。梁末兼置宜州，西魏改曰拓州，後周又改峽州。
仍舊。	初郡廢。煬帝改峽州爲彝陵郡。
仍舊。	初復爲峽州。
仍舊。	因之。亦曰彝陵郡。
仍舊。	改峽州路。
因之。	初爲峽州府。洪武九年，改爲彝陵州，以州治彝陵縣省入。

	硤州	秭歸
	東湖縣 國朝新改。	歸州
初置	本峽州。	周成王封楚熊繹于荊丹陽之地，即此。丹陽故城在州東七里。後移枝江，亦名丹陽。
春秋戰國		戰國屬楚。
秦		屬南郡。
漢	置夷陵縣，屬南郡。建中初屬臨江郡。蜀漢屬宜都郡。	屬南郡。三國吳屬建平郡。
晉	太康復曰夷陵。	因之。
南北朝	宋齊因之。梁宜州。西魏改曰拓州。北周曰硤州。	劉宋屬荊州。南齊屬巴州。後周置秭歸郡，治長寧縣。
隋	大業初，置爲夷陵郡治。	初曰秭歸縣，屬信州。
唐	因之。	置歸州。天寶初，改巴東郡。乾元初，復爲歸州。
五代		
宋遼	因之。	屬荊湖北路。建炎中，屬夔州路。
金		
元	爲硤州路治。	至元中，升歸州路，尋降爲州。
明	初爲硤州府。洪武九年降爲夷陵州，以夷陵省入。	洪武九年，廢州爲秭歸縣，屬夷陵州。後復爲歸州。正統七年，以興山縣省入。

睦州	秭城	信陵
長楊縣	興山縣	巴東縣
以長楊溪而名。		
武陵郡之佷山縣地。〇佷音銀①。後漢屬南郡。三國吴屬宜都郡。	秭歸縣地，屬南郡。	巫縣地，屬南郡。
以後因之。	置興山縣，屬建平郡。後省。	屬建平郡。
		梁爲歸鄉縣，置信陵郡。後周郡廢，改縣曰樂鄉。
開皇八年，改置長楊縣，并置睦州治此。十七年州廢。	屬歸州地。	改爲巴東縣。
武德四年復置睦州。八年州廢，縣屬東松州。貞觀八年，改屬峽州。	武德四年，析秭歸置興山縣。	屬歸州。
因之。	仍舊。	仍舊。
因之。	仍舊。	仍舊。
因之。	初屬歸州。正統，省入巴東縣，後復置。	洪武九年，改屬夷陵州。後屬歸州。

①佷：héng。佷山，古縣名。原書『音銀』誤，《康熙字典》：『音恒』。

	建平 施南府 今領縣六。	拓雞 鶴峯州	五峯 長樂縣
初置	《禹貢》：「荆、揚二州之域。」	本晋旋州建始縣地，後爲蠻地。	
春秋戰國	春秋爲巴國境，戰國爲楚巫郡。		
秦	屬南郡。		
漢	漢因之。三國吴爲建平郡。		
晋	以後因之。		
南北朝	後周置亭州。		
隋	因之。大業初，改爲庸州，尋又改爲清江郡。義寧二年改曰施州。		
唐	因之。天寶初，改曰清化郡。乾元初，復曰施州。		
五代	爲前、後蜀所據。		
宋遼	平蜀，仍曰施州。		
金			
元	因之。屬夔州路，至正十七年，没于僞夏。	立四川容美峒軍民府總管府。	以前爲蠻地。
明	洪武四年，仍置施州。十四年，兼置施州衛。二十三年，并州入衛，改爲施州衛軍民指揮使司。	洪武四年置宣撫司，隸施州衛。	五峯石寶長官司地。國朝改爲縣。

沙渠	貢水	蕉溪
恩施縣 國朝改置。	宣恩縣	來鳳縣
附郭。	本蠻地。	本大旺蠻地。
巫縣地。三國吳分置沙渠縣，屬建平郡。		
以後因之。		
後周置施州及清江郡。		
開皇初郡廢。五年改沙渠曰清江。大業施州廢，義寧復爲施州治。		
因之。		
		爲羈縻感化州。
亦爲施州治。		爲羈縻富州地，尋爲柔遠州地。
以清江縣省入州，復置，尋又廢。	爲施南道宣慰司，後爲明玉珍所據。	初因之，尋曰散毛洞，又升爲散毛府。
洪武十四年置施州衛。	爲施南宣撫司，隸施州衛。	洪武五年，大旺蠻叛，討平之。六年，仍置大旺安撫司。

	咸豐縣	利川縣	建始縣
	瀑泉	革井	業州
初置	本蠻地。	本蠻地。	
春秋戰國			
秦			
漢			巫縣地。
晉			置建始縣，屬建平郡。
南北朝			後周，置業州。
隋			廢州郡，以縣屬清江郡。義寧，復置業州。
唐			貞觀，廢爲縣，屬施州。
五代			
宋遼	爲羈縻柔遠州。	爲羈縻龍渠縣地。	復舊。
金			
元	爲散毛岡。	曰忠路寨，地屬施州。明玉珍更置忠路宣撫司。	復舊
明	洪武置散毛千户所，隸施州衛。	爲施南司地，名官渡灞，屬施州衛。	改施州衛，屯兵防範土人。